Salina
Alicudi
Filicudi
ISOLE EOLIE
N O
Vulcano
Capo d'Orlando
Capo Calava
Golfo di Milazzo
Punta del Faro
Milazzo
Golfo di Patti
Stretto di Messina
Villa S. Giov
MESSINA
Patti
Tindari
Barcellona
S. Agata
REGGI
MONTI PELORITANI
MONTI NEBRODI
ADONIE
Randazzo
Gangi
Simeto
Taormina
Troina
Nicosia
Etna
Salso
Adrano
Regalbuto
Acireale
Centuripe
ENNA
Paterno
TTA
CATANIA
MARE IONIO
Pietraperzia
Golfo di Catania
Piazza Armerina
Salso
Riesi
Lentini
Capo Campolato
Caltagirone
Augusta
MONTI IBLEI
Pantalica
Vizzini
Dirillo
Gela
SIRACUSA
Palazzolo
lfo di Gela
Capo Murro di Porco
Comiso
Vittoria
RAGUSA
Noto
N E O
Modica
Ispica
Pozzallo
Pachino
Capo Passero

HORST/RAST · SIZILIEN

W

WALTER-REISEFÜHRER

EBERHARD HORST

JOSEF RAST

SIZILIEN

WALTER-VERLAG

OLTEN UND FREIBURG IM BREISGAU

TEXT: EBERHARD HORST

PHOTOS: JOSEF RAST

KARTEN UND PLÄNE: EMIL JOLLER

4. BEARBEITETE AUFLAGE 1979

GESAMTHERSTELLUNG IN DEN GRAFISCHEN BETRIEBEN

DES WALTER-VERLAGS

PRINTED IN SWITZERLAND

ISBN 3-530-38302-3

INHALT

VORWORT ZUM TEXT

Dies Buch führt nach Sizilien und durch Sizilien. Es gibt Auskunft, schildert die Sehenswürdigkeiten der Insel und notiert persönliche Erfahrungen meiner Reisen, auch – wo es angebracht ist – Wertungen und Empfehlungen. Aus praktischen Gründen hielt ich mich an eine leicht nachzufahrende Route. Wechselnde und ungewohnte Aspekte sollten dem Bekannten und Unbekannten neue Ansichten abgewinnen. Eine Reise ohne Neuentdeckung langweilt. So will dieser Reisebegleiter nicht nur sachkundig informieren, sondern ebenso zu Entdeckungen anregen und helfen, zu unterscheiden und das Sehenswerte richtig zu sehen. Nichts lag mir ferner als die bloße Beschreibung einer musealen Welt. Wie das Vergangene in der lebendigen, durchaus problematischen Gegenwart weiterwirkt, so sind Landschaft, Geschichte, Kunstwerke, Mythen weder voneinander noch von der Wirklichkeit Siziliens, wie sie sich heute zu erkennen gibt, zu trennen. Nicht das vermittelte Bildungswissen, nicht die romantische Verfärbung, sondern der Blick auf das Tatsächliche schafft Nähe, weckt unser Verstehen und führt oft zu unerwarteten Entdeckungen. Es war meine Absicht, auch den, der in Gedanken reist, der Sizilien kennenlernen oder eine Reise nacherleben möchte, zu solchen Entdeckungen zu führen. In diesem Sinne habe ich versucht, die erlebbare Gegenwart und die bewegende Geschichte, die Insellandschaft und die großartigen Kunstdenkmäler in ihrem lebendigen Zusammenhang zu begreifen und die vielfältigen Eindrücke zu einem anschaulichen Bild zu ordnen.

EBERHARD HORST

VORWORT ZU DEN BILDERN

Wie kaum ein anderes Land schenkt uns Sizilien einen mannigfaltigen Reichtum bildhafter Eindrücke. Die Menschen scheinen im Rhythmus von Jahrtausenden zu fühlen und zu leben und nur zufällig dem Heute nachzugehn. Selbstvergessen sinnen sie darüber nach, ob ihr Schicksal sich ändere, oder sie warten zögernd in der Furcht, das Neue könnte das Furchtbare sein und das andere vielleicht ein Ende. Denn seit Urzeiten wissen sie von Grausamkeit, von Gewaltherrschaften, gnadenlosen Eroberern und Untergängen. Ringsherum droht das Meer, grollt das Eingeweide der Erde, lauern sengende Hitzewellen oder reißende Bergströme. Aber das Land ist einzigartig schön und fruchtbar, und die Menschen brechen auch einmal aus in Fröhlichkeit und Übermut. Sie genießen gierig und temperamentvoll für eine kurze Weile. Früchte sind da und Wein! – Völker kamen und verschwanden, aber sie hinterließen Spuren, die eine rasch und heftig sich entfaltende Vitalität bezeugen. Aufbrüche, Katastrophen, Glanz und Elend: Wo wurden davon die Menschen deutlicher geprägt als auf dieser Insel der vielen Gesichter? Alles, was war, erscheint wieder gegenwärtig. Auch in den heutigen Menschen sind sie da: die Urvölker, Griechen, Römer; es sprechen die Mauren und die Normannen, und da lebt auch unsere moderne Zeit mit ihrem Willen, endlich die geheimnisvollen Mächte der Vergangenheit zu überwinden. Meine Bilder versuchen, dem Leser einen Eindruck dieser Vielfalt zu geben.

JOSEF RAST

INSEL DER VIELEN GESICHTER

Schlagen wir die Landkarte auf! Das Bild des sizilischen Dreiecks, wie im Balanceakt vor der Spitze des italienischen Stiefels schwebend, hat mich immer fasziniert. Das wohlgeformte Dreieck, dessen Eckfelder von Vorbergen besetzt sind, gab Sizilien in der Antike den Namen Trinakria, Dreibergeland. Jedoch die europäische Balance gelingt nicht ganz. Das Südostkap der Insel weist auf Afrika; von den westlichen Vorbergen sind es einhundertfünfzig Kilometer hinüber zur nordafrikanischen Küste. Die vorgeschobene Lage der größten Insel im Zentrum des antiken Weltmeers war ihr Schicksal. Zweimal war Sizilien Kampfstätte des Ausgleichs zwischen Europa und Afrika: in der Antike, als Griechen und Römer die Karthager abwehrten, im Mittelalter, als die Normannen die Araber besiegten. Kein europäisches Land verlockte Völker und Eroberer wie Sizilien. Sie waren über die Meere gekommen, über das Afrikanische Meer im Süden, das Ionische Meer im Osten, das Tyrrhenische Meer im Norden, im Mittelalter vom Festland und über die Meeresstraße von Messina: Griechen, Karthager, Römer, Vandalen und Goten, Byzantiner, Sarazenen, Normannen, Schwaben, Franzosen, Spanier, Italiener. Sie haben Segen und Fluch auf die Insel gebracht, oft beides in einem. Fremde Herren, fremde Regierungen, die Sizilien an die dreitausend Jahre beherrschten, genau genommen bis zum 15. Mai 1946. An diesem Tag wurde Sizilien autonome Region, mit eigenem Parlament und einer von diesem gewählten gesetzgebenden Regierung mit einem Präsidenten, der die Region gegenüber dem italienischen Staat vertritt.

Wer sizilischen Boden betritt, gerät in den Sog einer wahrhaft abenteuerlichen Geschichte, die ohne Beispiel ist und deren Dokumente in großartigen Denkmälern überliefert sind. Nicht eines der Kunstwerke, die wir heute bewundern, ist rein sizilischen Ursprungs. Fremdvölker und Eroberer brachten ihre Kulturen und Stile mit. Sie reiften in der neuen Welt, entfalteten sich zu einem Übermaß, einer Pracht, die den Kunstwerken der Herkunftsländer nicht nachstanden und diese oft übertrafen. Griechen bauten die Tempel nach dorischem Muster; die elymischen Segestaner schufen ihren Tempel nach Griechenmaß. Normannische Bauwerke sind die herrlichen Kathedralen von Monreale, Cefalù, Palermo; arabisches Schmuckwerk und byzantinische Mosaike vollenden die Kirchenbauten und Kreuzgänge. Die Staufer errichteten ihre wuchtigen, auf ein geometrisch einfaches Maß gedrängten Kastelle und Wehrtürme. Spanier brachten ihren Kirchenbarock nach Sizilien, der in Palermo und im Südosten der Insel aufblühte.

Und doch sind die fremden Eroberer und Kolonisatoren, die Sizilien überrannten und bezwangen, heimisch geworden samt ihren verschiedenartigen Kulturen. Sie alle wurden im Schmelztiegel Sizilien zu Sizilianern. Ihr Blut mischte sich. Sie alle schufen den lebendigen Körper der vielgesichtigen Insel. Ihre Kulturen, Sitten, Bräuche, Legenden, ihre Städtenamen und Reste ihrer Sprachen leben weiter. Wer den Westen und den Osten der Insel kennenlernt, wird einer Vielzahl von Gesichtern begegnen, deren Blutserbe unverkennbar ist: nordafrikanischen, griechischen, semitischen, arabischen, germanischen und romanischen. Vielleicht rührt die vielgerühmte, oft bewährte Toleranz der Sizilianer aus dem Zusammenleben und Zusammenfluß so verschiedenartiger Elemente.

Aber die Last der Geschichte lähmt. Müdigkeit, Apathie, « Sehnsucht nach wollüstiger Unbeweglichkeit» [Lampedusa], Sehnsucht nach Vergessen und Tod sind die Anzeichen eines verbrauchten Organismus [vor allem im Westen und Landinnern]. Sie hemmen die notwendigen Sozialreformen. Gewalttaten, Mafia, mißverstandene Ehrbegriffe und Omertà sind die andere Seite des Januskopfes. Das Lebenwollen mit der Vergangenheit führt gelegentlich zu makabren Bräuchen. In den Katakomben der Cappuccini von Palermo, einer alten Begräbnisstätte, sahen die Palermitaner über Jahre hinweg ihre Toten von Angesicht zu Angesicht. Jährlich wurden die Toten neu gekleidet. Im Westen werden die Kinder am Allerseelentag beschenkt. Ihre Wunschzettel richten sie an verstorbene Verwandte; und die übliche Bescherungsfrage lautet: Was haben dir die Toten in diesem Jahr geschenkt?

Ein solcherart von der Vergangenheit, der Geschichte belastetes und verbrauchtes Land kann nicht von heute auf morgen melioriert werden. Dennoch halte ich für bemerkenswert, was im letzten Jahrzehnt geschaffen wurde, langsam und nicht ohne innersizilische Widerstände: Landaufbesserungen und Flußregulierungen, Reformen des verderblichen Latifundienwesens, Stauseen im verkarsteten Westen, Aufforstungen im Landinnern, Industrieanlagen bei Gela und Augusta.

Den Besucher wird interessieren, daß das janusköpfige Wesen des Sizilianers, schwankend zwischen Melancholie und Stolz, zwischen Apathie und Gewaltausbrüchen, im Westen und Landinnern stärker hervortritt als im Osten. Die lange geübte Leidensergebung kann jäh umschlagen in befremdende Grausamkeit, die unterdrückte, aufgestaute Leidenschaft kann jäh ausbrechen. Das zeigte der Volksaufstand der Sizilianischen Vesper [1282], der sich gegen die Fremdherrschaft der Franzosen richtete. Das zeigen noch in unseren Tagen die Praktiken der Mafia. Die Ostküste, die günstigere Lebensbedingungen gewährt, ist frei von der Mafia. Namentlich in Syrakus und Messina begegnet

man urbanen, offenen, heiteren Sizilianern. Der Fremde wird gut und gastlich aufgenommen, auch in den Provinzen der Armut. Während meiner Reisen durch Sizilien sah ich weniger Bettler als an einem Tag in Neapel. Doch die Armut der Sizilianer, eine erschreckende Armut, kennt ihren Stolz. Die Hilfswilligkeit ist nicht auf Geld begierig [obwohl man nicht geizen sollte], sondern auf Anerkennung, gebührenden Dank, auf ein Gespräch. Alles Neue und Ferne interessiert, wie man ebenso auf Anhieb in die verzwicktesten Familienverhältnisse eingeweiht wird.
Wie sich der Sizilianer selbst darstellt, entnehmen wir den überlieferten Werken der Kunst. Auch sie sind Ausdruck eines vielschichtigen, von vielen Einflüssen durchsetzten Temperaments, lassen aber doch Grundzüge erkennen, die die eigene Beobachtung bestätigen. Beispielhaft in seiner feinen Charakterisierung scheint mir das von Antonello da Messina, dem größten Maler Siziliens, geschaffene Bildnis eines unbekannten Mannes zu sein [Museo Mandralisca in Cefalù]. Das Gesicht dieses bäuerlichen Mannes zeigt unverhohlen prüfendes Mißtrauen und robuste Gewitztheit, aber ebenso starke Sinnlichkeit und Melancholie. Sizilische Eigenart glauben wir aus der « dolcezza melancolica», der schwermütigen Süßigkeit der Musik Vincenzo Bellinis, des berühmten Catanesen, zu hören. In seinem Roman « Der Leopard» nennt Tomasi di Lampedusa Sinnlichkeit, Sehnsucht nach Vergessen, Sehnsucht nach Tod « Offenbarungen des sizilischen Wesens». Dieser für Sizilien, für den Volkscharakter und die Landschaft aufschlußreiche Roman zeichnet den Untergang der feudalen Welt und das Aufdämmern neuer Kräfte, die durch Garibaldis Siegeszug entbunden werden. Aber der Fürst Lampedusa, Nachkomme eines alteingesessenen Feudalhauses, ist befangen. Sein Sizilien ist dem Untergang geweihtes « Land ohne Erlösung». Aus der Gegenwelt, aus den Revieren des Elends und der Unterdrückung stammen die Aufzeichnungen Danilo Dolcis,

«Protokolle des Elends», die in Dolcis «Umfrage in Palermo» gesammelt wurden. Es gibt zu denken, daß Dolcis Werk in krassem Gegensatz zu Lampedusa auf die Veränderbarkeit der Verhältnisse, auf Hoffnung, aufbaut.

Selbstdarstellung der Sizilianer? Ich halte sie für wichtiger als das meiste, das kluge Fremde über Land und Leute geschrieben haben. Gewiß lebt der Sizilianer nicht mehr in der Welt, von der Giovanni Verga [aus Catania] und Luigi Pirandello [aus Agrigent] erzählen. Aber ihre Bücher, insbesondere Vergas «I Malavoglia» und Pirandellos Novellen, gewähren beispielhafte Einblicke in das sizilische Volksleben. Sie setzen freilich jedem Illusionismus, der sich mit Sonnenaufgängen und Landschaftsentzücken zufrieden gibt, eine ernste, mitunter düstere Wirklichkeit entgegen.

In den Dichtungen der Verga und Pirandello, der Lampedusa, Brancati, Vittorini, den Protokollen Dolcis stellt sich sizilisches Leben dar, wie es der fremde Besucher nicht ohne weiteres wahrnimmt. Ein Lyriker sei erwähnt, Salvatore Quasimodo [aus Modica], der wie Pirandello mit dem Nobelpreis geehrt wurde. Viele seiner zwischen melodischer Schwermut und lichtvoller Klarheit gespannten Verse gelten der Inselheimat, der Landschaft, der inneren, mythischen Geschichte und dem «Spiel des Blutes, wo der Tod in Blüte steht».

Diese Namen machen deutlich, welche schöpferischen Impulse die italienische Literatur seit Vergas «Malavoglia» [1880] sizilischen Schriftstellern verdankt. Ihr entscheidender Anteil an der Ausrichtung und Weltgeltung der neueren italienischen Dichtung läßt daran denken, daß Sizilien schon einmal, in der ersten Hälfte des dreizehnten Jahrhunderts, den Gang der italienischen Literatur bestimmte. Die «Sizilische Dichterschule», die sich um den Staufenkaiser Friedrich II. gesammelt hatte, begründete die Dichtung in italienischer Sprache. Am Hof von Palermo erblühte der «dolce stil nuovo» der höfischen Poesie, der in der Kunstsprache Dantes und Petrarcas zur Vollendung gelangte. Freilich erkennen wir auch hier wieder sizilianisches Schicksal, das sich verwirklicht in der Adaptierung fremder Einflüsse und diese zum unverwechselbar Eigenen formt. So wären die sizilianischen «trovatori», die Erfinder neuer Weisen nicht denkbar ohne die provenzalischen Troubadours.

Die augenfälligsten und markantesten Dokumente fremder Einflüsse sind die Bauwerke, die Kolonisatoren und Eroberer auf sizilischem Boden errichteten. Aus griechischem Geist, griechischer Bauvorstellung entstanden die dorischen Tempel, deren älteste Reste aus dem sechsten Jahrhundert vor Christus in Syrakus und Selinunt zu sehen sind, während die Tempel im Tal von Agrigent, die Einzeltempel von Himera und Segesta, einige Reste in Selinunt und Syrakus aus dem klassischen fünften Jahrhundert vor Christus stammen. Sie sind griechisch wie die Tempel des Mutterlandes. Und doch lassen sie Eigenheiten erkennen, die von der strengen, maßvollen klassischen Dorik abweichen. Sizilianisch, so scheint es, ist die übermäßige Verwendung von dekorativem Schmuck, von farbigen tönernen Verkleidungen am Gebälk, von Ornamenten und kräftiger Bemalung. Was die dorische Architektur noch in Schranken hält, wird im Barock zum wuchernden Zierat an den Fassaden der ostsizilischen Kirchen, etwa an S. Sebastiano in Acireale. Die schaulustige Übersteigerung kann zu Maßlosigkeit und zu Wucherungen führen, wie es schon in der Griechenzeit die Vorliebe für die derb karikierten Silenköpfe und für die entstellte Gorgo Medusa zeigt. Von hier ist es nicht weit bis zu den monströsen Gebilden im Garten der barocken Villa Palagonia in Bagheria.

Die sizilische Neigung zum Übermaß bis zur Maßlosigkeit wendet sich ebenso ins Große, Gigantische. Die Häufung der Tempel von Agrigent und Selinunt, die kolossalen Bauwerke des

Olympieions von Akragas, des Tempels G von Selinus sprengen die vorgegebene dorische Maßeinheit. Namentlich das Olympieion, der größte dorische Tempel überhaupt, scheint mit seinen unförmigen Ausmaßen, seinen Umfassungsmauern, Halbsäulen und Telamonen am weitesten vom griechischen Geist abgerückt. Der Superlativ gehört zu den Merkwürdigkeiten der Insel, auch wenn die Übersteigerung zweckgebunden scheint. Ich denke an die Größe [ohne Einbuße an Schönheit der Architektur, der Lage] des Teatro Greco von Syrakus, an das gigantische Bollwerk der Euryalosfestung, an die riesige «Ara di Ierone», den größten Altar, der Zeus je geweiht wurde.
Aber auch dort, wo sich noch heute der sizilianische Volkscharakter unmittelbar ausspricht, in der liebenswerten Volkskunst der Carretti-Bemalung, im «Teatro dei Pupi», wird temperamentvoll übersteigert, überladen, überspielt. In der farbenstrotzenden Bemalung der Karren, in der Rhetorik der Puppenspieler und dem Aufzug der glitzernden «Supermarionetten» entlädt sich sizilianisches Temperament. Die Neigung zu Melodramatik und zum Bramarbasieren hat die geschichtlichen Vorlagen arg verstümmelt. Niemanden stört das. In denkbar naiver Weise offenbart sich die Vorliebe der Sizilianer für die geschichtliche Vergangenheit, für mythische und heroische Taten.
Auf dem selben Boden hausen Schrecken und Lieblichkeit. Ostsizilien, der vielgepriesene und naturbegünstigte Küstenstreifen zwischen Messina und Syrakus, ist zugleich unsicheres, am meisten bedrohtes Land, oft von vulkanischen Erdbeben heimgesucht, abhängig von der Willkür des souveränen Ätna. Schroff und übergangslos blühen Paradiesgärten neben schwarzen, erstarrten Lavaströmen, wuchsen neue Städte aus den Trümmern erdbebenzerstörter Orte.
Im Wettkampf mit der Natur unterliegt die Geschichte, so sehr sie sich auch aufbäumt gegen die Unbekümmertheit und Will-

kür der Naturgewalt. Auch das lehrt Sizilien. Man muß nicht einmal an die außergewöhnlichen Eingriffe und Erschütterungen durch Erdstöße und Vulkanausbrüche denken. Mit welcher Beharrlichkeit überdeckten die Sanddünen an der Südküste die stolze Tempelstadt Selinus und Gela mit seiner großartigen Stadtmauer. Städte, Tempel und Wehrbauten, die Zeugen der Menschengeschichte, sanken in den Boden. Viel liegt noch begraben unter steinigen Hügeln im Landinnern, unter Erdmassen, die winterliche Regengüsse abschwemmten, oder unter den Ablagerungen der Flüsse im Vorland.

Aber haben nicht Kolonisatoren und Eroberer das vorgefundene Naturland verändert, zum Guten oder zum Schlechten? Hat nicht die Geschichte auch der sizilischen Erde ihre Spuren aufgedrückt? Die Griechen brachten die Weinrebe und den Ölbaum ins Land. Die gartenkundigen Sarazenen legten Fruchthaine an und organisierten eine vorzügliche Bewässerung. Ihnen verdankt Sizilien Zitrone und Orange, Maulbeere, Johannisbrotbaum und Dattelpalme. Sie kultivierten Baumwolle und Zuckerrohr und pflegten die Baumkulturen. Wohin wir uns immer wenden, blicken wir auf Menschenwerk, auf die Spuren von Kultivierung und Aufbau, von Zerstörung und Verfall. Im fünfzehnten Jahrhundert begann die rücksichtslose Abholzung der Wälder, die wesentlich zur Verkarstung und Verelendung des Landes beitrug. Mit den Wäldern raubte man dem Land die klima- und wasserregulierende Schutzhülle.

Vielgesichtig und kontrastreich wie die Menschen, ihre Werke und Künste ist die sizilianische Natur. Das zeigen nicht nur die wechselnden Landschaften. Eine ungewöhnliche Fülle verschiedenartiger Pflanzen breitet sich auf Sizilien aus. Die Inselflora zählt über dreitausend Pflanzenarten, während vergleichsweise auf Sardinien nur die Hälfte, auf Kreta zwei Drittel dieses Artenreichtums angesiedelt sind. Der erstaunlichen Vielfalt des

Wachstums kommen die unterschiedlichen Klimazonen, alle Varianten zwischen See- und Gebirgsklima, zwischen mildem Küsten- und trockenem Steppenklima und die mannigfaltigen geologischen Schichten zugute. Einen Teil der Pflanzen brachten die Kolonisatoren aus ihren Mutterländern mit. Aber ebenso weist die einzigartige Versammlung der gesamten mediterranen Flora auf die Landverbindungen Siziliens in prähistorischer Zeit.

In der Bergkette, die längs der nordsizilischen Küste nach Westen verläuft, von den Monti Peloritani zu den Monti Nebrodi und zur Madonie, setzt sich der italienische Apennin fort. Diesseits wie jenseits der Einbruchstelle des Stretto di Messina finden wir die gleichen Kalkformationen, die gleichen Flyschbildungen, das heißt zu Sandstein und Tonschiefern verfestigte Ablagerungen im Vorland. Ist der Norden derart dem italienischen Festland verbunden, so sind die Ton- und Mergelschichten Südsiziliens den Formationen des nordafrikanischen Hochlandes verwandt.

Etwa vier Fünftel der Insel sind Berg- und Hügelland, jedoch vorwiegend milden Charakters, unterhalb der Wachstumsgrenze. Nur die reich gestaffelte Nordkette gipfelt in höheren Bergen zwischen tausend und zweitausend Metern. Zum Tyrrhenischen Meer hin lösen sich einige Vorberge ab, die der Nordküste eine markante, kraftvolle Prägung geben. Solche edel geformten Kalkblöcke sind der Burgberg von Cefalù und der Monte Pellegrino bei Palermo, ebenso – an der Westküste – der Monte Erice bei Trapani. Charakteristisch für die Nordküste und die nördliche Ostküste sind die Flußbetten, die «fiumare». Durch die breiten ausgewaschenen Taleinschnitte, trockene Steinwüsten von Frühjahr bis Herbst, schwemmen die Sturzbäche nach winterlichen Regengüssen aus den Bergen bröckeliges Gestein, Schotter und Kies zur Küste.

Feriengäste und Fremde bevorzugen die Küstengebiete. Sie meiden das einsame, unwirtliche, von der Sonne ausgeglühte Landinnere. Ich finde das innersizilische Hochland, das in immerwährender Mittagsstille verharrt, den sanften Wechsel von Tal und Hügel, die isolierten Bergstöcke, gekrönt von Kastellen und Städten wie der Tafelberg von Enna, nicht weniger interessant als die Küste.

Eine Welt für sich bilden die Hybläerberge, die Monti Iblei, im Südosten zwischen Gela und Syrakus. Es sind abgetragene Vulkanberge unter tausend Metern, eine herrliche, wild zerklüftete Tafellandschaft, durchfurcht von tiefen canonartigen Schluchten. Aus den felsigen Steilwänden, so in der Pantalicaschlucht oder der Cava d'Ispica, starren Tausende von Grablöchern. Nekropolen der Sikuler, die vor den Griechen den Osten der Insel bewohnten und nach der griechischen Kolonisierung im bergigen Landinnern Zuflucht fanden.

Nördlich von den Hybläerbergen, nach der größten und fruchtbarsten Ebene Siziliens, der Piana di Catania, steigt das gewaltige Massiv des Ätna aus dem meernahen Flachland. Ohne geologischen Zusammenhang mit der übrigen sizilischen Bergwelt, umgürtet von den Flußtälern des Simeto und Alcántara, reckt sich der Vulkanberg auf. Er stieg aus eigener Kraft zu einer Höhe von dreitausenddreihundert Metern empor und besteht ganz aus Vulkangestein. Eine paradiesisch grünende und blühende Gartenlandschaft zieht sich rund um den Ätna, insbesondere nach Süden, auslaufend in der weiten, einst malariaverseuchten, heute regulierten Simetoebene. Nur noch dieses von der Gunst des Ätna abhängige Land erinnert an den Agrarreichtum ganz Siziliens, von dem die antiken Schriftsteller erzählen.

Kaum vorstellbar ist der Gedanke, daß auch das hügelige Landinnere einst überaus fruchtbares Getreideland war, wo « ungesät

alles wächst» [Homer]. Aber Sizilien ist nicht mehr die reiche Kornkammer der Antike, die «Nährmutter des römischen Volks», von der Cato spricht. Heute muß Sizilien Getreide und Mehl zusätzlich einführen, obwohl fast zwei Drittel des Landes, das mit 25 709 Quadratkilometern annähernd die Größe Belgiens erreicht, mit Weizen, Gerste und anderem Saatgut bebaut ist. Der ausgemergelte Boden gewährt nur geringe Erträge, die in keinem Verhältnis zum Aufwand stehen. Als wirtschaftlich bedeutender erweisen sich die Nutzbaumkulturen, die auf einem Fünftel des Bodens wachsen, vor allem Zitronen und Orangen, die als die besten der Welt gelten, aber auch Mandeln, Oliven und Feigen. Knapp ein Zehntel des Bodens trägt Weinkulturen. Der sizilische Weinbau [mit den Hauptgebieten in der Provinz Trapani, am Ätna, südlich der Hybläerberge, auf den Inseln Lipari und Pantelleria] beträgt etwa zehn Prozent der italienischen Gesamtproduktion.
Das übrige Land trägt eine dürftige Macchiavegetation mit geringen Nutzflächen oder ist ödes, karstiges Bergland. Die Waldreste sind auf dreieinhalb Prozent des Bodens zurückgedrängt. Nur noch die Ätnahänge, die Rocca Busambra [nördlich von Corleone] oder die Ausläufer der Hybläerberge geben eine Vorstellung vom einstigen Waldreichtum Siziliens. Jedoch wird allenthalben aufgeforstet. Gemüse wird vorwiegend in der Nähe der Städte und Ortschaften angebaut, Artischocken, Tomaten, Auberginen, Blumenkohl, Fenchel, Salate und Zwiebeln. Noch ist Sizilien Agrarland. Die Hälfte der annähernd fünf Millionen Einwohner Siziliens lebt von der Landwirtschaft, auch wenn der Boden kaum den Lebensunterhalt gewährt.
Dem Besucher wird auffallen, daß die sizilische Küche – abgesehen von Teigwaren und Früchten – in der Hauptsache Fischgerichte bietet: Sardinen und Makrelen, Thunfische und Schwertfische, Weichtiere und Krustentiere. Die sizilische

Fischerei liefert ein Drittel des gesamten italienischen Fischfangs. Bedeutend ist der seit dem Altertum betriebene Thunfischfang. Die eigenartigen Methoden des Schlachtens der Thunfische [vorwiegend in den Gewässern vor Trapani] wie des Schwertfischfangs [im Stretto di Messina] haben sich seit Homers Zeiten kaum geändert. Drei Viertel aller in italienischen Gewässern gefangenen Thunfische kommen aus den sizilischen Tonnaren. Mit dem Thunfischfang verbunden ist die lokale Industrie [bei Trapani und Palermo] der Verarbeitung und Konservierung des Fischs. In ähnlicher Weise werden [vor allem an der Ostküste] fabrikmäßig landwirtschaftliche Produkte, Früchte, Obstsäfte, Essenzen, Tomatenmark konserviert und für den Export hergerichtet.
Die größten Hoffnungen zur Überwindung der wirtschaftlichen Depression verbinden sich mit der Industrialisierung, die eine großzügige staatliche Förderung erfährt. Erdölfunde bei Gela und Ragusa bildeten den Grundstock. Die erst 1954 angebohrten Erdöllager bei Ragusa lieferten bereits 1961 an die zwei Millionen Tonnen Rohöl und konnten ein Fünftel des gesamten italienischen Erdölbedarfs decken. Im Verlaufe des letzten Jahrzehnts sind die Bohrfelder und Raffinerieanlagen bei Gela und Ragusa, vor Augusta, seit 1961 auch bei Milazzo, stetig gewachsen. Auch die Methangasgewinnung bei Catania geht voran. Hingegen sind die Erträge der älteren Industriezweige rückläufig. Das gilt für den Abbau von Asphalt bei Ragusa und insbesondere für die Schwefelgewinnung zwischen Caltanissetta und Agrigent. Um die Jahrhundertwende beherrschte sizilischer Schwefel den Weltmarkt. Heute ist er infolge der erschwerten, veralteten Gewinnungsmethoden nicht mehr konkurrenzfähig. Ähnlich ergeht es der Gewinnung von Meersalz in den Salinen bei Trapani und Augusta, obwohl das Salz von Trapani als das beste der Welt gilt. Eine Ausnahme bildet der Abbau von Bimsstein

auf Lipari. Die Produktion wächst; in den letzten Jahren wurden Abbauanlagen modernisiert. Liparibims wird wegen seiner hohen Qualität bis nach Norddeutschland geliefert. Aber der Förderung sind natürliche Grenzen gesteckt.
So wird verständlich, daß sich die größere Erwartung den Ölbohrungen und Raffinerien zuwendet. Ihre Entwicklung – trotz der komplizierten und belastenden innersizilischen Verhältnisse – ist erstaunlich genug. Aber Not und Arbeitslosigkeit, das Erbe von Jahrhunderten, können nicht in wenigen Jahren gebannt werden. Zudem erweisen sich alle wohlmeinenden wirtschaftlichen Rezepte, alle materiellen Zugaben als sinnlos, solange nicht der Sizilianer selbst angesprochen ist. Sein Glaube an den eigenen Wert und den Wert seines Handelns, seine tätige Mitarbeit bilden den Anfang jeder Gesundung der Insel.

Vor der Reise

Reisevorbereitungen sind schon Teil der Reise, vielleicht der schönste, gewiß der erwartungsvollste. Sie beginnen mit dem ersten Blick auf die Landkarte, mit dem Einholen von Auskünften und Prospekten. Im Anhang dieses Buches findet der Leser eine kleine Auswahl von Büchern sizilischer Schriftsteller und Literatur über Sizilien. Italienkarten bekommt man bei jedem Automobilclub, bei jeder Tankstelle, oft gratis. Für Sizilien kann ich die zuverlässigen und gut zu lesenden Blätter der «Carta automobilistica» des Touring Club Italiano empfehlen, Maßstab 1:200000.

Die Wahl der *Reisezeit* ist an keinen Monat des sizilianischen Jahrs gebunden. Der kurze Winter [Dezember bis Februar] gleicht eher einem milden Frühling mit durchschnittlichen Temperaturen von 10 bis 11 Grad, in Taormina 14,3 Grad [Mailand hat einen Winter-Durchschnitt von 5,5 Grad, Florenz 9,3 Grad]. Ebenso wie der Winter kennt auch der Hochsommer kaum extreme Temperaturen und ist weniger heiß, als man gemeinhin annimmt. Die mittleren Höchsttemperaturen liegen zwischen 25 und 30 Grad. Sie entsprechen etwa Rom, Mailand oder Florenz. Höhere, mitunter afrikanische Temperaturen werden nur im Süden und Südosten der Insel gemessen. Dennoch sind die Saisonmonate Juli und August für eine Sizilienreise am wenigsten zu empfehlen. Es sei denn, man besucht die Seebäder und nimmt an den wenigen guten Stränden, Mondello bei Palermo, Mazzarò bei Taormina, Lido Plaja bei Catania, Lido Mortelle bei Messina, den hochsommerlichen Massenbetrieb in Kauf. Natürlich eignen sich viele Uferstellen für ein erfrischendes Bad im Südmeer; bei Selinunt, Agrigent, Gela, bei Syrakus und an der Zyklopenküste, bei Milazzo und Cefalù. Die Nord- und Ostküste, die Isole Minori, vor allem die Äolischen Inseln, bieten schönste Möglichkeiten für den Unterwassersport. Die klimatisch günstigen Monate zum Reisen und Kennenlernen des Landes sind April, Mai und September bis Mitte Oktober. Allerdings zeigt der April das recht farblose Gesicht eines Zwischenmonats. Die bezaubernde Mandelblüte ist vorüber; meist sind Orangen und Zitronen abgeerntet. Eine neue leuchtende Blumenfülle entfaltet sich im Mai. Wer Extreme liebt, kann im April an den Schneehängen des Ätna skilaufen und anschließend im Meer schwimmen.

Sizilien macht dem Sonnengott, dem die Insel nach Homer geweiht war, alle Ehre. Den Jahresdurchschnitt von 2000 Sonnenstunden auf dem italienischen Festland übertrifft die Insel mit ihren 2500 Sonnenstunden. Vollkommen heitere Tage bringt das Jahr in Palermo 98, in Taormina 130, in Syrakus 133 [zum Vergleich: in Turin 60]. Die wunderbar klare Leuchtkraft des sizilianischen Himmels ist eine Folge der Lufttrockenheit. Was dem fremden Besucher angenehm erscheint, plagt Sizilien. Dem größten Teil des waldarmen Landes steht nur eine jährliche Niederschlagsmenge von 500 bis 700 mm zur Verfügung [zum Vergleich: Mailand 1128 mm, Genua 1333 mm]. Stärkere Regen fallen im Ätnagebiet, in der nördlichen Bergkette und im Bergland südwestlich von Palermo. Aber auch hier konzentriert sich der Regen auf Spätherbst und Winter, oft in mächtigen Güssen niederfallend, so daß die Wildbäche anschwellen und die breiten Flußbetten überschwemmen. Gut drei Viertel des Jahrs bieten ein vorwiegend trockenes Klima mit ungewöhnlich

geringen Temperaturschwankungen, ein gesundes und heilsames Klima.
Wer außerhalb der Saisonmonate reist, hat kaum Schwierigkeiten bei der *Hotelwahl.* Zimmer müssen nicht unbedingt vorbestellt werden. Das läßt mehr Spielraum für eine improvisierte Reise.
Sehr nützlich und meist verläßlich ist das jährlich erneuerte Hotelverzeichnis «Sicilia», mit Angabe der Preise, Besonderheiten und örtlichen Zuschlägen, herausgegeben vom Assessorato Turismo Comunicazione e Trasporti della Regione Siciliana, Palermo, Via Notarbartolo 9. Durchweg empfehlen kann ich die für den Autoreisenden nützlichen und preiswerten Motels [bisher in Castellammare, Catania, Enna, Gela, Marsala, Modica, Randazzo und Syrakus]. Ebenso empfehlenswert, wenn auch meist teuer, sind die Jolly-Hotels. Sizilien hat drei Luxushotels [San Domenico in Taormina, Villa Igiea in Palermo, das Excelsior in Catania] mit prächtigen Gärten und eine Reihe Grand-Hotels in den größeren Städten. Wem mehr daran liegt, die Einheimischen und ihre Gepflogenheiten, ihre Küche und Umwelt kennenzulernen, tut gut daran, eine niedrigere Hotelklasse oder Pension zu wählen.
Das Fremdenverkehrswesen, von der Region in Palermo sehr gut organisiert, verfügt über offizielle touristische Beratungsstätten in allen wichtigen Städten [Verzeichnis im Anhang]. Dort erhält man zuverlässig jede gewünschte Information, auch zur Quartierwahl. Über Feriendörfer und Campingplätze geben Automobilclubs und die neuesten Campingführer Auskunft.
Das sizilische *Postwesen,* das früher in schlechtem Ruf stand, arbeitet heute zuverlässig. Ohne Bedenken kann man in jede Stadt Post nachsenden lassen und postlagernd [fermo in posta] empfangen. Sollte ein Brief den Adressaten nicht erreichen, wird er zurückgesandt. Briefmarken [francobolli] wie auch Post-

karten und Briefpapier erhält man in den kleinen Tabakläden, die durch das offizielle Schild «Tabacchi» gekennzeichnet sind. Telefongespräche, insbesondere Auslandsgespräche, vermittelt nicht die Post, sondern die örtliche Telefonagentur der SET [Società Esercizi Telefonici]. Jede Stadt hat in zentraler Lage ein solches Telefonbüro, gekennzeichnet durch ein Schild mit einem Telefonapparat.

Die sizilischen *Museen* und *archäologischen Zonen* verdienen besondere Aufmerksamkeit. Museen und Ausgrabungsstätten befinden sich bis auf unbedeutende Ausnahmen in sehr gutem Zustand. Die sizilischen Archäologen leisten hervorragende Arbeit, obwohl sie über den Mangel an qualifizierten Mitarbeitern klagen.

Die übliche Museumslangeweile kommt in Sizilien nicht auf. Die Archäologen verstehen es, ihre Funde so übersichtlich zu ordnen und zu beschriften, besondere Akzente hervorzuheben, daß auch der unvorbereitete Laie interessiert wird. Das gilt insbesondere für die folgenden Museen, deren Besuch ich empfehlen kann: die beiden wichtigsten und überregionalen Museen, das Museo Nazionale Archeologico in Palermo und das Museo Nazionale Archeologico in Syrakus, die Pinakotheken im Palazzo Abbatelli in Palermo und im Palazzo Bellomo in Syrakus. Bedeutend für die sizilische Volkskunst ist das Museo Etnografico Pitrè in Palermo. Fast jede Stadt hat ihr eigenes lokales Museum, das mehr oder weniger sehenswerte Funde bewahrt. Besonders vorbildliche und interessante archäologische Museen findet der Besucher in Agrigent und Gela, in Trapani [Museo Pépoli], in Messina und auf Lipari [Museo Eoliano].

Zufahrtswege

Die lange Anfahrt von Norden nach Süden hat schon manchen Sizilienfahrer abgeschreckt. Ich finde die Reise, sofern man der Vorbereitung einige Überlegungen widmet, weder zeitraubend noch anstrengend. Hierzu einige praktische Beispiele zu einer der wichtigsten Verbindungen, nämlich München–Palermo:
Zugfahrt: Man nimmt ab München den Nachtzug über Rom nach Neapel. Nach zwanzig Stunden Zugfahrt trifft man am frühen Abend des nächsten Tages in Neapel ein. Noch am selben Abend fährt ein Schiff der Tirrenia [Abfahrt täglich 21.30 Uhr; gute Schlafkabinen; Restauration an Bord] von Neapel nach Palermo. Am nächsten Morgen gegen 8 Uhr erreicht man wohlausgeruht das Ziel. Für die Zug- und Schiffsfahrt wird während der Primavera Siciliana [Januar bis Ende Mai, Mindestaufenthalt 6 Tage] eine Tarifermäßigung von 30 Prozent gewährt.
Autofahrt: Die sehr schnelle Strada del Sole führt aus dem Norden durch die Toskana über Rom direkt nach Neapel. Hier nehmen die Schiffe auch Personenwagen an Bord. Die Verladung beginnt zwei Stunden vor der Abfahrt. Für die Anreise etwa München–Neapel muß man zwei Tage rechnen. Palermo wird demnach in der Frühe des dritten Reisetages erreicht. Ausländische Touristen erhalten für die Wagenbeförderung per Schiff eine Ermäßigung von 50 Prozent während des ganzen Jahres.
Flugreise: Im täglichen Flugverkehr sind von allen europäischen Hauptstädten Palermo [Flugplatz Punta Raisi] und Catania [Flugplatz Fontanarossa] zu erreichen. Die Reisezeit ab München, etwas verzögert durch Umsteigen in Mailand oder Rom, dauert viereinhalb Stunden.
Es ist schon einer Überlegung wert, ob man zur Anreise den Zug, das Auto oder Flugzeug wählt. Wer Reisezeit sparen und für

Sizilien gewinnen will, sei auf die Flugverbindung hingewiesen. Anderseits nimmt die Bahnfahrt nur einen vollen Reisetag [und zwei Nächte] in Anspruch. In Sizilien selbst macht sich wiederum die Autofahrt bezahlt; mit dem Wagen ist der Reisende unabhängig und beweglich, er gelangt ohne Wartezeit an jeden Ort und hat die längere Anreise bald aufgeholt. Sizilien verlockt zu Rundreisen. Wer nicht an einen Ort gebunden oder vom innersizilischen Autobus- und Zugdienst abhängig sein will, sollte die Autoreise vorziehen.

Eine *andere Möglichkeit* der Anreise – ohne Seefahrt – wäre die Durchquerung des ganzen italienischen Stiefels bis zur äußersten Südspitze. Die Überfahrt von Villa San Giovanni nach Messina [etwa 35 Minuten] besorgen Fährschiffe, die täglich achtzehnmal verkehren. Die Trajektschiffe befördern auch die Eisenbahnzüge und Automobile. Schnellere «aliscafi», Tragflügelboote, überqueren den Stretto von Reggio Calabria nach Messina in 15 Minuten. Insgesamt hätte man bis Messina, wiederum ab München gerechnet, an die dreißig Eisenbahnstunden zu fahren. Die Autoreise bis Messina, von Frankfurt rund 2000 Straßenkilometer, von München etwa 1800 Kilometer, würde ab München je nach Fahrweise drei bis vier Tage beanspruchen.

Aufenthalt an einem Ort oder Rundreise?

In vier bis sechs Wochen kann man alle wichtigen Plätze und Städte aufsuchen und ebenso längere Pausen einlegen, die der Erholung durch Wandern und Schwimmen dienen. Unbedingt abraten möchte ich von einer planlosen Rundreise, die im Eiltempo von Ort zu Ort führt. Sinnvoll wird die Reise durch besondere Akzente und gut überlegte Zwischenaufenthalte. Für einen längeren Aufenthalt eignen sich am besten Palermo, Syrakus, Taormina oder die Zyklopenküste und Lipari [Äolische Inseln].

Dem Autoreisenden bereitet die Rundfahrt keine Schwierigkeiten. Die sizilischen Staatsstraßen und die meisten Nebenstraßen sind gut ausgebaut; die Distanzen sind nicht groß. Die Straßen rund um die Insel [Palermo–Trapani–Marsala–Sciacca–Agrigento–Gela–Ragusa–Siracusa–Catania–Messina–Cefalù–Palermo] haben insgesamt eine Länge von 960 Kilometern. Wer ohne Wagen reist, findet in Palermo, Syrakus, Catania, Messina und Taormina einen vorzüglich organisierten Autobusdienst. Von Palermo aus starten regelmäßig Autobusse, die rund um die Insel zu den touristisch interessanten Plätzen fahren. Ebenso werden regelmäßig Rundfahrten durch Teilgebiete veranstaltet, durch Westsizilien, durch die Madonie – oder ab Taormina und Catania durch Ostsizilien. Die touristischen Informationsstellen [Verzeichnis im Anhang] geben über solche Fahrten Auskunft. Die sizilischen Eisenbahnstrecken führen an allen Küsten entlang und von Catania nach Palermo quer durch das Hochland. Eine auch für die Touristen interessante Eisenbahnlinie führt rund um den Ätna. Im Landesinnern und von den Küstenstädten landeinwärts verkehren Kraftpostwagen.

Ein Vorschlag oder der Plan des Buches

Unsere Sizilienreise oder der Plan des Buches folgt der klassischen Route rund um die Insel, führt jedoch mehrere Male ins Landesinnere. Die Rundfahrt ist so angelegt, daß der Reisende in etwa vier Wochen ein möglichst vollständiges Bild von Sizilien, seinen Sehenswürdigkeiten und Landschaften, seinen Bewohnern und ihren Lebensgewohnheiten gewinnen kann. Abgesehen von einigen Abstechern landeinwärts, die nur für den Autofahrer gedacht sind, kann die gleiche Gesamtroute, beginnend in Palermo, mit dem Auto, der Eisenbahn oder mit den regelmäßig eingesetzten Omnibussen des «Gran Turismo» gefahren werden. Freilich, wer nur den ausgefahrenen Touristenstraßen folgt, wer nur von Denkmal zu Denkmal eilt, bekommt ein falsches Bild von Sizilien. Über den bewundernswerten Altertümern, über den Schönheiten der Küstenlandschaft sollten wir nicht vergessen, daß Sizilien bewohntes Land ist, Lebensraum für duldende und handelnde Menschen. Erst dieses lebendige Sizilien, wie es geworden ist, wie es sich heute zu erkennen gibt, eröffnet den Zugang zu seinen großen Denkmälern und läßt sie mehr sein als schöne isolierte Kunstwerke. Oft beginnt das wirkliche Sizilien nur wenige Schritte neben der Straße. Jeder Reisende muß es für sich entdecken. Auch die gescheiteste Fremdenführung verblaßt neben dem, was man selber erfährt, wenn man wandert oder absichtslos durch irgendeine Stadt geht oder den Nebenstraßen durch das wenig bekannte, in seiner Art faszinierende innersizilische Bergland folgt. Dazu will dieses Buch Anregung geben.

Wenn wir in Palermo beginnen, so hat das seine praktische und innere Logik, Verkehrsmäßig bietet doch Palermo für die Anreise und für die weitere Planung die günstigsten Voraussetzungen. Palermo erfordert den längsten Aufenthalt an einem Ort. Nach der meist längeren Anreise wird es gut sein, für eine Woche oder zehn Tage ein festes Quartier zu haben. Von Palermo aus [und jeweils zum Quartier zurückkehrend] kann man eine Reihe von Fahrten entlang der Küste und landeinwärts unternehmen: nach Cefalù an der Nordküste, nach Bagheria und Solunto, nach Monreale, nach Segesta, nach Piana degli Albanesi. Für die weitere Sizilienrundfahrt nach unserem Plan sind Aufenthalte von zwei bis drei Tagen angebracht in Agrigento [Tempel und Museen] und in Enna [zum Kennenlernen des inneren Hochlandes und der Bergstädte]. Der nächste längere Aufenthalt ergibt sich in Syrakus. Fünf bis sieben Tage sollten wir der Stadt und einer Fahrt landeinwärts nach Pantalica und Palazzolo Acreide widmen. Auch im Ätnagebiet wird der Sizilienreisende mehrere Tage, vielleicht eine Woche, an einem Ort bleiben wollen. Wer mehr die Erholung in einer bezaubernden Landschaft sucht, wähle Taormina. Wer eine temperamentvolle Stadt kennenlernen möchte, nehme in Catania oder an der nahen Zyklopenküste Quartier. Von Taormina oder Catania [von hier günstiger] kann man zum Ätna hinauffahren und zum Hauptkrater aufsteigen, ebenso die große Ätnarundfahrt unternehmen. Für einen letzten Zwei- oder Dreitageaufenthalt schlage ich Milazzo vor, das heißt eine Schiffsfahrt zu den Äolischen Inseln [Lipari und Vulcano].

Unsere Gesamtroute endet in Messina. Dafür sprechen praktische und innere Gründe. Wir sparen die längere Rückfahrt entlang der Nordküste nach Palermo. Die sehenswerten Teile der Nordküste sahen wir auf der letzten Wegstrecke und am Anfang von Palermo aus. [Cefalù mit seiner Kathedrale gehört zum normannischen Palermo, zu den Domen von Palermo und Monreale.] Messina als Abschluß gibt dem Gesamtbild von Sizilien einen besonderen Akzent. Nach der Rundreise durch Sizilien, nach allen Zeichen einer großen und oft belastenden Vergangenheit erscheint Messina als eine unverdrossen lebensmutige Stadt, die der Zukunft Siziliens ein Beispiel sein könnte.

Ankunft und erster Überblick

Ich kann mir für eine Sizilienreise keinen schöneren Auftakt denken als die morgendliche Einfahrt in den Golf von *Palermo*. Man muß die Koje früh verlassen und an Deck erleben, wie aus dem Morgendunst die sizilische Küste mit ihren Vorgebirgen näher und näher rückt. Wie sich die Berge teilen, zur Rechten die kahle Kuppe des Monte Pellegrino, zur Linken das Vorgebirge von Mongerbino, und sich die weite schimmernde Bucht der Conca d'Oro, der Goldenen Muschel, öffnet. Ein einziger großer, grün und silbrig schimmernder Garten, dessen Plantagen und Terrassen, Ölbaumhaine, Oleanderbüsche, Palmen, Agrumen und Weinspaliere das weit zurückliegende Randgebirge schützend umsäumt. Wenn im Frühlicht aus dem paradiesischen Garten Dächer, Kuppeln und Türme Palermos aufsteigen und sich Konturen und Farben abheben, wenn die flankierenden Berge und der karstige Pellegrino rostrot aufleuchten, so ist ein wahrhaft beglückender Augenblick erreicht, den die Insel als Vorgabe gewährt.

Die Ankunft in der Morgenfrühe, wenn wir ausgeruht und gespannt vor Erwartung das Land betreten, bietet einen unschätzbaren praktischen Vorteil. Wer nicht schon ein Zimmer vorbestellt hat, kann mit Zeit und Muße ein den eigenen Bedürfnissen entsprechendes Quartier suchen.

Palermo verfügt über genug Möglichkeiten, jedem Geschmack eine geeignete Unterkunft anzubieten, vom Luxushotel bis zur kleinen Pension. Aber vergessen wir nicht, Palermo ist Großstadt mit siebenhunderttausend Einwohnern. Der Verkehr in den Straßen und engen Gassen pulsiert überaus lebhaft. Temperamentvoll bekundet der Südländer seine Gegenwart, im ungenierten Wortwechsel, im Schreien spielender Kinder, als Ausrufer vor unzähligen Verkaufsständen und Märkten. Es ist gewiß reizvoll, täglich an diesem südländisch lebhaften Treiben teilzuhaben. Doch auf der Suche nach einer idealen Unterkunft empfehlen wir zwei Orte außerhalb Palermos, vom Stadtkern mit dem Wagen oder regelmäßig fahrenden Omnibussen in gut fünfzehn Minuten erreichbar.

Wer es liebt, auf einer Anhöhe zu wohnen, mit faszinierendem Rundblick auf die Conca d'Oro und die Randgebirge, auf Palermo und das Meer, der fahre den vom Fischerhafen schnurgerade landeinwärts führenden Corso Vittorio Emanuele nach dem acht Kilometer entfernten *Monreale*. Das Städtchen erhebt sich auf einem Felsvorsprung dreihundert Meter hoch über der Conca d'Oro. Die drei kleinen Hotels sind preiswert.

Wer unmittelbar am Meer und doch in Stadtnähe wohnen möchte, findet keinen schöneren Ort als *Mondello*, elf Kilometer nördlich von Palermo. Jenseits des Monte Pellegrino, im Nordwesten begrenzt vom Monte Gallo, liegt die windgeschützte, klimatisch angenehme Bucht von Mondello. Der Ort ist kein « mondänes Bad», wie es in den Prospekten heißt, vor allem nicht in der empfehlenswerten Vor- und Nachsaison, auch wenn die schmucken Villen und Gärten der reicheren Palermitaner das alte Fischerdorf mit Wohlhabenheit umgeben. Der Aufenthalt in Mondello bietet ein Gegengewicht zu der aggressiven Vitalität Palermos. Das mögen die Palermitaner wissen, die sich hier angesiedelt haben oder die abends und sonntags hierherfahren. Abends wird es lebhaft auf der kleinen Piazza. Man sitzt vor der Cafébar und trinkt eine Granita di Caffè oder einen Ra-

PALERMO

Kirchen

A Cappella Palatina
B S. Giovanni degli Eremiti
C Chiesa del Gesù, Casa Professa
D La Martorana, San Cataldo
E Santa Caterina
F San Francesco
G Santa Maria della Catena
H San Domenico
I Santa Cita
K San Giorgio dei Genovesi

Parkanlagen
Zahlen im Kreis

1 Piazza Indipendenza
2 Villa d'Aumale
3 Villa Bonanno
4 Orto Botanico
5 Villa Giulia
6 Villa Trabia
7 Villa Gonzaga
8 Giardino Inglese

Theater

1 Teatro Massimo
2 Teatro Politeama/Galleria d'Arte Moderna

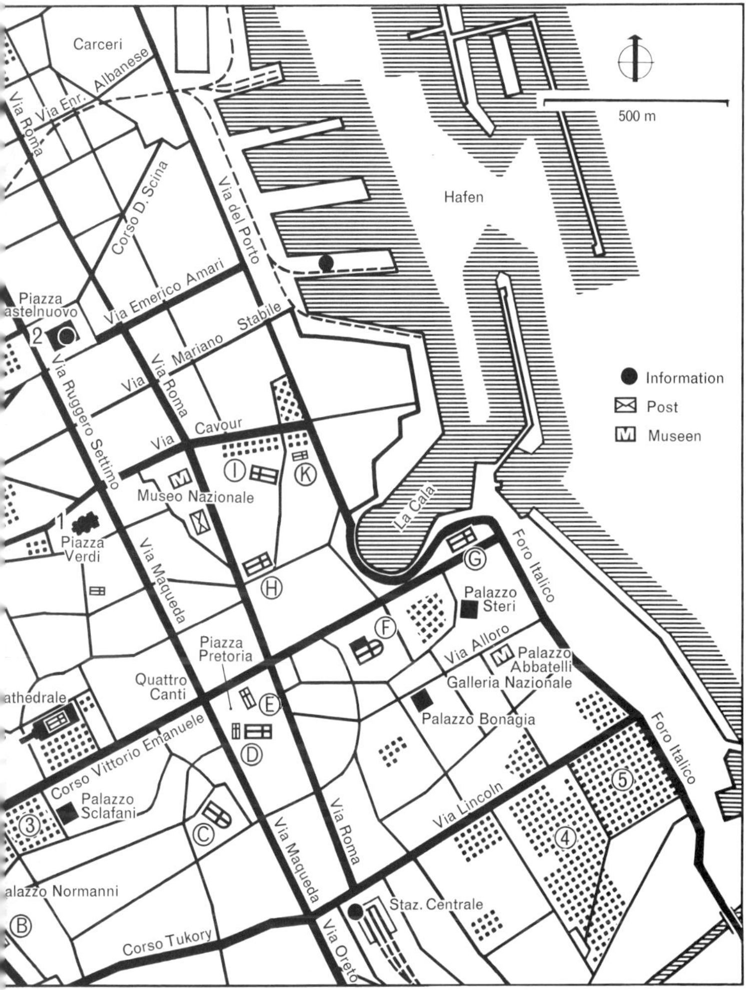
Carceri
Via Enr. Albanese
Via Roma
Corso D. Scina
Via del Porto
Hafen
500 m
Via Emerico Amari
Piazza
astelnuovo
2
Via Mariano Stabile
Via Roma
Via Ruggero Settimo
Via Cavour
Information
Post
Museen
Museo Nazionale
1
Piazza
Verdi
La Cala
Foro Italico
Via Maqueda
Palazzo
Steri
Piazza
Pretoria
Via Alloro
Palazzo
Abbatelli
Galleria Nazionale
Quattro
Canti
athedrale
Palazzo Bonagia
Corso Vittorio Emanuele
Foro Italico
Palazzo
Sclafani
Via Lincoln
Via Maqueda
Via Roma
alazzo Normanni
Staz. Centrale
Corso Tukory
Via Oreto

barbaro. Oder man schlendert zu den Verkaufsständen der Fischer, die scharf gewürzte Fischdelikatessen anbieten, Muscheln, mit Zitronensaft überträufelt, oder dampfende Reiskugeln, mit Fischstückchen, Käse und Gewürzen gefüllt.

Zur gleichen Stunde bewegt sich in Palermo über die *Via Maqueda*, die schönste und belebteste Straße, der abendliche Corso, die Passeggiata serale. Die Quartiere sind ausgemacht, und wir kehren zurück nach Palermo. Mit dem Wagen in den frühen Abendstunden die Via Maqueda oder die Innenstadt zu passieren, macht kein Vergnügen. Wir tun gut daran, einen Parkplatz zu suchen und uns auf eigenen Füßen dem Rhythmus der Stadt anzupassen. An der Straßenecke, dicht neben prächtigen Schaufenstern mit komfortablen Auslagen, stehen fliegende Händler, die mit lautem melodiösem Singsang ihre Waren feilbieten. Meist ist es nicht viel, ein paar Süßigkeiten und Bonbons in bunte Papierchen gewickelt, duftende Nelken und Rosen oder gar billige Uhren, Heiligenbilder und Tand. Eine Wahrsagerin mit einem angeketteten Papagei verheißt den Umstehenden Glück, und – wenn man wirklich Glück hat – vernimmt man aus der Seitengasse die Stimme eines Straßensängers, der die überlieferten Legenden von Rittern und Paladinen mit melodramatischem Pathos vorträgt. Das alles ist bunt gewürfelt und spektakulär, und immer noch, vor allem in der alten Stadt, ist der Orient nahe. Wir nehmen zur Stärkung in einer der zahlreichen Bars einen Espresso und probieren eines der bunten, klebrigen Dolci. In keiner Stadt der Welt gibt es so köstliches, süßes Backwerk wie in Palermo. Und auch in den Dolci mit ihren feinen Gewürzen und Zutaten lebt ein Stück Erinnerung an die Sarazenenzeit weiter.

Neben dem alten Fischerhafen, der Cala, beginnend, zieht der *Corso Vittorio Emanuele* geradlinig durch die Altstadt und hat im oberen Teil Kathedrale und Königspalast zur Seite.

Genau rechtwinklig zum Corso Vittorio Emanuele, die Stadt in der vollen Breite parallel zum Hafen durchmessend, verläuft die Straße, deren wichtigstes Teilstück die Via Maqueda ist. Wo diese in die Via Ruggero Settimo übergeht, an der Piazza Verdi, befindet sich der Verkehrsknotenpunkt der Stadt. Hier steht das riesige *Teatro Massimo*, ein massiger Block mit korinthischer Kolonnade und römischer Kuppel, ein in der Nachbildung römischer Stilelemente mißlungenes und schwerfälliges Bauwerk.

Kehren wir zurück zur Mitte der Stadt, zu der Stelle, an der sich Via Maqueda und Corso Vittorio Emanuele kreuzen und die Quattro Canti heißt. Die Straßen sind schmal, jedoch die vier Ecken der schönen barocken Paläste sind zurückgenommen und reich geschmückt durch kleine Brunnen, Säulen und Statuen. So entsteht ein kleiner, fast kreisrunder Platz, eine baulich glückliche und organische Lösung. Hier ist immer noch der Angelpunkt palermitanischen Lebens. Immer noch ist die Via Maqueda die organische Verkehrsader Palermos, obwohl fast parallel zu ihr die wesentlich breitere Via Roma angelegt wurde, an deren Ende der Bahnhof liegt. Die Via Roma durchschneidet die zwischen Hafen und Via Maqueda liegenden Altstadtviertel, bleibt aber merkwürdig leer und leblos, das Muster einer erzwungenen Modernisierung. An ihr liegt das bombastische, von den Faschisten in großtuerischer Manier erbaute Postamt, aber auch – einige Schritte zurück – das ausgezeichnete Museo Nazionale Archeologico mit seinen Kunstschätzen.

Ist man gänzlich unerfahren, empfiehlt sich zur ersten Erkundung eine kleine Rundfahrt mit einer Carrozza, einem Fiaker. Um den Fahrpreis wird immer noch gehandelt, auch wenn die Kutschen längst Zähluhren montiert haben. Das Althergebrachte ist stärker als das Neue.

So übersichtlich die Hauptstraßen das Stadtbild ordnen, so verwirrend und pittoresk zieht durch die Zwischenfelder ein Netz kleiner und kleinster Gassen. Hier fährt keine Carrozza, und hier wird jeder Gang zum Abenteuer. Aber wer diesen Gang scheut, kennt Palermo nur zur Hälfte. Nicht nur wegen der zahlreichen barocken Paläste, Oratorien und Kirchen im Viertel zwischen Fischerhafen, Via Lincoln und Via Roma, sondern auch um einen Blick hinter die Fassaden zu tun, ein Stück des inneren palermitanischen Lebens zu erfahren. In den breiteren Gassen ist das Handwerk immer noch seßhaft, Klempner, Buchdrucker, Schuhflicker, Holzschnitzer, Mechaniker, die ihre Geschäfte halb auf der Straße oder bei geöffneter Tür betreiben. Wir fanden Gassen, in denen nur ein einziger Handwerkszweig arbeitet, etwa Möbelschreiner, die reihenweise fertige Bettgestelle nach draußen stellten. Aus dem Halbdunkel anderer Gassen leuchtet die bunte Palette von Verkaufstischen mit Früchten, Limonaden, mit Papierblumen, Luftballons und allerlei Krimskram. Im hafennahen Altstadtviertel ist das Leben rückständiger, verwahrloster, beladen mit Phantasien und Aberglauben, eine dunkle bizarre Blüte auf barockem Hintergrund. Dieses Palermo, das die Reiseführer gern verschweigen, ist ein heruntergekommener, gespenstischer Ausklang des barocken Settecento. In den engen Gassen entdecken wir barocke Hauswände, zierliche Balkone, auf hübsche Voluten gestützt, wappengeschmückte Toreingänge, hinter denen die Allerärmsten hausen. Wir sehen kleine, längst verkümmerte Innenhöfe oder feuchte Gewölbe mit verblaßten, abblätternden Fresken. Dies alles verwahrlost und dem Verfall preisgegeben, aber dennoch Zeichen der glanzvollen Zeit Palermos im Settecento, in der das spanische Barock das ältere exotisch blühende Erbe der Araber überformte.

Monte Pellegrino

Ein Berg in Stadtnähe, von dessen Höhe die Lebensbezirke der Menschen überschaubar sind, hat immer etwas Faszinierendes. Erst recht, wenn der Berg einen so vollkommenen Rundblick gewährt wie der 606 Meter hohe *Monte Pellegrino*. Die Augen nehmen als Ganzes in Besitz, was die Füße mühsam erwandern: im Süden und Südwesten Stadt und Hafen Palermo, dahinter die Gärten der Conca d'Oro, begrenzt von den Randgebirgen; im Westen die fruchtbare Ebene mit dem Dörfchen Pallavicino, begrenzt vom graubraunen Felsblock des Monte Castellaccio; im Norden Mondello mit Fischerhafen und sandiger Bucht, während der dahinterliegende Monte Gallo das Bild schließt.

Nur die der Stadt zugekehrte Südflanke ist mit schattenspendenden Pinien und Opuntien bewachsen. Die übrigen meist steilen Hänge und das leicht gewellte Hochplateau sind kahl. Wo im dritten vorchristlichen Jahrhundert der Karthager Hamilkar Barkas bei der jahrelangen vergeblichen Belagerung Palermos für seine Soldaten Korn anpflanzen ließ, wachsen heute nur noch spärliches Buschwerk und Ginster. Das Sonnenlicht überzieht die felsigen Hänge mit rötlichem Schimmer.

Besonders reizvoll ist eine Fahrt über die Küstenstraße zwischen Meer und Berg. An der Meerseite liegt der schroffe, rauhe Kalkstein bloß, wie von Sonne und Meerwind blankgescheuert. Hinter dem Pellegrino erreicht man Villa Igiea und den kleinen Badestrand von Acquasanta. Im Gegensatz zur Küstenstrecke breitet sich am Fuß der gegenüberliegenden Bergseite eine üppige Vegetation aus. Durch Parkanlagen und Alleen führt die Verbindungsstraße zwischen Palermo und Mondello. Etwa auf halbem Wege liegt seitlich der Straße der ehemalige königliche Landsitz La Favorita, nach einer bizarren Idee des Bourbonenkönigs Ferdinand IV. 1799 in chinesischem Stil erbaut.

Von Mondello aus bergaufwärts wandernd oder fahrend erreicht man die jüngste Attraktion des Monte Pellegrino, die *Addáuragrotte.* Vor einigen Jahren entdeckten Forscher in der Grotte kunstvolle Höhlenzeichnungen aus prähistorischer Zeit, in die Felswände geritzte Figuren von etwa dreißig Zentimeter Höhe, Menschen, Tiere, eine Jagdszene.
Ein Sprung durch Jahrtausende führt von der Addáuragrotte zu der Grotte, die das Heiligtum birgt, das *Santuario der Santa Rosalia.* Nach den Pilgern, die seit den Pestjahren im siebzehnten Jahrhundert zu diesem Heiligtum wallfahrten, wurde der Berg Monte Pellegrino genannt. Von den vielen sizilischen Wallfahrtsstätten ist das Santuario di Santa Rosalia die bedeutendste. Jährlich ziehen in der Julimitte und am 4. September festliche Prozessionen bergaufwärts. Sie gehen, oft barfuß, den alten Pilgerweg, der durch schattige Pinienwälder führt und schöne Ausblicke gewährt.
Erst weit oben tritt das karstige, rauhe Felsgestein hervor, blüht der gelbe Ginster.
Die heilige Rosalia soll die 1130 geborene Nichte des letzten Normannenkönigs Wilhelm II. gewesen sein, die in jungen Jahren als Büßerin auf dem Berg lebte und in einer der Grotten unterhalb des Gipfels starb. Hirten fanden in einer Höhle im Sommer 1624 ihre Gebeine. Man trug sie, da in Palermo die Pest wütete, in feierlicher Bittprozession durch die Stadt. Von Stund an wurde der furchtbaren Seuche Einhalt geboten. Seit dieser Zeit verehren die Palermitaner Santa Rosalia als ihre Patronin.
Die Grotte, in der die Hirten die Gebeine der Heiligen fanden, wurde zur Kapelle ausgebaut. Sie erhielt einen Vorbau, links von ihr an der Felswand errichteten Benediktiner ein Kloster. Das gläubige Volk sagt dem Wasser, das von der schwarzen Felsdecke der Grotte herabtropft und in breiten Blechrinnen

aufgefangen wird, eine heilende Wirkung nach. Votivtafeln und gipserne Nachbildungen geheilter Arme, Beine und Hände hängen an den Wänden.
In einem gläsernen Schrein ruht die lebensgroße Marmorstatue der Heiligen, angetan mit einem prächtigen Mantel aus Goldbrokat. Gestiftet wurde der kostbare Mantel von dem spanischen Bourbonen Karl III., der als König beider Sizilien von 1735 bis 1759 regierte. Die Sizilianer vermerken diese Stiftung gerne, da die Zeit der von Neapel aus regierenden Bourbonen nur wenige angenehme Erinnerungen hinterließ. Zwei große Tafeln an der linken Grottenwand, in italienischer und deutscher Sprache, besagen, daß J. W. Goethe am 6. April 1787 in der Grotte weilte. Der etwas kuriose deutsche Text lautet: «ergriffen von der primitiven Einfachheit der Kapelle und von den schönen Formen der verehrten Heiligen». Auch in Palermo erinnert manche Tafel an den Signor Goethe, der einige Wochen in Palermo verbrachte und so gut von der Stadt, von Sizilien sprach. Cortesia siciliana, die den Gast ehrt, der den Monte Pellegrino das «schönste aller Vorgebirge der Welt» nannte.

Byzantinisch-arabisch-normannisches Erbe

Es ist verwunderlich, daß der weltoffene Reisende Goethe ausgerechnet von jenen Kunstwerken keine Notiz nahm, die uns heute als schönster und kostbarster Besitz Palermos dünken, die Cappella Palatina, die normannisch-arabischen Gotteshäuser, byzantinische Mosaike und normannische Kreuzgänge. Von den Quattro Canti aus die Via Maqueda aufwärts gehend, erreichen wir schnell die etwas verbaute Piazza Bellini, an deren rechter Seite erhöht zwei kleinere Kirchen nebeneinanderstehen,

La Martorana und *San Cataldo*. Beide Kirchen wurden im zwölften Jahrhundert gebaut. San Cataldo hat heute ausgedient; es blieb allein der kubische Bau mit drei kleinen blaßroten Kuppeln über dem flachen Dach. Die Martoranakirche dient heute noch dem Gottesdienst nach griechisch-orthodoxem Ritus. Die zur Straße gelegene barocke Westfront täuscht. Der auffallend schöne rechteckige Glockenturm stammt – wenigstens in seinen unteren Partien – aus der Normannenzeit. Und ebenso beredte Zeugen dieser Zeit sind die herrlichen Mosaike auf leuchtendem Goldgrund, die im Innern der Kirche Wände und Gewölbe schmücken.

Ein Mosaik vor allen anderen beansprucht unsere Aufmerksamkeit, die Krönung des Normannen Roger II. zum König von Sizilien [1130]. Dieses Mosaikbild ist unmittelbares Dokument einer Epoche, die als goldenes Jahrhundert im Gedächtnis der Palermitaner fortlebt. Keine vorausgehende und keine nachfolgende Epoche hat das Gesicht Palermos stärker geprägt als das Jahrhundert der Normannenherrschaft.

Die normannisch-sizilische Kunst entstand aus der Verbindung normannischer Bauvorstellungen mit byzantinischen und arabischen Stilelementen. Ein einzigartiger und unwiederholbarer Vorgang, dem wir einige der vollendetsten Schöpfungen der Kunst auf europäischem Boden verdanken. In einem legendenumwobenen Kleinkrieg hatten die Normannen in der zweiten Hälfte des elften Jahrhunderts Sizilien nach zweihundertjähriger islamischer Herrschaft erobert. Vor den Sarazenen stand Sizilien dreihundert Jahre, seit der Eroberung durch den oströmischen Feldherrn Belisar [535] unter byzantinischer Herrschaft. Die Normannen brachen die fünfhundertjährige

44 Blick vom Monte Pellegrino auf Palermo an der Conca d'Oro

Vorherrschaft des Orients. Mit ihnen kam das römische Christentum zurück; Bistümer und Klöster wurden neu gegründet, und Palermo wurde zur Basis für die Kreuzzüge.

Die Normannen waren keineswegs nur kriegerische Eroberer und Emporkömmlinge. Sie waren hervorragende Staatsgründer, Gesetzgeber und Förderer der Künste. Es zeugt für ihr menschliches und staatspolitisches Geschick, daß sie die voraufgehenden Kulturen nicht nur tolerierten, sondern neben ihren eigenen Ratgebern sarazenische und byzantinische Berater, Wissenschaftler, Künstler und Dienstleute an ihren Hof zogen. Das Krönungsmosaik in der Martorana zeigt, wie Roger II. aus der Hand des übergroßen und majestätischen Christus die sizilische Königskrone empfängt. Das Mosaik wurde wie alle palermitanischen Mosaike dieser Zeit von byzantinischen Meistern geschaffen. Unverkennbar ist die byzantinische Idealisierung Rogers als schmaler, zartgewachsener Asket mit dunklen Augen und schwarzem Bart, obwohl er – wie die Chronisten berichten – hochgewachsen und stämmig war, helle Haare und blaue Augen hatte.

Mit Roger II. erreichte die Geschichte der Normannen in Sizilien ihren Höhepunkt. Sie begann in einem kleinen Dorf der Normandie, in Hauteville. Dort lebte der Landedelmann Tancred, ein Wikinger, dessen zwölf Söhnen der Landsitz Hauteville zu klein wurde.

Aber auch Abenteuerlust trieb die Söhne nach Süden. In Italien gerieten sie in die Streitigkeiten zwischen rivalisierenden Fürsten, zwischen Ostrom und dem Papst und den Deutschen. Der seinen älteren Brüdern nachgefolgte und zum Heerführer auf-

47 Die Kirche S. Cataldo über der Piazza Bellini und der Turm der Martorana

gestiegene Robert Guiscard eroberte Apulien und Kalabrien. Mit Robert war der jüngste Tancredsohn Roger nach Apulien gekommen. Aber für ihn blieb auf dem Festland nicht mehr viel zu tun. Mit einer Schar von dreihundert Rittern setzte Roger 1060 über die Meerenge von Messina und eroberte Palermo. Nach zwölf Jahren Kampf gegen eine hundertfache sarazenische Übermacht, klug die Auseinandersetzungen der rivalisierenden arabischen Emire für sich nützend, zog Roger 1072 in die arabische Hauptstadt ein. Aus der islamischen Metropole mit mehr als dreihundert Moscheen wurde die große europäische Stadt.

Nach dem Tod Rogers [1101], der noch den Titel eines Grafen von Sizilien trug, vollendete sein Sohn Roger II. das Eroberungswerk. Dieser erste sizilische Normannenkönig war schon am Hof in Palermo geboren und erzogen worden. Er war gläubiger Christ und hatte ebenso Freunde unter den sizilischen Muselmanen. Seine Gesetze waren der gemischten Struktur der Inselbevölkerung angepaßt. Ein zeitgenössischer Chronist sagt von ihm: «Gerechtigkeit und Friede herrschten überall in seinen Gebieten.» Unter Rogers Herrschaft entwickelte sich Palermo zu einer blühenden Handelsstadt. Nicht minder förderte er die Wissenschaften und Künste. Er ließ die Schriften des Ptolemäus aus dem Arabischen ins Lateinische übersetzen. Sein Hof versammelte griechische, alexandrinische und europäisch-lateinische Gelehrte, arabische und persische Poeten und französische Troubadours. Die kostbarsten, noch heute erhaltenen palermitanischen Zeugnisse der normannisch-sizilischen Kunst, die Cappella Palatina, San Giovanni degli Eremiti, La Martorana, entstanden unter seiner Schirmherrschaft.

So unverfälscht manche Bauten in ihrer beispielhaften Architektonik, manche Details wie Mosaike und Kreuzgänge erhalten sind, die wechselvolle Geschichte mit den sich wandelnden

Interessen und veränderten Stilvorstellungen hat ihre Spuren hinterlassen. Diese Spuren reichen vom Desinteresse, das manche Bauten dahindämmern und verwahrlosen ließ, bis zu mannigfaltigen Renovierungen, Wegnahme alter und Zugabe neuer Teile, Umbauten und Anbauten.

Auf den Grundmauern der Araberburg aus dem neunten Jahrhundert hatten die Normannenkönige ihren *Palazzo dei Normanni*, auch Palazzo Reale genannt, errichtet. Der strenge, viereckig klobige Normannenbau mit seinen Quadersteinen wurde allerdings mehrfach umbaut und hat außen wie innen nicht mehr viel von seinem Ursprung. Jedoch zwei Innenräume haben den ursprünglichen Glanz rein erhalten, die Cappella Palatina und die Sala Ruggero.

Wenn wir den Corso Vittorio Emanuele bis zum Ende aufwärts gehen, erblicken wir links oberhalb eines kleinen Palmenparks die Vorderfront des Palazzo Reale. Zahlreiche parkende Wagen und Carabinieri in Paradeuniform erinnern daran, daß hier das Parlament der autonomen Region Sizilien tagt. Die Sala Ruggero, das erhaltene Privatgemach des Normannenkönigs, liegt neben dem Hauptsitzungssaal des Parlaments. Dieser Saal, mit großen Gemälden des Palermitaners Giuseppe Velasquez [Ende 18. Jh.] geschmückt, erinnert an die Zeit der Bourbonen [18 Jh.] und der spanischen Vizekönige [15.–17. Jh.], deren repräsentative Porträts in der Sala dei Vicerè hängen. Eine andere Welt empfängt den Besucher, sobald er die *Sala Ruggero* betritt, einen kleinen gedrungenen Raum, rundum mit den prächtigsten Mosaiken geschmückt. Auf goldenem Grund sind Jagdszenen eingelegt, Vögel und Bäume, ornamental rankendes Laubwerk, sparsam in der Farbe, verhalten in der Gestaltung der Szenen, aber stark und sicher im künstlerischen Ausdruck. Ornamentik und Stilisierung, besonders hübsch bei den Pfauen, sind von arabischen Mustern beeinflußt.

Gilt die Sala Ruggero als markantes Vorspiel der normannisch-sizilischen Kunst, so vollendet sie sich in der *Cappella Palatina.* Roger II. ließ die Palatina 1132 bis 1146 bauen und ausstatten. Über diese wohl noch vor der Sainte-Chapelle in Paris schönste und würdigste Hofkapelle der Welt wurde schon viel Rühmendes gesagt. Als Hofkapelle ist die Palatina in den Palazzo Reale eingebaut. Ihr Grundriß zeigt eine Mischung von Langhausbau und byzantinischem Zentralbau, dessen Vierung von einer hohen Kuppel überwölbt ist. Zehn granitene und marmorne antike Säulen begrenzen das Hauptschiff. Oberhalb der goldenen Kapitelle sind arabische Spitzbogen und Arkaden aufgesetzt. Von hier aus schweift der Blick weiter zu der arabischen Holzdecke, kleine, von dunkelfarbenen unregelmäßigen Stalaktiten belebte Kassetten. Normannische Bildhauer wiederum schufen die auf Säulen stehende Kanzel und den vier Meter hohen Osterleuchter mit den eingehauenen Tiersymbolen und Heiligenfiguren. Wie sehr die Einzelteile zusammenkomponiert sind, zeigen die maurischen Motive des Bodens, die in den unteren Teilen der Wände, selbst in den Kanzelsäulen fortgesetzt werden. Ihre Krönung verdankt die Palatina den byzantinischen Mosaizisten und ihren sizilischen Schülern. Rundum an den Wänden, Arkaden, Deckenfeldern, Nischen und der Kuppel entfaltet sich auf schimmerndem Goldgrund die heilige Geschichte, deren Mittelpunkt der Christus Pantokrator ist. Dieser aus der Kuppelwölbung der Apsis herabblickende Christus mit dem geschlossenen Buch in der Hand ist der Allherrscher. Ein Abbild der ruhenden Mächtigkeit göttlichen Seins und zugleich göttlichen Erbarmens.

Vor jedem der vielen Mosaikbilder lohnt das Verweilen, vor

50 Jagdszene aus dem Privatgemach des Normannenkönigs Ruggero der Verkündigung, der Geburt Christi mit den prächtigen Heiligen Drei Königen, der Taufe Christi und der Erweckung des Lazarus, all den Ereignissen der Geschichte Christi und der Apostel, festgehalten in einer einfachen, dramatisch zugeordneten Bilderschrift. Ein Mosaik sei besonders erwähnt: der Einzug in Jerusalem. Alles ist vorhanden, obwohl nur durch winzige Gesten angedeutet, die Trauer auf dem Antlitz Christi, der auf einer weißen Eselin über den palmenbestreuten Silberteppich daherreitet, das ängstliche Gefolge der Jünger, der unsichere Willkommgruß der Stadtleute. Allein die Kinder im Vordergrund durchbrechen die zeremonielle Starre, reißen ihre Kleider vom Leib und breiten sie aus. Wie hier auf der Fläche Bewegtheit und Ruhe, Vordergrund und Tiefe, die verschiedenen Farbwerte zu einer ausdrucksstarken Einheit komponiert sind, das ist meisterhaft.

Gleich hinter dem Palazzo Reale, in einer stillen Seitenstraße, liegt die Kirche *San Giovanni degli Eremiti*. Wir sahen sie zum erstenmal aus einem Fenster des Königspalastes und glaubten, ein Stück Orient vor Augen zu haben. Aus tropisch wuchernden Büschen, Palmen, Zypressen, Zitronen- und Feigenbäumen und mannshohen Kakteen, aus rotblühenden Rosen- und Geranienstauden hob sich das graubraune schmucklose Mauerwerk: einfache kubische Formen und Quader, von kleinen Rundbogenfenstern durchbrochen, über den Deckflächen fünf blaßrote Kuppeln mit dünnen Steinspitzen. Man begreift, daß San Giovanni die meistfotografierte Kirche Palermos ist. Sie ist ganz im arabischen Stil erbaut worden, 1132 unter Roger II., an den Ort einer alten Moschee, von der noch Reste erhalten

53 *Kreuzgang, Turm und eine der roten Kuppeln von S. Giovanni degli Eremiti*

sind. Heute ist auch San Giovanni ausgeräumt und kahl. Ein paar arabische Tongefäße liegen auf dem Boden, arabische Fenstergitter und spanische Truhen stehen herum. An den Wänden sind noch verblichene Reste byzantinischer Fresken erkennbar.

Dem Eingang an der Nordwestseite vorgelagert ist ein blühender und duftender Garten, der einen normannischen *Kreuzgang* [Ende 12. Jh.] umschließt. Bis zur Oberkante des Mauerkarrees, das von kleinen Doppelsäulen getragen wird, wuchern die rotblühenden Büsche. Im Vorgarten hat ein Rosenstock einen Ölbaum erklettert und läßt seine Blüten aus dem Gezweig hängen. Bittere Orangen, von den Sarazenen ins Land gebracht, wachsen hier.

Während San Giovanni degli Eremiti von Stille umgeben ist und der ursprüngliche Bau rein erhalten blieb, ging es um die *Martoranakirche* stets lebhafter zu. Die ursprünglich normannisch-byzantinische Kirche wurde 1143 von Giorgio d'Antiochia, dem Großadmiral des Normannenkönigs, gestiftet. Der Orientale war nach König Roger als Archont der Archonten und Emir der Flotte der mächtigste Mann. Die Stiftungsurkunde vermerkt, der Admiral habe gleichzeitig mit dem Kirchenbau für Verwaltung und Unterhalt der Geistlichen ein Dorf, zwei Warenlager, einen Garten, eine Bäckerei und zehn sarazenische Leibeigene gestiftet.

Auf einem mit dem Krönungsbild korrespondierenden Mosaik liegt der Admiral zu Füßen der Gottesmutter, der die Kirche geweiht ist. Ursprünglich Santa Maria dell'Ammiraglio genannt, kam sie im fünfzehnten Jahrhundert in den Besitz eines von der reichen Eloisa Martorana gestifteten Nonnenklosters und heißt seitdem La Martorana. Als Klosterkirche wurde sie ausgebaut und bekam einen Nonnenchor. Im siebzehnten Jahrhundert mußte die normannische Architektur teilweise barocken

Dekorationen weichen. Im achtzehnten Jahrhundert wurde das Kirchenschiff mit Fresken ausgemalt. Heute hat man versucht, den ursprünglichen Bau wiederherzustellen.

Außerhalb des Stadtgebietes sind als älteste Zeichen normannischer Baugesinnung sehenswert: *San Giovanni dei Lebbrosi* im Südosten der Stadt, jenseits des Oretoflusses, nahe der vom Stifter der Martoranakirche erbauten, heute landfesten Brücke Ponte dell'Ammiraglio; *Santo Spirito* am südlichen Stadtrand, inmitten eines Friedhofs, der Ausgangspunkt der Sizilischen Vesper [1282]. Wer stadtunkundig und kein Freund offizieller Stadtrundfahrten ist, sollte zum Besuch dieser Kirchen eine Carrozza nehmen.

Ebenfalls am Stadtrand liegen die ehemaligen Parkschlösser *La Cuba* und *La Zisa.* Sie geben nur ein kümmerliches Abbild von dem, was sie einst waren. Beide gehörten zum riesigen Park Gennoard, dem «irdischen Paradies», nach orientalischem Muster angelegte Gärten mit Fischteichen, Springbrunnen, kleinen Villen und Gartenschlössern, die dem alten Palermo im Süden und Westen vorgelagert waren «wie eine Perlenschnur um den Hals einer Schönen». Die Bauten sind im arabischen Stil gehalten und mit arabischen Inschriften versehen. Ihre Erbauer, König Rogers Sohn und Nachfolger Wilhelm I. und dessen Nachfolger Wilhelm II., weilten häufig hier, umgeben von ihren Favoritinnen. Sie liebten es, sich orientalisch zu kleiden und in arabischen Geheimlehren und Astrologie zu dilettieren. Ihre Parkschlösser sind Zeugen einer Zeit, in der die normannische Energie und Macht schon nachließ und erste militärische Mißerfolge den Verfall des Normannenreichs ankündeten.

La Zisa, nach der kufischen Inschrift «el aziz» – «die Prächtige» genannt, ein rechteckiger Bau mit flachem zinnengekröntem Dach, steht heute in einem ärmlichen Viertel am westlichen Stadtrand. Die oberen Geschosse sind bewohnt; einige Spitzbogenblenden hat man für Fenster aufgebrochen. Allein der quadratische Saal im Erdgeschoß läßt etwas von der einstigen Pracht ahnen. Aus der rückwärtigen Nischenwand der Halle, unter dem schönen staufischen Adler in Mosaik, sprudelte einst Wasser in ein Becken, plätscherte über eine geschrägte Marmorplatte abwärts und floß durch die Halle nach außen in einen Fischteich.

Auch das zweite Gartenschloß La Cuba war ursprünglich von einem Teich und Wasserspielen umgeben. Der rechteckige Bau liegt heute in einem Kasernenhof, links von der Straße, die nach Monreale führt. Das Innere ist, bis auf Reste der Stalaktitendecke, verfallen und zerstört. Die arabische Inschrift am Fries besagt, daß Wilhelm II. die Cuba 1180 bauen ließ, nach der Zisa also, was auch die leicht veränderte Form der Spitzbogenblenden zeigt.

Während in diesen Profanbauten arabischer Geist vorherrschte, sollte am Ende der Normannenzeit noch einmal das Zusammenspiel normannisch-arabisch-byzantinischer Bauvorstellungen gelingen. Anstelle einer byzantinischen Basilika und späteren Moschee erbaute der Schotte Walter of the Mill [latinisiert Gualterius Offamilius], Erzbischof von Palermo und Berater des Königs, die christliche *Kathedrale*, die 1185 unter dem Roger-Enkel Wilhelm II. geweiht wurde. Von allen Bauten Palermos ist die Kathedrale die mächtigste Schöpfung normannisch-sizilischer Baukunst. Gehen wir den Corso Vittorio Emanuele aufwärts, so öffnet sich die Straße noch vor dem Palazzo Reale nach rechts zu einem weiten, von Palmen bewachsenen Platz, hinter dem die Längsseite des langgestreckten Steinkörpers der Kathedrale sichtbar wird. Eine gesammelte Kraft geht von diesem Baukörper aus, dessen graubrauner Steinmantel unter der Sonne

57 Die Türme der Kathedrale von Palermo, links der Bischofspalast

flimmert und leuchtet. Die Zinnen an den Außenkanten des flachen Dachs, die kleinen Stalaktiten und Muschelnischen entsprechen arabischen Schmuckformen. Je zwei viereckige Türme, die an die französische Romanik erinnern, flankieren die östliche Apsis und die westliche Fassade. Nach links wölbt sich ein Bogen über die enge Straße und verbindet die Kathedrale mit dem Bischofspalast und dem größeren Glockenturm.

Der an der linken Seite des Längsbaus vorgesetzte breite Portikus – nun der Haupteingang – stammt aus dem fünfzehnten Jahrhundert. Einer der schmalen Pfeiler des Portikus weist zurück ins neunte Jahrhundert. Er trägt einen Spruch aus dem Koran und scheint – wie noch andere Bauelemente – von der Moschee zu stammen, die am gleichen Platz stand.

Auch die zweite auffallende spätere Zutat, die hohe Kuppel über der Vierung, war zur Belebung des langgestreckten Normannenbaus gedacht. Ende des achtzehnten Jahrhunderts wurde sie, gegen den Willen der Palermitaner, von dem Florentiner Ferdinando Fuga nach dem Vorbild der italienischen Barockkuppeln errichtet. Nun ist die Kuppel für alle Zeiten als Ärgernis dem herrlichen Normannendom aufgestülpt. Man muß sie wegdenken, um eine Vorstellung von der ursprünglichen Schönheit des Baus zu bekommen.

Leider steht auch das Innere der Kathedrale in keinem Verhältnis zum alten Normannenbau. Bei der Errichtung der Kuppel und im neunzehnten Jahrhundert wurde alles Normannische gründlich ausgeräumt oder überformt. Damit verlor der Kirchenraum seine Originalität. Nach spätbarockem Muster entstanden stuckverkleidete Marmorsäulen, Statuen, Wandgemälde, ein unschönes Deckengemälde. Sehenswert sind allein die alte Krypta mit dem Sarkophag des Erzbischofs Gualterius und der Domschatz, zu dem eine mit Saphiren und Perlen besetzte Krone Friedrichs II. gehört, die der Kaiser seiner früh verstorbenen

Gemahlin Konstanze mit ins Grab legte. Kostbarster Besitz der Kathedrale sind die von steinernen Baldachinen überwölbten dunkelroten Porphyrsarkophage im hinteren Seitenschiff. Die älteren Sarkophage standen ursprünglich im Dom von Cefalù. Friedrich II. ließ sie nach Palermo bringen. Die einfachsten und schönsten Sarkophage, von mosaikverzierten Säulen umstellt, gehören dem Normannenkönig Roger II. und seiner jüngsten Tochter Konstanze, die der letzte Normannenkönig Wilhelm II. dem Staufer Heinrich VI., dem Sohn Friedrich Barbarossas, zur Frau gab. Auch das Grabmal Heinrichs VI., der deutscher Kaiser war, steht hier, obwohl ihm Sizilien zeitlebens fremd blieb. Mit drastischen Mitteln erkämpfte er die Erbschaft, ließ die Anhänger des aufständischen Normannenbastards Tancred hinmorden und Palermo plündern. Erst sein und der Konstanze Sohn Friedrich II. [1194–1250] konnte Palermo und Sizilien für sich gewinnen. Auch sein Porphyrsarkophag, ruhend auf vier kraftvollen steinernen Löwen, steht hier. In einer Wandnische befindet sich der Sarkophag der ersten Gemahlin Friedrich II., Konstanzes von Aragón. Wiederum in Erbfolge kam durch diese spanische Königstochter die Herrschaft über Sizilien an das spanische Haus Aragón. Der erste aragonesische Herrscher, Peter von Aragón [gestorben 1285], fand hier ebenfalls seine letzte Ruhestätte.

Die sechs Porphyrsarkophage lassen noch einmal das Gedenken an Palermos goldenes Jahrhundert aufleben. Sie sind Zeugen des raschen Wechsels menschlicher Herrschaft. Die dunkelroten Grabmäler überdauerten sie alle und geben Kunde von denen, die aus der fernen Normandie, aus Schwaben und aus Aragón hergekommen waren, um hier zu herrschen und zu sterben.

Die Hohenstaufen

Sooft wir im Dom von Palermo vor den Porphyrsärgen standen, immer lagen frische Rosen vor dem Sarkophag Friedrichs II. von Hohenstaufen. Das mag ein Spiel des Zufalls sein. Aber eine fast schwärmerische Verehrung hält das Andenken dieses Mannes wach. Heute erinnert in Palermo nicht mehr viel an Friedrich II.: im Domschatz sechs goldgestickte Stauferadler, der Mosaikadler in der Halle der Zisa und wieder das kaiserliche Symbol, der staufische Adler, an einer Mosaikdecke im Innern des Palazzo Reale. Im Land, von Syrakus über Enna bis zum äußersten Westen, erinnern Kastelle und Wehrtürme an die siebzigjährige Stauferherrschaft, von der fünfzig Jahre allein Friedrich II. gehörten.

Der Enkel Barbarossas und mütterlicherseits der Enkel des großen Roger II. mußte sich seiner Haut wehren und ein zweifaches Königtum, das deutsche und das sizilische, verteidigen – gegen die Grafen im Land, gegen den eigenen aufrührerischen Sohn, gegen fremde Mächte. Mit sechsundzwanzig Jahren wurde Friedrich II. deutscher Kaiser, obwohl er nur selten nach Norden kam. «Stupor mundi», das Staunen der Welt, wurde er genannt. Er war genial und skrupellos, mißtrauisch und freigebig zugleich, ein Mensch der Widersprüche. Er konnte den Empörern verzeihen und sie anschließend öffentlich verbrennen lassen; er war tolerant bis zur Selbstaufgabe, Beschützer der Sarazenen und Juden und soll in einem Atemzug Moses, Christus und Mohammed die drei größten Betrüger der Menschheit genannt haben. Für sich selber forderte er das orientalische Zeremoniell des Kniefalls und einte in staatsmännischer Klugheit das auseinanderbrechende Reich noch einmal zu einem absolut regierten mächtigen Verwaltungsstaat.

Als sein Vater Heinrich VI. starb, war Friedrich zwei Jahre, neun

Monate alt. Im Palazzo Reale in Palermo wuchs er auf, verwahrlost und ohne rechte Erziehung, aber eingespannt in die Intrigen seines päpstlichen Vormunds, schon als Knabe bedroht von Verrat und Mordanschlägen, ausgeliefert dem Ränkespiel der deutschen Barone. Palermitanische Familien nahmen sich des Knaben an und verköstigten ihn abwechselnd. Schließlich fand er arabische Lehrer, die ihn heranbildeten zu einem universalen Wissenden aus morgenländischem Geist. Das ist die zweite Seite seines Wesens: der philosophisch und naturwissenschaftlich hochbegabte Mann, Verfasser gelehrter Schriften, der Gründer der «sizilischen Dichterschule» und selbst poetischer Dichter. Gelehrte aus aller Welt waren um Friedrich versammelt. Der Kaiser beherrschte ihre Sprachen, die Sprachen der Insel, mühelos: Lateinisch, Arabisch, Griechisch, Französisch, Provenzalisch, Italienisch, während ihm das Deutsche fremd blieb.

Auch Friedrich II., in Jesi in der Mark Ancona 1194 geboren, kam als Fremder nach Palermo. Aber er wurde Sizilianer wie kein Herrscher vor ihm noch nach ihm.

Als man im Jahre 1781 die Porphyrsärge öffnete, fand man Friedrichs Leib als einzigen wohlerhalten. Neben ihm lagen Reichsapfel und Schwert, und sein Haupt trug die Krone. Sein Leib war in arabische Seidengewänder gehüllt. Die sizilischen Araber, deren Lebensstil und Denken Friedrich II. nachhaltig beeinflußten und deren Treue er mit seiner Zuneigung lohnte, hielten auch den Söhnen und Enkeln Friedrichs die Treue. Aber nach Friedrichs Tod [1250] zerfiel sein Reich bald. Friedrichs Nachfolger Konrad IV. überlebte den Vater nur um vier Jahre.

62 *Barocke Fassade eines Hauses in der Altstadt*

63 *Einer der «Quattro Canti», die den kleinen Platz einfassen, wo sich die Hauptstraßen, die Via Maqueda und der Corso, kreuzen*

Konrads Bruder Manfred, auch noch zum König von Sizilien gekrönt, fiel in der Schlacht von Benevent 1266. Konrads sechzehnjährigen Sohn Konradin, der aus Deutschland herbeieilte, sein bedrohtes Erbe anzutreten, ließ Karl von Anjou 1268 auf dem Markt von Neapel schmählich enthaupten. So starb der «letzte Hohenstaufer». Die sizilische Herrschaft kam durch Vermittlung des Papstes in die Hände des französischen Hauses Anjou.

Das barocke Palermo

Auch unter den spanischen Vizekönigen erlangte Palermo repräsentatives Ansehen. Aber die politische Trennung vom Festland, die einseitige Orientierung nach Spanien, die bis ins neunzehnte Jahrhundert andauerte, machten Palermo zur Provinzstadt. Indes kamen mit den neuen Herren spanische Adelige und ganze Familien ins Land und bereicherten das palermitanische Leben. Spanische Aristokraten heirateten in Palermos Patrizierfamilien ein. Sie bauten Paläste, stifteten Kirchen und Klöster. Und wieder, wie so oft in der Geschichte Siziliens, brachten Fremde ihre Kunstvorstellungen mit, die sich auf sizilischem Boden prachtvoll entfalteten.

Wer durch die Stadt wandert, wird allenthalben der barocken Zeit begegnen. Da sind die barocken Hausfassaden der Innenstadt, barocke Brunnen und Plätze, zahlreiche Kirchen und Betsäle, deren schönste aus dem siebzehnten Jahrhundert stammen. Es ist die Epoche, die neben dem goldenen Jahrhundert heute am augenfälligsten das Stadtbild bestimmt.

Die barocke Vorliebe für das Überschwengliche, für vielgestaltige Figuration, für das Dekorative und Prunkhafte kam dem sizilischen Temperament entgegen. So kam es im Zeitalter des Barock noch einmal zu einer einheitlichen Stilbewegung, während die voraufgehenden Jahrhunderte nur spärliche Zeugnisse hinterlassen haben. Aus der Renaissance stammen einige Paläste und die anmutige kleine Kirche *Santa Maria della Catena* [15. Jh.] mit einem sehr schönen dreibogigen Renaissanceportal und Vorhalle. Die Kirche steht gleich neben der Cala, dem alten Fischerhafen, und hat ihren Namen von der Kette, die ursprünglich den Hafenbezirk absperrte.

Umgeben von rein barocken Palästen [Anfang 17. Jh. erbaut] ist die Piazza *Quattro Canti*, der Stadtmittelpunkt. Bewundernswert sind die zurückgenommenen Fassaden der vier Eckhäuser mit den kleinen Brunnen, den Statuen der spanischen Könige, der heiligen Stadtpatroninnen Rosalia, Ninfa, Oliva und Agata und dem reichen barocken Schmuckwerk. Nur wenige Schritte von hier, die Via Maqueda aufwärts, liegt die *Piazza Pretoria*. Der Platz wird fast ganz von der riesigen Fontana Pretoria ausgefüllt, einem üppigen Marmorbrunnen mit zahlreichen Treppen, Bekken, Menschen- und Tierfiguren, 1554 von dem florentinischen Bildhauer Camigliani erbaut. Gewiß kein Meisterwerk, eher ein Vorspiel zum eigentlichen palermitanischen Barock.

Den Platz überquerend, gelangen wir durch eine kurze Seitengasse auf die Piazza Bellini und blicken unmittelbar auf den schönen Campanile der Martoranakirche; links davon die barocke Westfront [17 Jh.]. Gegenüber der Martorana führen zwei Seitentreppen empor zu einer Kirche mit unscheinbarer Fassade, deren Inneres jedoch die Krönung palermitanischen Barocks darstellt, *Santa Caterina*, 1664 geweiht. Bei allem dekorativen Reichtum vermittelt die Innenausstattung den Eindruck einer klar formulierten und vollendeten Harmonie. Die drei für den palermitanischen Barock typischen Elemente treffen hier zusammen: äußerst bewegte, vielgestaltige Stuckreliefs und Ornamente, die Wände und Pfeiler bis zur gewölbten Decke schmükken; die für den spanischen Einfluß charakteristischen Silberschmiedearbeiten, Plateresken genannt, und eine Überfülle bunter Marmorintarsien.

Neben Santa Caterina sind es vor allen anderen Kirchen drei Betsäle oder Oratorien, deren festliche Ausstattung von der Meisterschaft barocker Künstler zeugt. Es sind Juwelen des barocken Palermo, kleine Kapellen, ehemalige Oratorien religiöser Gemeinschaften, die heute nur noch zu gelegentlichen Anlässen, einer Trauung, einer besonderen Andacht, geöffnet werden. Eine Eigentümlichkeit des palermitanischen Barocks liegt darin, daß die Außenseiten der Kirchen und Kapellen schlicht und nahezu unansehnlich gehalten sind. Nicht eine Fassade könnte sich mit den prunkvollen Fassaden der Barockkirchen im östlichen Sizilien, in Ragusa, Syrakus oder Acireale messen. So geht man an den äußerlich nicht gerade einladenden Kapellen leicht vorüber, nicht ahnend, welche Reichtümer das Innere birgt. Aber es lohnt sich, nach den Kustoden zu fragen und die verriegelten Tore aufschließen zu lassen.

Die *Oratorien* liegen in der Innenstadt, zwischen Via Roma und dem Fischerhafen, nicht weit voneinander entfernt. Das Oratorium der Gesellschaft vom Rosenkranz des heiligen Dominikus ist das größte. Der einfache rechteckige Saal liegt gleich hinter der großen Kirche San Domenico [Piazza San Domenico an der Via Roma]. Die Wände des Betsaales sind üppig dekoriert mit allegorischen Statuen und Stuckreliefs, deren heiteres Spiel im Kontrast zu der dunklen Inbrunst der Gemälde steht. Das große Madonnengemälde über dem Altar ist ein Werk Anton van Dycks [1624 in Auftrag gegeben]. Auf Wunsch der Stifter fügte van Dyck in der Bildmitte nachträglich die Gestalt der heiligen Rosalia ein. Ein Schüler van Dycks, Pietro Novelli, schuf das Deckengemälde mit der Krönung Mariens. Sein eigentliches Gepräge erhält der Raum durch die Stuckarbeiten, die biblische Szenen und Allegorien wiedergeben. Hier begegnet uns zum erstenmal ein Werk des größten palermitanischen Stukkateurs, Giacomo Serpotta [1656–1732], der auch die beiden anderen Oratorien ausgestattet hat.

Nur ein paar Schritte von hier liegt die Kirche Santa Zita [Via Squarcialupo], deren Ausstattung vorwiegend aus dem achtzehnten Jahrhundert stammt, zum Teil von Antonello Gagini, dessen Werke in vielen sizilischen Kirchen zu finden sind. Vollendet in der barocken Raumgestaltung ist das im hinteren Teil der Kirche gelegene Oratorium der Gesellschaft vom Rosenkranz der heiligen Zita. Auch hier zeugen die Stuckreliefs von der einfallsfreudigen Meisterschaft Serpottas. Bemerkenswert ist das große Stuckrelief an der Rückwand des Saales, das die Schlacht bei Lepanto darstellt, eine bis ins Detail vollendet ausgeführte und großartig komponierte Arbeit.

Serpottas Meisterwerk befindet sich im Oratorium der Gesellschaft des heiligen Laurentius neben der Basilika San Francesco. Es geht sehr lebhaft zu auf der kleinen Altstadtpiazza San Francesco. Die umliegenden Häuser haben den Platz eingekeilt, und hier wie in den engen Seitengassen bieten geschäftstüchtige Händler ihre Waren an. Merkwürdig fremd steht da am Rande der Piazza die strenge romanisch-gotische Fassade der Basilika San Francesco [13. Jh.] mit dem einfachen, von Zackenornamenten umrahmten Portal, der herrlichen Rosette.

Das Oratorium San Lorenzo hat Serpotta in den Jahren 1698 bis 1710 ausgestaltet. Eine seiner schönsten allegorischen Figuren ist die mädchenhafte Caritas, die auf das Kind in ihren Armen blickt. Aber auch das Martyrium des Laurentius, die Szenen aus dem Leben der Heiligen Laurentius und Franziskus, die lebensgroßen allegorischen Statuen und die Dekorationen zeigen den Stukkateur Serpotta auf der Höhe seines Schaffens. Man erzählt, er habe ein weltabgewandtes Leben geführt, aber leidenschaftlich die Musik geliebt und oft in den Arbeitspausen die

Laute gespielt. Von einer heiter bewegten Musikalität sind auch seine formenreichen und vielgestaltigen Figurationen erfüllt.
Von den übrigen Barockkirchen seien wenigstens zwei noch erwähnt: *San Salvatore*, am Corso Vittorio Emanuele gegenüber der Nationalbibliothek gelegen, 1682 von Antonio Amati erbaut, üppig ausgestattet mit barocken Reliefs, Ornamenten und Putten, mit mächtiger bemalter Gewölbedecke. Nicht weit hiervon liegt die Kirche *del Gesu* oder Casa Professa [Piazza Casa Professa], deren Bau 1636 fertiggestellt wurde, trotz erheblicher Erneuerungen ein repräsentatives Beispiel palermitanischen Barocks, mit bunten Marmorintarsien und Stuckarbeiten Serpottas geschmückt.
Am südlichen Stadtrand, über den Corso und nach der Porta Nuova rechts über die Via dei Cappuccini erreichbar, liegt der *Convento dei Cappuccini* mit den Katakomben. In den unterirdischen Gängen wurden seit der spanischen Barockzeit bis etwa vor achtzig Jahren Geistliche und reichere Palermitaner beigesetzt. Mit Schauder geht man durch die dunklen kalten Gänge, an deren Wänden mehr als achttausend mumifizierte Tote oder Skelette stehen und hängen oder in zum Teil offenen Särgen liegen. Ihre festlichen Gewänder und Kutten, die früher jährlich erneuert wurden, sind vermodert und verstaubt. Heute lockt die Neugier das Publikum herbei. Eine makabre Vorstellung, zu denken, daß hier einst die Palermitaner ihre toten Anverwandten über Jahre hinweg von Angesicht zu Angesicht sahen. Ein Gedanke wahrhaft barocken Ursprungs.

Paläste und Gärten

Es ist noch nicht lange her, da war Palermo «der Urtyp der ‹signorilen› Stadt – einer Stadt spektakulärer Paläste, Villen,

Gärten und Familien» [Guido Piovene]. Die barocke Lebensweise mit ihrer Prunkentfaltung und allen möglichen Bizarrerien war abhängig von einer bestimmten Sozialstruktur, der Vermögensballung in den Händen weniger adeliger Familien. Heute verrotten die berühmten Kaleschen mit den Familienwappen oder sind museumsreif. Die Barockpaläste der Innenstadt verkommen zumeist oder werden von Armen und Kleinbürgern bewohnt, nachdem Antiquare das bewegliche Restinventar ausgeräumt haben. Bedenken wir, was sich hier einst tat, hinter den zierlichen Balkonen der Barockfassaden, unter den wappengeschmückten Toren, auf den Innenhöfen mit Zierbrunnen und exotischen Pflanzen – und was jetzt geschieht, so ist das ein düsterer Ausklang des lebensfrohen Settecento.

An die Bourbonenkönige erinnert das Landschlößchen *La Favorita* [1799 erbaut] zu Füßen des Monte Pellegrino. Hier zieht sich der Agrumen- und Blumengarten der Conca d'Oro bis zum Berg. In einem gepflegten Park liegt das heitere Schlößchen, auch Palazzina Cinese genannt, da es im chinesischen Stil erbaut wurde, eine fürwahr bizarre Idee angesichts der anderen palermitanischen Bauten. Heute befindet sich hier ein kleines Museum mit Erinnerungsstücken aus der Bourbonenzeit und entzückenden sizilianischen Puppen. Die schönsten folkloristischen Stücke und buntbemalte Carretti sieht man in dem nahegelegenen *Museo Etnografico Pitré*, das Giuseppe Pitré 1909 gegründet hat.

Wenn von barocken Bizarrerien die Rede ist, so muß die *Villa Palagonia* erwähnt werden. Sie liegt in Bagheria, einem kleinen Landstädtchen ostwärts von Palermo [über die Küstenstraße Via Messina etwa achtzehn Kilometer]. Bagheria war ein beliebter Sommeraufenthalt des palermitanischen Adels im siebzehnten und achtzehnten Jahrhundert. Noch heute sind einige der Barockpaläste bewohnt, die *Villa Valguarnera*, die *Villa Butera*, die *Villa Trabia*. Mit diesen größeren Prachtbauten kann sich das Schlößchen, das der Fürst von Palagonien um 1715 errichten ließ, nicht messen. Vermutlich wäre es längst vergessen, hätte nicht Goethe seine Empörung über den «Unsinn des Prinzen Palagonia» im Tagebuch der Italienischen Reise so wortreich vermerkt.

Das elliptisch vorgewölbte Hauptgebäude ist zierlich und von fast rokokohafter Eleganz. Von der eingebuchteten Rückfront mit Terrasse und Balustraden führt ein schön geschwungenes Treppenpaar in den Garten, einen Wildwuchs von Unkraut und Buschwerk, den eine fast kreisrunde Mauer umschließt. Das alles ist hübsch und originell angelegt, aber nicht außergewöhnlich. Nun aber, auf den Mauern und Torbögen, auf Sockeln, Balustraden und selbst im Gras tummelt sich ein Völkchen bizarrer Figuren, ein wild gemischter Maskenzug von Menschen und Tier und Mißgestalt. Beziehungslos stehen sie nebeneinander, aus schmutziggrauem verwittertem Tuffstein gehauen: Musikanten und katzenköpfige Tiergeister, Bucklige, kürbisköpfige Gnome mit idiotischem Gesichtsausdruck, entstellte Affen, Tiere mit Menschenköpfen und Frauen mit Tierköpfen, ein eselsohriger Edelmann, ein lorbeerbekränzter Kopf mit Zwergleib, auf einem Delphin reitend. Dazwischen Soldaten, steife Wichtigtuer, karikierte Zeitgenossen, kokette Tänzerinnen, Kavaliere und Damen. Ein Großteil dieses grotesken Panoptikums stammt gewiß aus der neapolitanischen Komödie. Aber hier ist mehr als Illusion und Spiel der Phantasie oder Narretei am Werk. Sind diese Spukgestalten nicht frei gewordene grausige Träume, entfesselte dämonische Möglichkeiten? Hält nicht im palagonischen Wappen ein Satyr einem pferdeköpfigen Weib den Spiegel vor? Wie merkwürdig, daß Goethe in den Straßen Palermos den Prinzen Palagonia traf, einen ernsten, ruhigen älteren Herrn, der Lösegeld für die Befreiung gefangener Sklaven sammeln ließ und als Wohltäter beschrieben wird.

Kehren wir zurück nach Palermo. Bald nachdem wir die fruchtbare Ebene von Bagheria und Ficarazzi verlassen haben, künden die Vororte am Rand der Küstenstraße die nahe Stadt an. Die Straße führt über den Fluß Oreto und vorbei an dem herrschaftlichen Park der Villa Giulia mit dem dahinterliegenden Botanischen Garten. Von allen Gärten Palermos ist der *Orto Botanico* der schönste, ein Wundergarten exotischer Pflanzen und Bäume. Zwischen diesen Parkanlagen und dem Fischerhafen, stadteinwärts begrenzt von der Via Roma, liegt der älteste Teil der Innenstadt. In den engen Straßen entdecken wir neben verwahrlosten und verkommenen Barockhäusern einige größere Palazzi. Verhältnismäßig gut erhalten ist der *Palazzo Bonagia* [17. Jh.] an der Via Alloro. Ein reiner Barockbau mit schönem Innenhof, balustergeschmückten Treppen und buntmarmorierten Innenwänden. Nicht weit von hier, an der Via Garibaldi, liegt der *Palazzo Aiutamicristo* [Ende 15. Jh.], von Matteo Carnevilari im Mischstil von katalanischer Gotik und Renaissance erbaut. Wie bei allen größeren Palästen so ist auch hier der Innenhof mit der gotischen Loggia besonders schön gestaltet. Im gleichen Stil baute Carnevilari einen der schönsten Paläste Palermos, den *Palazzo Abbatelli* [1495] im unteren Teil der Via Alloro. Der Palast wurde in den letzten Jahren vorzüglich restauriert und beherbergt nun die *Galleria Nazionale di Sicilia*. Es war ein guter Gedanke, das Nationalmuseum zu entlasten und hier Pinakothek und Skulpturen des Mittelalters unterzubringen.

Von den Kostbarkeiten dieser Galerie seien wenigstens drei erwähnt: die Porträtbüste der Eleonora von Aragón von Francesco Laurana [15. Jh.], ein überaus anmutiges und geistvolles Antlitz; die «Annunziata», ein Meisterwerk Antonello da Messinas [1430–1479], auf ein kleines Holzbrett gemalt, nur Gesicht und Hände der Jungfrau Maria zeigend und in krassem Gegensatz hierzu das Fresko vom «Triumph des Todes». Es stammt aus dem fünfzehnten Jahrhundert, von unbekanntem Meister. Im Mittelpunkt der Tod, ein Knochenmann auf einem galoppierenden Pferdeskelett. Links im Bild einige Bettler und Arme, die den Tod anflehen, während die ausgreifenden Beine des Pferdes über den entsetzten Mächtigen der Erde, Bischöfen, Fürsten, Reichen, einen tödlichen Bogen spannen. Das Bild läßt deutlich eine soziale Tendenz erkennen, was auch die Inschrift erhärtet: O MORS TUA AMARA EST MEMORIA.

Das Fresko befand sich ursprünglich an einer Innenhofwand des *Palazzo Scláfani* [nahe dem Königspalast, an der Ecke der Piazza Vittoria]. Der Palast [1330 erbaut] gehört zu den ältesten Feudalpalästen Palermos und zeigt noch romanisch-gotische Stilelemente. Die arabisch anmutende Ornamentik der Fenster- und Portalumrahmung wird chiaramontan genannt, nach einem der mächtigsten palermitanischen Feudalgeschlechter, den Chiaramonte. Die schönste Ausprägung dieser Ornamentik findet sich an den Fensterbögen des großen Familienpalastes der Chiaramonte *Lo Steri* [14. Jh.].

Dieser bedeutendste und besterhaltene der mittelalterlichen Paläste liegt in nächster Nähe des Palazzo Abbatelli am Rande des Giardino Garibaldi. Wer vor dem zinnengekrönten Steinblock steht, spürt, welche Macht hier repräsentiert wird. Es stimmt nachdenklich, daß der Park, der dem mächtigsten der Feudalpaläste vorgelagert ist, nach Garibaldi genannt wurde. War doch Garibaldi der Mann, der mit seinen «Tausend» die Bourbonen vertrieb [1860] und Sizilien zu Italien führte, der die liberalen Ideen der neuen Zeit nach Sizilien brachte und damit den alten, patriarchalischen Feudalmächten den Todesstoß gab.

Die Antike – im Museum

Jeder Gang durch die Stadt zeigt, daß Palermo die ungriechischste Stadt Siziliens ist. Obwohl der alte Name Panormos [Allhafen] griechischen Ursprungs ist, war Palermo nie griechische Kolonie. Die nächste Griechenstadt der Nordküste, Himera, lag fünfzig Kilometer östlich vor Palermo. Im achten und siebten vorchristlichen Jahrhundert, als die Griechen die sizilischen Küsten besiedelten und Syrakus, Messina, Catania, Gela, Selinunt und Agrigent gründeten, war Palermo Handelsplatz der seetüchtigen Phönizier. Ihnen folgten die kriegerischen Karthager. Die Römer eroberten 254 vor Christus Palermo und blieben Jahrhunderte lang Herren der Stadt, bis die Völkerwanderung im fünften Jahrhundert die Vandalen unter Geiserich, die West- und Ostgoten als Eroberer nach Palermo brachte. Von allen diesen Völkern sind in Palermo keine wesentlichen Spuren erhalten.

Die überschaubare Geschichte Palermos beginnt mit dem Jahr 535, als die oströmische Flotte Panormos für Byzanz eroberte. Belisar, der Feldherr des Kaisers Justinian I., machte Sizilien zu einem Teil des byzantinischen Reiches. Damit begann die fünfhundertjährige Vorherrschaft des Orients, seit dem Jahr 831 unter den Arabern, die in Palermo ein mächtiges Kalifat schufen. Unter dem Einfluß der morgenländischen Kultur und Lebensweise setzte die erste nachhaltige Prägung Palermos ein. Die Normannenkönige übernahmen das Vorhandene und überformten es mit ihren eigenen Vorstellungen. Renaissance und Barock brachten neue Züge in das Stadtbild. So wurde Palermo zu der Stadt, die uns noch heute in ihren Bann zieht.

Unsere Überraschung ist groß, wenn wir in dieser arabisch-normannischen und barocken Stadt einen Ort finden, der das Altertum beherbergt, eine Fülle kostbarer Sammlungen aus etruskischer, griechischer und römischer Zeit: das *Museo Nazionale Archeologico.* Allerdings stammen die antiken Sammlungen vorwiegend nicht aus Palermo, sondern aus Himera, Selinunt, Centuripe, Syrakus und anderen sizilischen Städten. Der Eingang zum Museo Nazionale liegt an der Piazza Olivella [erreichbar von der Via Roma durch eine kurze Straße seitlich des Hauptpostgebäudes]. Der Museumsbau war ursprünglich ein Kloster. Man hat die Räume erweitert, den Museumszwecken angepaßt und auch die beiden stillen Klosterhöfe geschickt einbezogen. Heute genießt das Museo Nazionale internationalen Ruf.

Manche Stücke kamen auf abenteuerlichen Wegen her. So der berühmte Bronzewidder aus dem dritten Jahrhundert vor Christus, der mit einem Gegenstück den Palast Hierons II. in Syrakus schmückte. Friedrich II. ließ die beiden Widder auf Mauervorsprünge links und rechts vom Portal seines syrakusanischen Kastells Maniace setzen. Im fünfzehnten Jahrhundert kamen die Widder nach Castelbuono, dann nach Palermo in den Palazzo der Chiaramonte und später in den Palazzo Reale. Im Volksaufstand von 1848 wurde ein Widder zertrümmert; den zweiten vermachte der italienische König dem Museo Nazionale.

Die schönsten Stücke des Museums sind die Metopen aus Selinunt und die Löwenköpfe aus Himera. Die erst in jüngster Zeit ausgegrabenen steinernen Löwenköpfe mit geöffnetem Maul und kurzer heraushängender Zunge dienten dem dorischen Tempel von Himera als Wasserspeier. Von mehreren dorischen Tempeln in Selinunt stammen die herrlichen Metopen. Es sind viereckige Steinplatten mit Reliefdarstellungen, die über dem Architrav zwischen den Triglyphen eingelassen waren. Auffallend sind die

75 «Der Raub der Europa», archaische Metope, 6. Jh. v. Chr., im Nationalmuseum

EUROPA RAPITA DAL TORO

unterschiedlichen Stilmerkmale zwischen den älteren und jüngeren Bildwerken. Während die älteren Reliefs [6. Jh. v. Chr.], Perseus tötet Medusa, Herakles und die Kerkopen, die von Apollo gelenkte Quadriga, Europa auf dem Stier, archaische, grob gebildete, aber kraftvolle und ausdrucksstarke Figuren zeigen, sind die jüngeren Reliefs virtuoser, lebhafter figuriert und kunstvoll komponiert. Zu den vollendetsten [470–460 v. Chr. geschaffenen] gehören: Herakles' Kampf mit der Amazone, Zeus und Hera, Aktaions Kampf mit den Hunden. Wie hier der schlanke, aufrecht stehende, aber schon erschöpfte Aktaion von seinen eigenen Hunden angefallen und zerfleischt wird, während Artemis danebensteht, die ja – nach der Sage – den Jüngling wenig später in einen Hirsch verwandeln wird, das ist von kraftvoller Bewegung und plastischer Schönheit.

Die reichhaltigen und kostbaren Sammlungen des Nationalmuseums setzen der Entdeckerfreude keine Grenzen. Wir sahen wunderschöne etruskische und griechische Vasen, Aschenurnen, eine prächtige Münzsammlung, mächtige Kapitelle und kleine Skulpturen aus dem Innern Siziliens. Besonders gefielen mir die kleinen Bronzestatuetten, wiederholt Herakles mit wehendem Tierfell, und eine Reihe kleiner bemalter Terrakottastatuetten aus Centúripe und Solunto [3. Jh. v. Chr.], anmutig bewegte Frauengestalten in bodenlangen, faltenreichen Gewändern. Vieles bleibt rätselhaft wie die beiden menschenförmigen Steinsarkophage aus der Karthagerzeit [5. Jh. v. Chr.], die man in Cannita bei Palermo fand. Wie viele Völker haben hier Heimat gefunden, ihre Toten bestattet und kunstvolle Denkmäler errichtet. Wer die in den Klostermauern eingefangene Museumswelt wieder verläßt, die Piazza Olivella überquert und der Via Maqueda zustrebt, umgeben vom temperamentvollen, farbigen Leben des palermitanischen Nachmittags, den überfällt eine merkwürdige Vorstellung. Er sieht in den Sizilianern, die geschäftig vorübereilen, die vor den Häusern und Läden stehen, die Nachfahren der Wandervölker und Eroberer, die in den mehr als zweieinhalbtausend Jahren hergeweht wurden und deren Blut sich mischte: Phönizier, Karthager, griechische Dorer und Jonier, Römer, Goten, Sarazenen, Byzantiner, Normannen, Schwaben, Spanier und Franzosen.

Der große Markt: Vuccirìa

Im dunkelsten, barocksten Viertel der Altstadt, zwischen San Domenico und dem Corso, hafenwärts von der Via Roma, findet von morgens bis abends der große Markt, die Vuccirìa, statt. Der Wechsel von der immer noch vornehmen Via Roma in eine der Vuccirìa-Gassen kommt einem Absturz mitten in den brodelnden Siedekessel des sizilischen Temperaments gleich. Die lebhaftesten und farbigsten europäischen Märkte, der Verginimarkt von Neapel, der Markt auf den Ramblas von Barcelona, sind gemessen an der Vuccirìa friedlich und blaß. Da steht man, angelockt von wogendem Stimmengewirr, unversehens am Anfang einer der Vuccirìa-Gassen und hat ein Bild vor Augen, das aus dem Dunkel der Gassenschlucht herausleuchtet, eher orientalisch als europäisch anmutend, eine Polyphonie von kräftigen Farben, Verkaufslärm, tausenderlei Gerüchen, von Stimmen und gestikulierendem Volk.
Wer die Sizilianer in ihrem ureigenen Element erleben will, der verbringe einen beliebigen Vormittag auf der Vuccirìa, der lasse sich treiben über das glattgetretene schwarze und immer nasse Pflaster. Man muß schon mitmachen, hier und dort etwas kaufen,

78/79 Marktszene aus der Vuccirìa

erhandeln, schmecken, um dazuzugehören. Aber man kann sich der Fülle der ausgebreiteten Leckerbissen nicht entziehen, den aufgeschnittenen saftigen Melonen und Orangen, rohen oder butterweich gekochten walnußgroßen Oliven, köstlich duftenden gekochten, gebackenen, panierten Artischocken, all den Delikatessen, die da in Pfannen bruzzeln und auf Rosten schmoren. Die Versuchung ist groß, einen der kleinen gebratenen Polypen zu probieren, die knusprig und glänzend aus der Pfanne geholt und auf dem Verkaufstisch zerteilt werden. Es heißt ja, Palermitaner, die unter Appetitlosigkeit leiden, werden von Freunden zur Vuccirìa mitgenommen. An jeder Ecke gibt es die goldbraun gebackenen Reiskugeln, die Arancini, mit Fisch, Fleisch und Käse gefüllt, gibt es Pasta con le sarde, Spaghetti mit Sardinen, scharf gewürzt mit Safran und wildem Fenchel. Wer süßere Sachen bevorzugt, findet Berge von glänzenden kandierten Früchten, Mandelgebäck, Pistazienmuscheln, Marzipantörtchen, Cannoli mit der quarkähnlichen Ricotta gefüllt, honigduftende Dolci. Der Sizilianer liebt diese süßesten Leckereien ebenso wie die überscharf gewürzten Delikatessen, die auf der Zunge brennen.
Natürlich ist die Vuccirìa ein merkantiler Volksmarkt wie jeder andere, wo Waren angeboten und verkauft werden. Aber hier kommt etwas hinzu, was mir auf den kontinentalen Märkten nie besonders auffiel und worin sich das sizilische Temperament – sicherlich angereichert durch den althergebrachten orientalischen Einfluß – augenfällig dokumentiert: Alle Sinne sind angesprochen, und noch die einfachsten Früchte und Gemüsesorten, Blumenkohlköpfe, rote Zwiebeln, Nespoli, verwandeln sich in einen Augenschmaus. Ein natürlicher Spürsinn für alles dekora-

81 Straßenjunge

tive Zur-Schau-Stellen ist hier am Werk. Man sieht es nicht nur an den Blumenständen, den kleinen Paradiesen mit dem vorherrschenden Rot der Rosen und Nelken, man sieht es daran, wie die Fleischhändler die Köpfe von Kälbern und Lämmern arrangieren, wie sie die Hühner und das Geflügel aufreihen, wie die unzähligen Fleischstückchen ausgelegt sind. Die Obsthändler haben Zitronen und Orangen samt grünem Blattwerk, schwarze und grüne Oliven zu kunstvollen Pyramiden aufgetürmt. Ganze Batterien von roten, grünen, gelben Limonaden leuchten vor den dunklen Hauswänden. Als ob das alles noch zu wenig Farbe gebe, sieht man da und dort Bündel von Kinderluftballons in allen Farben und bunte Papierblumen. Blickt man nach oben, so sieht man auch hier an den Hausfassaden zahlreiche Barockbalkönchen und in luftiger Höhe weiße und bunte Wäschefahnen von Haus zu Haus hängen.

Die Verkaufsstände sind links und rechts an den Gassenseiten aufgebaut und lassen einen nur schmalen Weg für Passanten und Käufer frei. Ebenso schmal ist der Eingang zu den schlauchähnlichen Läden, die bis zum Rand mit Waren vollgepfropft sind. Aber das eigentliche Leben, das Ausstellen und Verkaufen, spielt sich draußen ab.

Die Vuccirìa wäre nichts ohne die Vucciresen, die Händler und Käufer und die vielen Schaulustigen. Sie wäre nichts ohne das Durcheinander- und Miteinander- und Gegeneinanderschreien und -gestikulieren, ohne den Singsang der Limonaden- und Gelativerkäufer, ohne die vitale Aggressivität, die unversehens in eine entfesselte Commedia umschlagen kann. Was man auch immer sieht, die Vuccirìa ist ein Naturereignis, ein Blitzlicht, in dem das sizilische Temperament unverstellt und facettenreich aufschillert.

Carretti und Puppenspiele

Im Westen Siziliens, im Land um Palermo, bei Partinico, Alcamo und den Landstädten zwischen Trapani und Sciacca sehen wir sie noch in ganzen Kolonnen frühabends von den Feldern heimkehren: die buntbemalten zweiräderigen Carretti. Sie werden von Maultieren oder Eseln gezogen, die auf dem Kopf einen bunten Federbusch tragen. Meist trottet ein Hund hintendrein, kurz angebunden, die gleiche Rasse, die wir auf der Aktaion-Metope aus Selinunt sahen, die schon zur Griechenzeit auf der Insel heimisch war. Die leichten, großräderigen Carretti sind für die meist kilometerlangen Wege zu den Feldern vorzüglich konstruiert. Die Bauern wohnen in Landstädten. Einzelhöfe oder Dörfer gibt es keine in einem Land, dessen Geschichte von Invasionen, Herrschaftswechsel und Blutfehden gezeichnet ist. Bis in unsere Tage reichen Bedrohung und Unsicherheit.

Wie kaum ein anderes Volk lebt das sizilianische mit seiner Vergangenheit, mit seiner Geschichte. Der palermitanische Straßensänger, der die überlieferten Geschichten von Helden und Paladinen moritatenhaft ausschmückte und weitertrug, ist fast ausgestorben. Aber seine Geschichten leben weiter in der Bemalung der Carretti und auf der Bühne des Puppentheaters.

Gewiß, was da rührend naiv auf die Seitenbretter der Karren gemalt oder von Marionetten szenisch dargestellt wird, zeigt die wirkliche Historie oft verstümmelt, aufgelöst ins Legendenhafte oder reduziert auf rohe Kampfszenen. Zudem hat sich merkwürdigerweise ein ganzer Sagenkreis, der auf französische Ritterepen zurückgeht, in die sizilianische Geschichte eingeschoben. Was hat schon Karl der Große, der geradezu zur Repräsentativfigur der sizilianischen Folklore geworden ist, mit der Insel zu tun? Darauf weiß der einheimische Bauer, der auf seinem Carretto sitzt, umgeben von Carlo Magno und seinen Paladinen,

keine Antwort. Aber im Grunde läuft alles auf die Kämpfe der Ritter mit den Sarazenen hinaus, und hier ist sizilianische Geschichte im eigenen Element. Solche Szenen, hundertfach variiert, bilden immer noch den Grundstock der Karrenmalerei, auch wenn man gelegentlich andere Motive findet, biblische Szenen und den drachentötenden Sankt Georg, Odysseus mit seinen Gefährten oder den Volksaufstand der Sizilianischen Vesper. Natürlich ist jeder Landmann stolz auf sein Carretto. Meist hat er lange gespart, um einen schöneren Wagen als der Nachbar zu bekommen. Im ärmeren Westen und im Innern der Insel treffen wir die meisten und schönsten Carretti, während sie an der reicheren Ostküste viel seltener oder ohne Bemalung fahren. Hier haben Motorfahrzeuge die Maultierkarren abgelöst. Um so häufiger findet man hier ganze Carretti und unzählige Einzelteile in den Auslagen der Antiquitätenhändler, und der alljährlich Ende April in Taormina stattfindende Festzug der Carretti ist mehr eine Sache der organisierten Touristik als ein wirklicher Volksbrauch.
Die Carretti sind zur Attraktion geworden. Kein Wunder, daß in den Fremdenverkehrsstädten ältere Karren oder Einzelteile zu hohen Preisen gehandelt werden. Es ist auch nicht verwunderlich, daß die Karrenmaler und Schnitzer heute, selbst in den alten Werkstätten von Palermo und Bagheria, vielfach schnell und mit Schablonen arbeiten, während ihre Väter ihr Handwerk noch im Sinne einer liebenswert naiven Volkskunst verstanden. Die älteren Karren zeigen rundum kostbare Schnitzereien, an den Rädern, den langen Deichselarmen, den Stützen der Seitenbretter, an jedem freien Holz. Der ganze Wagen ist grellbunt

85 *Ein sizilianischer Carretto [Zweiräderkarren], farbig bemalt mit Szenen aus dem Trojanischen Krieg*

bemalt. Und immer sind es die gleichen Farben: Rot, Gelb, Blau und Grün, die – wie man sagt – die Früchte, die Sonne, das Meer und die Vegetation Siziliens symbolisieren.
Man muß die Carretti im Westen und Innern des Landes gesehen haben, im kargen, karstigen Hügelland, das die ewige Sonne trocken und farblos gemacht hat. Dann versteht man die intensive Bemalung der Karren und ihren Schmuck und auch den bunten Federbusch auf dem Kopf von Maultier und Esel. Der Sizilianer schuf sich, was ihm die waldarme, ausgebrannte Ödnis verwehrt: Farbe und Sinnenfreude.
Schon Pindar nennt im fünften Jahrhundert vor Christus in einem Fragment die für Sizilien typischen Karren, aber die heute gebräuchlichen Carretti wurden erst vor hundert Jahren, seit dem Siegeszug Garibaldis, populär. Ähnlich ergeht es dem berühmten sizilischen Puppenspiel, obwohl die Spieler gern von uralter Tradition sprechen und Homer zum Zeugen nehmen. Die Spielvorlage geht auf franco-italienische Rittersagen zurück, die der Palermitaner Don Giusto Lodico vor hundert Jahren gesammelt hat. Die gleichen Szenen, die auf die Carretti-Tafeln gemalt sind, werden in der Opera dei puppi lebendig. Sie begegnen uns noch einmal in gemalter Szenenfolge auf den älteren Bildtafeln, die einst die palermitanischen Straßensänger mit sich führten. Heute hängen viele solcher Bildtafeln im Zuschauerraum des Puppentheaters von Palermo.
Wir fanden das Puppentheater, das sich stolz «Ultimo Teatro des Paladins de France a Palermo» nennt, am Foro Italico 21 [zwischen Cala und Jolly-Hotel]. Signor Argento, der letzte Puppenmeister Palermos, ist ein universaler Künstler, Intendant, Puppenspieler und Hauptsprecher zugleich. Er herrscht über

87 Marionetten des Meisters Argento im « Teatro dei Pupi»

zweihundert Marionetten, und was erneuert oder repariert wird, geht durch seine Hand. Die kostbaren Marionetten sind eine Arbeit von siebzig Jahren, von den Argentos selbst angefertigt, geschnitzt, geschmiedet, mit bunten Röckchen und Pluderhosen und blitzenden Zutaten versehen. Die ganze vielköpfige Familie hilft mit, in der Werkstatt, hinter der Bühne, an der Kasse, und die jüngsten Söhne drehen die Kurbel des Orchestrions.

Gespielt wird jeden Abend, sofern Signor Argento nicht gerade in einer anderen Stadt gastiert. Die beliebten Fortsetzungsstücke des kleinen sizilianischen Welttheaters haben die erstaunliche Länge von dreihundert und mehr Vorstellungen. «Kurze Stükke», wie der Chef sagte, erstrecken sich auf «höchstens sechs Monate». Jeder Abend bringt eine abgerundete Handlung, und Signor Argento würzt und ergänzt die überlieferte Spielvorlage durch charmante Improvisationen, durch sizilianische Rhetorik und Pathos. Langeweile kommt nicht auf im Theater des kleinen Volks, einem Theater ohne Ränge, mit einem geringen Einheitsobolus.

Wir erschienen vor der Vorstellung, und Signor Argento führte uns über eine seitliche Holztreppe hinter die Bühne. Es roch nach Kulissenstaub und Schnürboden, nach alter Farbe, trockenem Holz und Blechfolien. Aber da standen und hingen sie rundum friedlich nebeneinander: monströse Drachen und Ungeheuer, Giganten mit übergroßen Köpfen und fürstliche Damen mit wirrem rotem Haarschopf, plump und grimmig dreinschauende schwarze Sarazenen mit Turban und bunten Pluderhosen und die ritterlichen Paladine mit Puppengesichtern, Kulleraugen und Kirschmündchen. Immerhin, sie waren zum Kampf gerüstet und trugen Harnische aus blitzendem Silberblech, Helme mit Visieren, die Arme und Beine eisengeschient. Ein jeder mit reich ziseliertem Wappenschild und Schwert. Die Farbe der wallenden Helmbüsche und der knielangen, mit Gold- und Silberborden besetzten Röckchen unterschied die einzelnen Ritter. Vor allem diese fast einen Meter großen rüstungsklirrenden Paladine sind kunsthandwerkliche Meisterstücke. Beim Spiel hängen sie mit ihren zwanzig Kilo Gewicht an eisernen Laufschienen und werden von der Seite durch Stangen geführt. Eine Kunst für sich, wenn man bedenkt, daß zum Höhepunkt jeder Vorstellung Zweikämpfe und Schlachten gehören, mit klirrenden Schwertstreichen, rollenden Sarazenenköpfen und viel schepperndem Lärm, den die Spieler durch barbarische Rufe und durch das Stampfen auf kleinen, an die Schuhe geschnallten Brettchen in kräftigem Gleichtakt halten.

Aber nun, der kleine Alfio hatte dem mechanischen Klavier bereits die erste heroisch klimpernde Weise entlockt, und wir begaben uns in den Zuschauerraum. Auf den einfachen Holzbänken saßen alte Männer, die wir tagsüber im Hafen gesehen hatten, Dockarbeiter, kleine Jungen, die aufgeregt durcheinander redeten, junge Frauen mit ihren Bambini und ein paar Touristen, die aber schon nach der ersten Spielhälfte das Theater verließen. Drei lautdröhnende Klopfzeichen: das Klavier schwieg. Da stand schon in der Mitte der hell erleuchteten Bühne vor buntbemalten Pappkulissen Carlo Magno, auf dem Haupt die funkelnde Kaiserkrone. Mit spagatähnlichen Sätzen, scheppernd und waffenklirrend, sprangen die Paladine ins Spiel, einer nach dem anderen, voran Orlando und Rinaldo, die Helden des Abends. Nach einem markigen Appell an die Ehre und den Kampfesmut der Recken und ihren bramarbasierenden Antworten, von klirrenden Schwertschlägen gegen die eigenen Schilde unterstrichen, wurden sie entlassen. «Signori, allora andiamo!» Wir sahen sie wieder im Kampf mit säbelschwingenden, grimmigen Sarazenen, diesmal vor einem grünen Landschaftsprospekt mit aufgemalten Wegen, einem Brunnen und Schloß im Hintergrund. Später kam noch ein tückischer Zauberer hinzu, der den

Sieg der aufrecht Streitenden durch Teufelskünste zu vereiteln drohte.
Die Einzelszenen sind kurz, straff, aktionsreich und spannen die Erwartung der Zuschauer auf das Folgende. Jedesmal, wenn die Miniaturritter abtraten oder der Vorhang fiel, lief der kleine Argento zum Orchestrion und drehte die Kurbel. Friedliche Szenen wurden durch Walzertakte eingeleitet, und wenn das einzige weibliche Wesen des Abends, die liebliche Donna Angelica, im langen blauschimmernden Samtkleid auftrat, erklang gar die traute Weise von «Mariechen saß auf einem Stein». Vermutlich hatten die Argento-Töchter an unserem Abend Ausgang, denn aus Angelicas Mund sprach unverkennbar die Stimme Signor Argentos. Die edle Dame kam in die schreckliche Lage, einem Zweikampf zusehen zu müssen. Aber ihr Gebet half, ihr Held Orlando siegte. Und überhaupt, am Ende hatten – nach mancherlei verführerischen Abenteuern – die tapferen christlichen Ritter die Arglist und Übermacht der Heiden bezwungen. Auf der Miniaturbühne des palermitanischen Puppenspiels kam das Welttheater ins rechte Licht. Die gute Sache siegte mit der vorbehaltlosen Eindeutigkeit, die das einfache Denken für sich beansprucht.
Uns hat das kleine Spiel gefallen, besonders unserem fünfjährigen Sohn, der dabeisein durfte. Für ihn war es das schönste Erlebnis seiner Sizilienentdeckung. Er vermißte auf der Bühne nur den riesigen grünschillernden Drachen, den er vorher hinter den Kulissen sah. So wünschten wir denn Signor Argento, daß sein «Ultimo Teatro» mit den Supermarionetten nicht – wie die anderen palermitanischen Puppenbühnen – der neuzeitlichen Konkurrenz von Kino und Television geopfert werde und noch viele Jahre spielen möge.
Wer nach dem Puppenspiel den Abend mit einem originellen Imbiß abschließen möchte, der fahre entlang der Cala zur Via

del Porto und suche [nahe der Hafeneinfahrt] das kleine Ristoro del Mare auf. Die Gäste sind Einheimische und Matrosen. Viel Platz hat es nicht. Aber hier gibt es eine vorzügliche Minestrone [Gemüsesuppe], gibt es frische Cozze [Muscheln] und Gamberi [Krebse], die auf der Zunge zergehen und die kein Luxusrestaurant besser servieren könnte.

Rund um Palermo

Es ist überaus reizvoll, die nähere und weitere Umgebung von Palermo abseits der Asphaltstraßen zu durchstreifen. Das Land ist abwechslungsreich. Aus den blühenden Gärten mit ihren Orangen- und Zitronenhainen und den grünen Weinplantagen führen die Wege ins Hügel- und Bergland ringsum. Verzauberte Wege, eingesäumt von verfallenen Mauern mit überhängenden leuchtendvioletten Bougainvillea-Büschen oder von verstaubten, mattgrünen Hecken, aus denen die weißen und roten Blüten von wilden Kletterrosen leuchten. Weiter bergwärts wachsen große strauchige Feigenkakteen, die Opuntien, mit ihren dickfleischigen Blättern und ganzen Dolden von violettroten und gelben Feigenfrüchten. Sobald man die Stadt und die gepflegten Straßen verläßt, gewinnt man ein neues, innigeres Verhältnis zum Land, dessen Boden man betreten hat. Erst jetzt nimmt man wahr, daß die Erde mürbe, ausgetrocknet, aber von rotbrauner Farbe ist, die im Morgen- wie im Abendlicht aufleuchtet.
Besonders schön ist der Landweg, der von Palermo nach *Monreale* hinaufführt [drei bis vier Stunden], vorbei an mattsilbrigen Ölbaumhainen, mannshohen Kakteen und den hochragenden Schwertblättern der Agaven. Auf halbem Wege liegt, in die Berge eingezwängt, der Ort Boccadifalco mit engen, schattenspendenden Gassen. Schon bald dehnt sich zu Füßen das Halbrund der

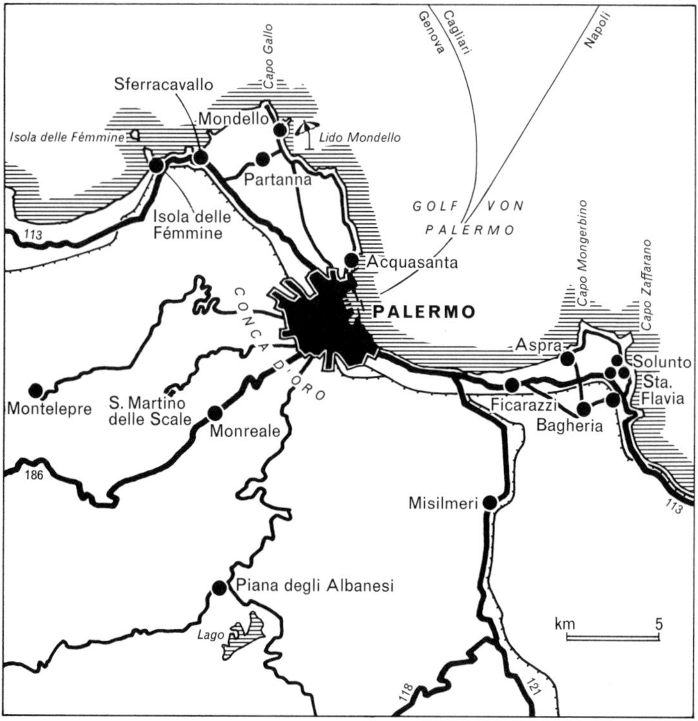

blühenden Conca d'Oro, flankiert von den kahlen Brocken der Randgebirge, während die grünen Gärten zwischen den grauweißen Steinhäusern Palermos weiterzuwuchern scheinen. Das Meer im Hintergrund bildet eine dunkelfarbene, ruhig-gelassene Grenzfläche.

Ein ganz anderes, aber nicht minder reizvolles Erlebnis vermitteln die Wege, die von Mondello aus *landeinwärts um den Monte*

Gallo führen, oder der schmale Felsweg zwischen Berg und Meer, der Mondello mit dem Capo Gallo verbindet [3 km]. Unterhalb des Weges schäumt die weiße Meeresgischt gegen die Geröllbrocken und Klippen, und an heißen Tagen weht der Meerwind Kühlung herauf. Folgt man den Ziegenpfaden bergaufwärts, so trifft man auf kleine Graspolster, von winzigen Alpenveilchen und Hyazinthen bewachsen. Der ausgebaute Weg endet an einer Beobachtungsstation der Marine. Das jenseits des Monte Gallo gelegene alte, etwas verschlafene Fischerdorf *Sferracavallo* erreicht man, wenn man den Berg landeinwärts umwandert, vorbei an den ummauerten Gärten und Terrassenbeeten von Partanna. Ein etwas weiter, aber lohnender Wanderweg am nördlichen Rand der Conca d'Oro. In Sferracavallo hat man zur Stärkung einen ländlichen Imbiß verdient, je nach Appetit, oder man trinkt eine eisgekühlte Granita und ißt dazu köstlich duftendes Mandelgebäck. Nur wenige Kilometer von Sferracavallo entfernt liegt an der Punta del Passaggio das Fischerdorf *Isola delle Fémmine* mit der vorgelagerten gleichnamigen Insel. Das Dorf besitzt eine sehenswerte eigene Tonnara, eine Thunfischverarbeitung, und ist mit Recht stolz auf den weichen, weißsandigen Badestrand, eine Seltenheit in Sizilien. Der Strand erfreut sich wachsender Beliebtheit. Viele Palermitaner besuchen ihn, vor allem in der Saison, wenn der Lido von Mondello von Fremden überfüllt ist.

Mehr und mehr wird ein Ort in den bewaldeten Bergen westlich vor Palermo zum bevorzugten Ferienziel, das einsam gelegene *San Martino delle Scale* [500 m Höhe]. Der Luftkurort liegt auf der Höhe von Monreale, ist aber nur von Palermo aus auf einer landschaftlich schönen Direktstraße über Boccadifalco erreichbar [13 km]. Eingebettet zwischen grünen Berghängen steht auf der Hochebene der mächtige Bau eines Klosters, das im sechsten Jahrhundert gegründet, aber mit Kirche und Kreuzgang im achtzehnten Jahrhundert neu errichtet wurde. Vorgelagert auf

der Hochebene, bis zu den Hängen hinauf, zwischen Pinien und Ginsterbüschen, ziehen sich prächtige Villen und Gärten. Auch von hier genießt man einen weiten Rundblick.
In den Bergen, genau südlich von Palermo, liegt ein Ort, der ob seiner Besonderheit gern von Fremden besucht wird, *Piana degli Albanesi*. Es ist kein ausgesprochener Ferienort und wird auch wohl nie einer werden. Unternimmt man an einem normalen Wochentag die beschwerliche Fahrt hinauf [von Palermo 24 km, Busverbindung ab Bahnhof], wird man enttäuscht sein. Das in einem weiten Talkessel gelegene Landstädtchen [725 m Höhe] mit seinen siebentausend Einwohnern wirkt farblos und wenig einladend. Allenfalls kann man noch den malerischen Stausee, den Lago di Piana degli Albanesi, umwandern oder umfahren. Aber völlig anders ist es, wenn man an einem Sonntag oder Feiertag heraufkommt, zum Dreikönigsfest oder zu Ostern, zum lokalen Fest der Maria Odigitria [2. September], zu einer Hochzeit oder Kindstaufe. Dann sieht man in den Gassen kostbare buntbestickte Trachten und weitärmelige slawische Blusen. Die Frauen tragen farbenprächtige Umschlagtücher und schönen slawischen Kopfputz. Man sieht bärtige Popen in langen schwarzen Talaren, mit hohen schwarzen Priesterkappen. Eine für Sizilien fremde Welt! Das Städtchen hat seinen Namen von den Ende des fünfzehnten Jahrhunderts eingewanderten Albanern. In der landschaftlich abgeschiedenen Kolonie haben sie bis heute ihr Volkstum und Brauchtum, ihre Feste, ihre griechisch-katholische Religion und ihre albanische Sprache bewahrt. In den Kirchen, der Chiesa Matrice [16. Jh.] oder Santa Maria dell'Odigitria [17. Jh.] oder San Giorgio [18. Jh.], entdeckt man die für den Rito greco charakteristischen Ikonenwände.
Noch aus einem anderen Grund ist die Fahrt hierher empfehlenswert. Von jeder erreichbaren Höhe aus haben wir den Ausblick auf die Conca d'Oro gesucht. Wunderschön war der erste Blick

vom Monte Pellegrino hinab auf Palermo, die weite Landschaft und die abgrenzenden Randgebirge. Nicht weniger zauberhaft war der Blick von den Höhen um Monreale auf die offene Bucht, die Blütengärten, die ferne Stadt, im Hintergrund das Meer. Jedoch den schönsten Blick auf die Conca d'Oro hatten wir bei der morgendlichen Auffahrt am Anfang der Bergstrecke nach Piana degli Albanesi und noch einmal bei der abendlichen Rückkehr, als die kurvenreiche Bergstraße wieder talwärts führte. Wir sahen die im späten Licht ruhende Bucht und alles beherrschend das Wahrzeichen der Conca d'Oro, den Monte Pellegrino, als mächtige, von der Natur gemeißelte Skulptur fern und doch greifbar vor uns liegen.

Die Dome von Cefalù und Monreale, die einzigen Normannendome außerhalb Palermos, verhalten sich zueinander wie Knospe und Frucht. Sie wurden im zeitlichen Abstand von vierzig Jahren erbaut und repräsentieren aufs glücklichste Anfang und Vollendung einer Epoche. Zeigt Cefalù [Grundsteinlegung 1131 unter Roger II.] noch unbekümmert die aus dem Norden mitgebrachte wuchtig strenge und geschlossene Baugesinnung der Normannen, so bildet Monreale [1174 von Wilhelm II. gegründet] die Krönung normannisch-sizilischer Kunst. Hier wurde wiederholt und ins Große übertragen, was in der kleineren kostbaren Cappella Palatina in Palermo an kunstvoller Ausgestaltung gelang. Dem Dom von Palermo haben die Normannendome von Cefalù und Monreale voraus, daß auch die Innenräume weitgehend in ursprünglicher Gestalt erhalten sind. Beide Dome gehören zu den vollendetsten Kirchenbauten der Christenheit, vergleichbar den großen romanisch-gotischen Domen nördlich der Alpen. Wenn das normannische Fundament durch byzantinische oder arabische Kunstformen angereichert wurde, so haftet diesem Prozeß nichts Eklektisches an. Gerade die vierzigjährige Spanne zwischen Cefalù und Monreale macht deutlich, welche schöpferische Energie die normannisch-sizilische Kunst zur Entfaltung trieb, zu einer gewachsenen vollkommenen Stileinheit.

97 Normannenkathedrale von Cefalù, 1131 von König Ruggero gegründet

Cefalù, das Dankopfer des Königs

Das Fischerstädtchen *Cefalù* liegt an der Nordküste, fünfundsiebzig Kilometer östlich von Palermo. Die Küstenstraße ist gut befahrbar, abwechslungsreich und führt bald durch fruchtbare Niederungen, bald durch das Hügelland der bis zum Meer vorstoßenden madonischen Berge. Schon einige Kilometer vor dem Ort sehen wir den mächtigen Felsklotz von Cefalù, unter dem sich die meerwärts auf einer Landzunge vorgelagerten Häuser wie Spielzeuge ducken. Selbst der die Häuser überragende kompakte Kathedralbau mit den beiden eckigen Türmen wirkt neben dem zyklopischen Felsen gering. Im frühen Mittagslicht zeichnen sich die Konturen der graubraunen Bergkuppe, der Kathedrale und der niederen Häuser überscharf vor dem stahlblauen Himmel ab.

Nach der Legende verdankt die Kathedrale ihre Entstehung einem Gelübde König Rogers. In Seenot geraten, gelobte der Normannenkönig, an dem Ort seiner Errettung einen Dom errichten zu lassen. So kam das Araberstädtchen Cefalù, das Rogers Vater 1063 erobert hatte, zu seiner christlichen Kathedrale. Aber zu Lebzeiten des Normannenkönigs wurden nur der an den Berg gelehnte Ostbau mit der Apsis und die unteren Geschosse des Längsbaus vollendet. Vor allem diese Gebäudeteile und die herrlichen Mosaike in Chorraum und Apsis [12. Jh.] geben eine überzeugende Vorstellung von der frühen normannisch-sizilischen Kunst. Die übrigen Teile und die eindrucksvolle Fassade von Giovanni Panettera stammen vorwiegend aus dem dreizehnten Jahrhundert.

Die Vorhalle, ein dreibogiger Portikus [im fünfzehnten Jahrhundert vorgebaut und an italienische Renaissanceportale erinnernd], wird von den zwei strengen viereckigen Kathedraltürmen flankiert. Man betritt das Gotteshaus und steht in einer durch mächtige Säulen in drei Längsschiffe gegliederten romanischen Basilika. Den Raum beherrschend und alle Blicke auf sich ziehend, leuchtet aus der Apsismuschel das Mosaik des Christus Pantokrator. Vor dem Anspruch dieses Bildes tritt alles andere zurück. Das Antlitz Christi, von blondem Bart und dichten Haaren umgeben, ist byzantinisch streng und asketisch gezeichnet. Zwei Haarsträhnen, die in die Stirn fallen, lockern die Strenge etwas, und die erhobene rechte Hand bringt Bewegung in das Bild. Die linke Hand hält ein aufgeschlagenes Buch mit griechischer und lateinischer Inschrift: Ego eimi to phos tou kosmou – Ego sum lux mundi – Ich bin das Licht der Welt. Je länger man dieses Bildnis betrachtet, um so mehr wird man gewahr, daß die Mosaizisten keineswegs nur dem weltenthobenen, unnahbar fernen Gott Gestalt geben wollten. In diesem Bild werden Majestät und Milde, die richtende und die erlösende Macht des Gottessohnes zur Einheit. Ich kann mir keine überzeugendere Darstellung Christi denken als dieses Mosaik. Von den drei großen sizilischen Mosaiken des Pantokrator [Cefalù, Monreale, Cappella Palatina] ist es die früheste und eindrucksvollste Arbeit.

Unter dem Pantokrator, in kleinerem Maßstab, steht die Gottesmutter – ohne Kind, das Urbild der Ecclesia, der Kirche. Je zwei Engel sind ihr zur Seite gestellt. Im Halbrund der unteren Apsis die zwölf Apostel in weißen Gewändern. An den vorderen Wänden des Chorraums harren die hoheitsvollen Gestalten von Propheten, Patriarchen und Märtyrern. Alle diese Figuren stehen für sich, ohne erzählendes Beiwerk, ohne ornamentale Bindeglieder, eine in ihrer Einfachheit überwältigende Versammlung der Kirche. Nur die Gewölberippen, Zwischenbänder, Kapitelle und Fensterbögen tragen musivisch ornamentalen Schmuck. Ursprünglich waren auch die Wände des Längshauses [wie heute noch im Dom von Monreale] mit Mosaiken ausgelegt. Heute sind sie leer. Aber man kann nur dankbar vermerken, daß die späteren Zutaten aus dem achtzehnten und neunzehnten Jahrhundert ausgeräumt sind. Wenn auch Monreale durch seinen vollkommenen, einheitlichen Kirchenraum und den großen musivischen Gemäldezyklus die größere Wirkung ausstrahlt, an Ausdrucksstärke und künstlerischer Prägung gebührt den Einzelmosaiken von Cefalù der Vorrang.

Der rechten Domseite entlang geht der Weg zu einem schmalen Felspfad, der bergaufwärts führt. Ein wenig begangener, aber lohnender Wanderweg [etwa eine Stunde]. Zurückblickend sieht man hinab auf das kompakte Bauwerk des Doms, auf den normannischen Ostbau mit den einfachen Blendarkaden. Dahinter die Dächer von Cefalù und das Meer. Weiter aufwärts gelangt man zu den Ruinen eines Heiligtums der Diana. Auf dem Hochplateau des 375 Meter hohen Berges finden sich die Mauerreste eines mittelalterlichen Kastells. Hier oben ist die Stille, die Einsamkeit absolut, nimmt man ein paar wilde Bergziegen aus, die sich herverirrt haben, oder das Gekrächz der Bergdohlen, der schwarzen Segler. Der Aufstieg wird belohnt durch einen Rundblick, der die gesamte Nordküste, ostwärts bis zum Capo d'Orlando, westwärts bis zu den palermitanischen Randgebirgen, erfaßt. Von diesem Burgberg aus wurde einst, in der Antike [das alte Kepaloidion lag hier] und im Mittelalter, das Land ringsum beherrscht.

Das Städtchen selbst birgt eine Kostbarkeit, die jeden Sizilienbesucher interessieren wird. Im Museo Mandralisca [nach dem Gründer benannt] wird das Bild eines unbekannten Mannes von Antonello da Messina aufbewahrt. Dieses Bild steht würdig

101 Die normannischen Chormosaiken mit dem Pantokrator, der Madonna, den Engeln und Heiligen

neben Antonello da Messinas «Annunziata» [Galleria Nazionale] in Palermo. Ein Meisterwerk der Porträtkunst; offenbar ein Bauerngesicht, in dessen Zügen und lächelndem Mund Sinnlichkeit und Witz, ein Schuß Melancholie, aber auch robuste Bauernschläue festgehalten sind. Das beste Bild zur Charakterisierung eines Sizilianers.

Für die Rückfahrt nach Palermo nehmen wir einen kleinen Umweg, der zuerst landeinwärts zu dem fünfzehn Kilometer entfernten Heiligtum von Gibilmanna und dann durch die madonischen Berge nach achtzehn Kilometern wieder talwärts auf die Küstenstraße führt. Zunächst geht es auf kurvenreicher, aber wegen ihrer Ausblicke berühmten Straße nach Gibilmanna, dem vielbesuchten Marienheiligtum [Hauptfest 8. September] in achthundert Meter Höhe, am Nordhang des Pizzo Sant'Angelo [1080 Meter hoch]. Die Wallfahrtskirche ist von Zypressen umstanden. Aber Gibilmanna hat seinen Namen von der Mannaesche, die an den Berghängen wächst und aus deren Rinde honigartiger Saft träufelt. Manna und Berg des heiligen Engels, das weckt biblische Erinnerungen. Aber auch hier ist biblisches Land, eine rauhe, von der Sonne ausgetrocknete Bergwelt mit Pilgerwegen und Wallfahrtskloster, mit Zypressen, Ölbäumen und Feigen. Auf der Weiterfahrt durch die Bergdörfer Gratteri und Lascari begegnen wir Maultierreitern mit Wasserkrügen, die an die Sättel geschnallt sind, und dunkelgesichtigen Hirten, die kleine Rudel von Bergziegen gemächlich vorantreiben.

Das Wunder von Monreale

Weithin sichtbar steht der mächtige Kathedralbau von *Monreale* auf einem Felsvorsprung am Hang des Monte Caputo, der die Conca d'Oro im Südwesten begrenzt. Von Palermo aus [8 km, regelmäßige Busverbindung] fährt man über den Corso, vorbei an Dom und Palazzo Reale und schnurgerade weiter über den Corso Calatafimi, schließlich in steilen Serpentinen empor zur dreihundert Meter hohen Terrasse von Monreale. Das Landstädtchen ist reizvoll und wegen seiner schönen Höhenlage in nächster Nähe Palermos auch zur Quartiernahme zu empfehlen. In der Normannenzeit zog sich der riesige Park Gennoard, zu dem auch die Cuba und Zisa gehörten, bis unterhalb des Doms. Das kraftvolle Bauwerk, die massive rechteckige Anlage, die dicken Quadersteine, die viereckigen Türme mit den Eckzinnen scheinen eher einer Burg als einem Gotteshaus anzugehören. Es waren schon unruhige Zeiten, als der Dom errichtet wurde; und die exponierte Lage oberhalb Palermos mag den wehrhaften Bau erfordert haben. Der letzte Normannenkönig Wilhelm II., «der Gute» genannt, gründete den Dom 1174 und ließ ihn verhältnismäßig rasch fertigstellen. Als Wilhelm II. starb [1189], wurde er in seinem Dom beigesetzt, nach seinem Wunsch neben dem Porphyrsarkophag seines Vaters Wilhelm I., «der Schlechte» genannt, jedoch in einem schmucklosen, aus Ziegelsteinen gemauerten Grab. Im Jahre 1575 gab man dem Gründer von Monreale ein königliches Grab aus weißem Marmor.

Vor dem Eintritt in das Gotteshaus gehen wir von der Piazza aus links vom Dom durch den Torbogen des erzbischöflichen Palastes. Wir gelangen auf eine kleine Terrasse mit faszinierendem Weitblick auf die Agrumengärten der Conca d'Oro, auf Palermo und das Meer. Aber mehr noch fasziniert hier das

104 Das berühmte Kapitell aus dem Kreuzgang: Der Gründer, König Wilhelm II., überreicht den Dom der Madonna

105 Die maurische Fontäne mit Palmenmuster im Kreuzgang des alten Klosters von Monreale

Mauerwerk der halbrunden Chorwand, der architektonisch und dekorativ schönste Teil des äußeren Dombaus. Die Wand ist überzogen von halbrunden und spitzbogigen, sich überschneidenden Blendarkaden, die oberhalb kleiner Säulen ansetzen, von Bändern und Rundverzierungen, alles aus schwarzer Lava, während das Mauerwerk aus hellem Kalkstein gebildet ist. So entstand eine festliche, bewegte Musterung, die Rundung einer riesigen steinernen Krone, würdig dieses Königsdoms.
Für die entgegengesetzte Kopfseite, die westliche Fassade [die Vorhalle wurde im achtzehnten Jahrhundert vorgebaut], schuf Bonannus aus Pisa 1186 das Bronzeportal, zweiundvierzig quadratische Felder mit Reliefdarstellungen biblischer Szenen. Heute befindet sich der Haupteingang an der linken Seite der Längsfront, die der Piazza zugekehrt ist. Auch hier wurde ein Portikus vorgebaut [16. Jh.]; auch hier schuf ein Bronzegießer, Barisano aus Trani, ein bewundernswertes Bronzetor [1179], das in der Ornamentik der Felderumrahmung noch byzantinischen Einfluß zeigt. Die Bronzetore stehen den schönsten ihrer Art, in Verona, Pisa oder Trani, nicht nach.
Der erste Eindruck beim Betreten der dreischiffigen Basilika ist überwältigend. Das zarte Leuchten der goldschimmernden Mosaike, die ringsum die Wände und jedes freie Feld bedecken, erfüllt den Raum. Es ist der größte musivische Gemäldezyklus des Mittelalters, ein goldenes Bilderbuch, eine Biblia pauperum, die Taten und Werke Gottes und seiner Heiligen aufzeigend. Viele Szenen, die wir in der Cappella Palatina bewunderten, wiederholen sich hier, ins Große übersetzt [der Raum ist dreimal so groß wie die Palatina]. Im Vergleich zur Palatina fällt auf, daß die byzantinischen oder byzantinisch beeinflußten Mosaizisten ihre Kunst in Monreale weiterentwickelt haben und freiere, bewegtere, realistischere Formen in der Gewandung, in Figuration und Szene fanden. Bleibt die Hofkapelle Palatina intim

und dunkel, so ist der Dom von einer freudigen Helle erfüllt, in der auch die entfernteren Mosaikbilder gut lesbar sind.
Die Kathedrale ist, innen wie außen, von fast vollkommener Einheit. Auch die graugranitenen Säulen, die die Seitenschiffe abtrennen, fügen sich in den Raum, obwohl sie von römischen Bauten stammen und in manchen Kapitellen noch vorchristliche Zeichen und Götter eingemeißelt sind. Allein die Holzdecke [nach dem Brand von 1811 erneuert], ihre geraden Deckenbalken und die grelle Bemalung, will nicht recht mit der zarten Festlichkeit der Mosaike harmonieren.
Wie in der Palatina und in Cefalù so blickt auch hier aus der Apsiswölbung der majestätische Christus Pantokrator. Das Bild ist weniger stilisiert als die beiden ein Menschenalter früher geschaffenen Mosaike, aber doch ein Bild «von übernatürlicher Gewalt und finsterer Hoheit» [Gregorovius]. Unter dem Pantokrator stehen Maria, hier mit Kind, Engel und Apostel. Bemerkenswert sind noch zwei Mosaikbilder, die sich über den Marmorthronen des Königs und des Erzbischofs rechts und links an der Chorwand befinden: Wilhelm II. empfängt von Christus die Königskrone, und der König übergibt der Gottesmutter die Kathedrale. Die beiden Motive sind beispielhaft für die religiöse Gesinnung der Normannenkönige. Wir sahen sie zum erstenmal in der Martoranakirche in Palermo.
Noch einmal finden wir dargestellt, wie König Wilhelm der Madonna die Kathedrale übergibt, in Stein gehauen an einem Kapitell des Kreuzgangs, der südlich an die Kathedrale anschließt. Der Kreuzgang gehörte zu dem von König Wilhelm gegründeten Benediktinerkloster. Das Geviert des Kreuzgangs, dessen Seiten etwa fünfzig Meter lang sind, umschließt einen schönen blühenden Garten. Die normannischen Spitzbogen ruhen auf 216 paarweise gesetzten Säulen. Die Schäfte jedes zweiten Säulenpaars sind durch je verschiedene Mosaikornamente geschmückt. In

jedes Kapitell ist ein anderes Motiv eingemeißelt, verschlungene Blumen, Laubwerk und biblische Szenen oder solche, deren Bedeutung uns heute rätselhaft erscheint. An einer Ecke des Kreuzgangs umgibt ein kleineres Arkadenviereck den bezaubernden Brunnenraum. In seiner Mitte steht eine durch arabische Zickzackornamente gezierte Säule, aus deren Krone in kleinen Bögen sternförmig das Wasser fließt.

Dieser Kreuzgang, in seiner ganzen ursprünglichen Schönheit erhalten, zeigt noch einmal das Zusammenspiel normannischer Steinmetzkunst und byzantinischer und arabischer Schmuckformen, die Verschmelzung abendländischer und morgenländischer Elemente zu einem beglückenden Kunstwerk. In der Kathedrale wie im Kreuzgang von Monreale erreichte die normannisch-sizilische Kunst ihre schönste Entfaltung, einen Höhepunkt, der nicht überschritten werden konnte.

Antike Reste

An der Küstenstraße Palermo–Cefalù, ein wenig abseits, liegen zwei Ausgrabungsstätten mit antiken Resten, deren Besuch man nicht versäumen sollte: Solunto und Himera [jetzt Imera]. Himera wird man am besten, wegen der weiten Entfernung von Palermo [54 km östlich], auf der Fahrt nach Cefalù besuchen. An der Mündung des Fiume Grande lag die Griechenstadt Himera, der westlichste Vorposten der Griechen an der Nordküste. Von der einst mächtigen Stadt ist nichts mehr zu sehen. Eine einzige einsame Ruine, die Basis eines dorischen Tempels mit verwitterten Säulenstümpfen, hält die Erinnerung wach. Die Tempelreste liegen meerwärts von Straße und Schienenstrang, rings umwuchert von hohem Gras, Schilf und Büschen. Unzählige Eidechsen huschen über die von der Sonne gebleichten Steintrümmer. Die Basis und die Grundmauern der Cella aus hartem Kalkstein sind gut erhalten. Die Säulenstümpfe wurden teils aufgesetzt, teils liegen sie umher. Mit seinen sechsundfünfzig Metern Länge muß es ein imposanter Tempel gewesen sein. Davon zeugen auch die wuchtigen Löwenköpfe, die Wasserspeier dieses Tempels, die wir im Museo Nazionale in Palermo sahen. Obwohl von gleicher Funktion und äußerer Form, sind die Einzelteile, Mähnen, Nasen, Zähne, verschieden gestaltet. Geringe Farbreste lassen erkennen, daß die Löwenköpfe bunt bemalt waren. Die Himeraner müssen stolz auf diese Wasserspeier gewesen sein. Auf alten Münzen aus Himera sieht man

Barocke Brücke auf dem Weg nach Imera

den Löwenkopf, aus dessen Maul Wasser auf einen Silen strömt. Damit wäre fast alles gesagt. Aber es ist doch nötig, den Vorhang der Jahrtausende ein wenig beiseite zu schieben, um Himera in seiner lebendigen Bedeutung näherzukommen. Himera, eine der ältesten Griechenstädte der Insel, wurde schon 648 vor Christus von Mylai [Milazzo] aus gegründet, als Bastion gegen die Karthager, die Panormos [Palermo] und den Westen besetzt hielten. Einer der berühmten Bürger Himeras war Stesichoros [640 bis 555 v. Chr.], der Chordichter und Vater der bukolischen Poesie. Könnten die Steine des Tempels reden, sie würden sagen, daß sie von karthagischen Kriegsgefangenen behauen und zum

Tempel aufgetürmt wurden, um die Jahre 480 bis 475 vor Christus. Wie der riesige, nie vollendete Zeustempel von Agrigent und der Athenetempel von Syrakus so sollte der Tempel von Himera ein Dankopfer und Zeichen des Sieges über die Karthager sein, die in der großen Schlacht von Himera [480 v. Chr.] von den Griechen entscheidend geschlagen wurden. Theron von Akragas [Agrigent] und sein zu Hilfe gerufener Schwiegersohn Gelon, Tyrann von Syrakus, vernichteten das karthagische Heer, das mit angeblich dreihunderttausend Mann in Panormos gelandet war und der Küste entlang bis Himera vorstieß. Wer von den Karthagern am Leben blieb, wurde Sklave; der karthagische Feldherr Hamilkar verschwand spurlos. Ob er sich selbst in ein Opferfeuer stürzte, wie Herodot erzählt, ob er ermordet wurde, ist ungewiß.

Der Sieg brachte den sizilischen Griechen, den Sikelioten, einen ungeheuren Auftrieb und festigte ihre Macht. Aber schon drei Generationen später sprengte die Rivalität der einzelnen Tyrannen die Einheit. Als die karthagischen Punier unter Hannibal, dem Enkel des Hamilkar, die Niederlage rächend ins Land einfielen, fanden sie einen geschwächten Gegner. Sie machten Akragas zu einer karthagischen Stadt und zerstörten Selinunt und Himera [409 v. Chr.] vollständig.

Die Flüchtlinge von Himera suchten Schutz in dem benachbarten Thermai, dem heutigen *Termini Imerese*, und hier lebt der Name des alten Himera weiter. Himera selbst, eine Großstadt von über zweihunderttausend Einwohnern, sank in Schutt und Asche. Die Ruinen wurden in den mehr als zweitausend Jahren von Erdschichten, von Schwemmsand und Geröllbrocken des Fiume Grande überlagert. Nur der Tempel, einst zu den Füßen der Stadt gelegen, wurde in den dreißiger Jahren freigelegt. Man fand Tonkrüge, Vasen, alte Münzen, wovon ein Teil im Museo Nazionale in Palermo, ein Teil im Museo Civico in Termini

Imerese aufbewahrt wird. Kostbarster Besitz des kleinen Museo Civico sind acht steinerne Löwenköpfe, die Ergänzungsstücke zu den Wasserspeiern, die in Palermo gezeigt werden.
Aus dem griechischen Thermai stammen zwei berühmte Griechen: der vom Töpfersohn zum grausamen Tyrannen von Syrakus aufgestiegene Agathokles und die Hetäre Lais. Aber bekannter ist der Ort wegen seiner heilbringenden Thermalquellen, die schon Pindar rühmte und die noch heute Termini Imerese zu einem vielbesuchten Heilbad [gegen Rheuma- und Gichterkrankungen] machen.
In eine andere Welt bringt uns ein Abstecher nach Süden. Zehn Kilometer landeinwärts von Termini Imerese liegt *Cáccamo* mit einem der eindrucksvollsten und besterhaltenen Kastelle aus dem zwölften Jahrhundert. Hier, in diesem auf steilem Fels gebauten Castello di Cáccamo, berieten im Jahre 1260 die Barone ihre Verschwörung gegen Palermo, als das Erbe des machtvollen Staufers Friedrich II. zu zerfallen drohte.
Die Geschichte *Soluntos* ist weniger attraktiv. Die Ausgrabungen, die erst 1950 systematisch begannen, haben die Ruinen eines Römerstädtchens, vermutlich aus dem ersten Jahrhundert vor Christus, freigelegt. Aber die übersichtliche Anlage und die bezaubernde Höhenlage auf dem hügeligen Hang des Monte Catalfano haben ihren besonderen Reiz. Von Palermo aus fährt man die Küstenstraße bis Santa Flavia [18 km]; rechts von der Straße liegt Bagheria mit seinen Barockvillen, links führt der Weg nach Solunto. Wer den Fußweg nicht scheut, kann von hier aus durch

112 Wasserspeier in der Form eines Löwenkopfs vom Tempel in Imera, im Nationalmuseum von Palermo

114/115 Sommerlich ausgetrockneter Bergstrom bei S. Stefano an der Nordküste Siziliens

Wein- und Agrumengärten, vorbei an Ölbäumen, den reizvollen Hügelanstieg zu den «Rovine di Solunto» machen.
Als die Griechen Himera gründeten, war hier wie in Palermo eine phönizische Handelsniederlassung. Solunto verbündete sich mit den Karthagern und wurde vor allem während der Punischen Kriege ein wichtiger militärischer Stützpunkt, bis 254 vor Christus die Römer die Stadt wie auch Palermo eroberten. Sie bauten Solunto neu auf. Im wesentlichen zeigt Solunto, das später von den Sarazenen zerstört und zu tausendjährigem Schlaf unter der Erde verurteilt wurde, die Merkmale einer römischen Stadt. Die Grundrisse der Wohnhäuser, zu denen Seitenstraßen und Steintreppen führten, sind gut erkennbar. An den Mauerresten mancher Innenwände entdecken wir farbigen Putz, Reste von Freskobemalung und auf einigen Böden Mosaikreste. Wir bewundern die Kanalisation und die zu jedem Haus gehörenden Zisternen zum Auffangen des Regenwassers. Seitlich der Hauptstraße steht das sogenannte Gymnasium, wovon sechs dorische Säulen erhalten sind; auf drei Säulen ruht noch ein Stück des Gebälks. Unterhalb der hügeligen Abhänge dehnt sich das weite Blau des Tyrrhenischen Meeres. Malerisch liegt zu Füßen des Berges der Fischerhafen von Porticello. Ein bezaubernder Anblick! Nach links vorgelagert, hinter einem Joch, erhebt sich der klotzige Berg des Capo Zaffarano.
Geht man noch einige Schritte bergaufwärts, vorbei an den neuesten Ausgrabungen bis zum Gipfel des Monte Catalfano, so genießt man die wohl schönste Fernsicht der gesamten Nordküste. Im Westen liegt die Bucht von Palermo mit Monte Pellegrino und Capo Gallo am äußersten Rand. Landeinwärts erkennt man die stattlichen Villen und Gärten von Bagheria und dahinter das weite Panorama grauer unbewaldeter Berge. Besonders reizvoll ist der Ausblick nach Osten, entlang dem Girlandensaum der Nordküste mit seinen meerwärts vorspringen-

den, grün bewachsenen Landzungen. Weiter östlich stoßen die Bergzüge der Madonie bis zum Meer vor. Wir ahnen, wo Termini Imerese und Himera und Cefalù mit seinem Burgberg liegen, bis das ferne Capo d'Orlando den Blick begrenzt.
Für die Rückfahrt nach Palermo liegt es nahe, den Weg um den Monte Catalfano [9 km] zu nehmen. Die Straße führt durch das kleine Fischerdorf Solanto, den einstigen Hafen des römischen Solunt, durch Porticello und Sant'Elia, vorbei am Capo Zaffarano und Capo Mongerbino und nach dem Badeort Aspra wieder zur Hauptstraße. Längs der Straße zwischen den Klippen von Zaffarano und Mongerbino stehen viele Villen, und auch Aspra mit Strand und Klippenküste wird mehr und mehr entdeckt, vor allem von den Freunden der Unterwasserjagd. Für den Durchfahrenden ist der Weg um den Monte Catalfano ein ergänzender, lohnender Abschluß nach dem Bergaufstieg und dem herrlichen Rundblick von der Höhe, auf deren Hügelhängen das antike Solunto lag.

Der Westen Siziliens, das Bergland westlich der geraden Linie Palermo–Agrigent, ist der für den Mitteleuropäer fremdartigste, verschwiegenste Teil der Insel. Von diesem einsamen Bergland mit seinen von Macchia bewachsenen Höhenrücken und anmutigen Tälern geht eine merkwürdige Faszination aus. Es ist Landschaft im Urzustand, obwohl von Menschenhand dazu gemacht. Hier wie überall im Innern der Insel hat die rücksichtslose Abholzung der Wälder [seit dem fünfzehnten Jahrhundert, verstärkt im neunzehnten und zwanzigsten Jahrhundert] das Land seiner klima- und wasserregulierenden Schutzhülle beraubt. Nun ist der Boden ausgebrannt und verkarstet.
Noch die gartenkundigen Sarazenen, an die im Westen zahlreiche Städtenamen wie Marsala, Trapani, Alcamo, Calatafimi, Caltabellotta, Caltafalsa erinnern, pflegten und ergänzten die Baumkulturen. Wie die Griechen aus dem Mutterland die Weinrebe und den Ölbaum mitbrachten, so legten die Sarazenen, wo immer sie siedelten, ihre Fruchthaine an. Zitrone, bittere Orange, Maulbeere, Johannisbrotbaum und Dattelpalme brachten sie ins Land. Sie kultivierten Baumwolle und Zuckerrohr, entwickelten ein vortreffliches Bewässerungssystem und schufen große, blütenreiche Parkanlagen. So unglaublich es sein mag, Sizilien war bis ins Mittelalter reiches Agrarland, das Traumland der Mittelmeervölker. «Ungesät wächst hier alles und ungepflügt auch, Weizen und Gerste und Reben, die einen Wein von großen Beeren tragen, und wachsen läßt es der Regen des Gottes» [Homer]. Heute erinnern nur noch Partien an der Ostküste an den einstigen

Agrarreichtum. Im Westen geben selbst die bezaubernden Gärten der Conca d'Oro, der kleine fruchtbare Küstensaum am Golf von Castellammare, die freundlichen Täler zwischen Santa Margherita di Belice, San Ninfa und Calatafimi, das Waldreservat vor Corleone, der Bosco della Ficuzza, nur eine schwache Vorstellung von dem, was einst war.
In den Tälern und auf manchen Hügeln sieht man auch hier niedere, goldbraune Weizenfluren und in der Nähe der Städte üppig wachsende Weinkulturen. Aus der Traube, die hier reift, wird der schwere Wein, der «vero vino siciliano», gewonnen. Aber vorherrschend ist die von der Sonne gesengte Macchia, von silbergrau schimmernden Ölbäumen und Agaven, von rosa und weiß blühendem Oleander an den Wegsäumen belebt. Von den Höhen geht der Blick über graubraunes, gewelltes Bergland, das wie in immerwährender Mittagsstille dahindöst. Ein Land, befangen im Bann eines undurchdringlichen Schweigens. Um so mehr gehen hier Gerüchte und Legenden um. Apathie, Unwissenheit und Aberglauben scheinen den Gang der Zeit zum Stillstehn zu verurteilen und die Armut der Bevölkerung zu einem ausweglosen Zustand zu machen.
Aber auch dies gehört zum Westen: Nirgendwo in Sizilien sehen wir schönere und zahlreichere Carretti als hier, wenn die Landleute abends von den Feldern heimkehren und die Maultierkarren in langer Reihe auf den Wegen nach Alcamo, Partinico oder Calatafimi ziehen. Wer landeinwärts fährt, den erwarten faszinierende Bilder und Begegnungen. Wir entdecken im Bergland uralte einsame Brunnen, wo Maultierreiter, von weit her gekommen, ihre Wasserkrüge füllen. Hier trafen wir einmal in der Mittagsstille auf einsamem, verstaubtem Weg einen vor sich hin singenden Reiter, einen armen Mann, dessen Gesang so wohltönend und gelöst klang, als sei ihm alles Glück der Welt beschieden.

Kenner lieben dieses einsame, trotz aller Kargheit anmutreiche Bergland, die schattenlosen Straßen, die abwechslungsreichen Täler, die alten Bergstädte und die verfallenen Kastelle aus der Stauferzeit. Die allgemeine Touristik meidet das Land, oder man sucht schnell durchzufahren. Immerhin liegt der vielbesuchte und vielbesprochene Tempel von Segesta mitten in dem stillen Hügelland zwischen Alcamo und Calatafimi. Aber die attraktiveren Städte und Plätze liegen durchweg an der Küste: Trapani mit dem nahen Erice, Marsala, die Tempel von Selinunt, das Heilbad Sciacca. Auf den Straßen, die von Palermo aus landeinwärts zu diesen Städten führen, sieht man – selbst in der Saison – nur wenige Fahrzeuge, gelegentlich einen Autobus oder die einheimischen Maultierkarren.

Die «geehrte Gesellschaft» der Mafiosi

Die Scheu vor einer Fahrt in das westsizilische Bergland war bisher nicht unbegründet. Neuerdings sichern verstärkte motorisierte Polizeistreifen die Straßen. Hier, im Land zwischen Palermo, Trapani und Agrigent, hat sich bis heute die Mafia gehalten. Die Auskünfte, die man erhält, reichen von amtlichen Bagatellisierungsversuchen bis zu haarsträubenden Gerüchten aus dem Mund von Einheimischen. Die Leute, die etwas wissen, zumal die Mafiosi selbst, schweigen. An diesem durch drakonische Maßnahmen aufrechterhaltenen Gesetz des Schweigens, der Omertà, scheiterte bisher jede Aufklärung. Immer noch sind die Behörden machtlos, und zahlreiche Verbrechen bleiben im Dunkel. Allein von 1969 bis 1970 fallen der sizilischen Mafia

121 Die Seefestung Friedrichs II. in Castellammare

163 Gewaltverbrechen zur Last: 65mal mittels der Lupara, der Schrotflinte mit dem abgesägten Lauf; 33mal durch Sprengstoffanschläge; 34mal durch Pistole und Maschinenpistole; 5mal durch den Dolch. 26 Menschen verschwanden spurlos. Im September 1970 verschwand in Palermo der Journalist De Mauro, der eine Serie über das organisierte Verbrechen in Sizilien veröffentlicht hatte. Am 5. Mai 1971 wurde der Generalstaatsanwalt Palermos, Pietro Scaglione, in seinem Auto erschossen.
Nicht nur prominente Persönlichkeiten, sondern Parteien und öffentliche Gewalt sind in die Mafiapraktiken verstrickt. Die kaum noch durchschaubare Verfilzung von Mafia und politischer Verwaltung Siziliens ist bekannt, insbesondere seit in Rom ein parlamentarischer Untersuchungsausschuß eingesetzt wurde. Der inzwischen abberufene Bürgermeister Palermos, Ciancimino, ein Christdemokrat, wurde von seinem Polizeichef öffentlich als Mafioso bezichtigt. Um nur ein Beispiel zu geben: Die Polizei ermittelte, daß in Palermo 1959 bis 1963 viertausendzweihundertfünf Baulizenzen vergeben wurden, davon dreitausendvierhundert an nur vier Personen, die Strohmänner der Mafia waren. Jedermann weiß, daß die Mafia zumindest in Westsizilien den gesamten Grundstücks- und Agrarmarkt kontrolliert.
Der Fremde, der durch das westsizilische Bergland fährt, wird im allgemeinen nicht mit der Mafia zusammentreffen. Man hat uns versichert, die Mafia sei eine innersizilische Angelegenheit und ließe die Fremden ungeschoren. Wir waren in den angeblichen Kapitalen der Mafia, in Partinico, Alcamo, Montelepre [das Marmorgrab des Briganten Giuliano befindet sich hier], in Bagheria, Castelvetrano, Corleone, und fanden die Einheimischen stets hilfsbereit und gastfreundlich. Wir sind die Hauptstraßen durch Westsizilien mehrere Male gefahren, ohne auch nur einmal angehalten oder auf verdächtige Umstände aufmerk-

sam geworden zu sein. Man liest und hört es auch anders. Zahlreiche Fälle von Taschendiebstahl oder gar Autoplünderung auf den einsamen Straßen mahnen den Fremden zur Vorsicht. Jedoch das Gelegenheitsbanditentum hat im Grunde nichts mit der Mafia zu tun.

Die «onorata società», die «geehrte Gesellschaft» der Mafiosi, entstand als eine Art Selbsthilfe zu einer Zeit, als der Staat unfähig und der einzelne Bürger zu schwach war, Leben und Gut zu schützen. Wer der Organisation den geforderten Tribut zahlte, genoß ihre Protektion. Ehrenkodex und Disziplin der Mafioten verbürgten die Sicherheit der «Beschützten». Namentlich die Großgrundbesitzer, die Barone, paktierten als erste mit der Mafia und hofften, sich eine Leibwache kaufen zu können. Heute sind sie die Geprellten. Die Protektion funktioniert nur von Fall zu Fall, ohne verbindliche und dauerhafte Garantie. Die Mafia diktiert nach eigener Willkür die Höhe der Forderungen, greift in die Besitzrechte ein und wird nur selten bei Landkäufen oder -verkäufen umgangen. Wer das Kopfgeld nicht zahlt, wer sich widersetzt, muß mit Repressalien rechnen, mit der eigenen Entführung oder der Entführung seiner Kinder oder im äußersten Falle mit Mord. Man sagt, die Mafia kämpfe auf verlorenem Posten. Aber heute ist das Dilemma schlimmer denn je. Die Faschisten hatten die Geheimorganisation nahezu ausgerottet. Im Krieg und in den Wirren der Nachkriegszeit blühte sie wieder auf. Hinzu kamen neue, undurchschaubare sozialrevolutionäre Kräfte, und hinzu kam ein durch das Elend der Menschen gefördertes Gelegenheitsbanditentum, das teils mit der Mafia paktiert, teils auf eigene Faust arbeitet, jedoch ohne die einstige straffe Disziplin der Organisation. Große Aufgebote an Polizei, selbst Großeinsätze von Militär, vermochten nicht Macht und Einfluß der Mafia zu brechen.

Die Einsichtigen wissen, daß jede Polizeiaktion vergeblich ist, solange die Bevölkerung veralteten Ehrbegriffen anhängt oder einfach Angst haben muß, solange sie in Unwissenheit, Apathie und Aberglauben verharrt, solange das Elend der Menschen anhält. Hatte die «geehrte Gesellschaft» jemals eine Existenzberechtigung, sie hat sie heute verwirkt und ist reines Verbrechertum. Die Hoffnung der Einsichtigen stützt sich auf die Beseitigung des krassesten Elends, auf den energischer vorangetriebenen wirtschaftlichen Aufbau und auf die Aufklärung der Bevölkerung. Jeder Fortschritt auf diesem Weg verringert die Chancen von Mafia und Verbrechertum und ist auf die Dauer wirksamer als die direkte Polizeiaktion.

Land ohne Erlösung?

Ich halte es für absurd und [unter Umständen] für gefährlich, nach Sizilien zu reisen, ohne zu wissen, was abseits der schönen Touristenstraßen oder in unmittelbarer Nähe der herrlichen Kunstdenkmäler geschieht. Annähernd ein Drittel der Bevölkerung Siziliens lebt in äußerst ärmlichen Verhältnissen. Schon das Augenfällige, arbeitslose Männer, verwahrloste Jugendliche, bettelnde, verwilderte Kinder, die Elendsquartiere und ganze Dörfer ohne jede sanitäre Anlage, ohne genießbares Wasser, dafür von Schmutz, Unrat, Ungeziefer, Abwässern jeder Art verseucht, alle die sichtbaren Zeichen des Elends sind weniger pittoresk als erschütternd. Das soziale Elend bietet den Nährboden zu den Mißständen, deren Skala von Gaunerei und moralischer Verrohung bis zum nackten Verbrechen reicht. Und hier gedeihen alle Abarten von Aberglauben, Laster und Krankheiten.

Welche Folgen das «Unwissen» mit sich bringt, zeigt das Beispiel der ausmergelnden Wurmkrankheit. In vielen Dörfern sind Kinder mehr oder weniger durch Würmer infiziert. Auf Grund abergläubischer Vorstellungen glauben die Leute seit altersher daran, daß sie und ihre Kinder nicht ohne Würmer leben können, und vertrauen den gräßlichen und verschlimmernden Praktiken von Gesundbeterinnen. Man findet den heillosen Kreislauf von Elend, Unwissenheit, Aberglauben und Verbrechen belegt in den «protokollarischen Nachschriften» der westsizilischen Verhältnisse, in den Veröffentlichungen Danilo Dolcis und des Centro Studi e Iniziative per la Piena Occupazione. Dolci, der seit 1952 unter den Ärmsten der Provinz lebt, unmittelbar helfend, aber auch eine aus dem Studium der Verhältnisse gewachsene Planung auf lange Sicht aufbauend, kommt zu dem denkbar einfachen Schluß: «Wenn Arbeit vorhanden gewesen wäre, hätte es nie ein Banditentum gegeben.»

Es ist nun nicht so, daß Regierung und Regionalverwaltung alldem tatenlos zusehen. Der neue italienische Staat nach 1945 behandelte die Probleme des Südens äußerst aufgeschlossen. Experten entwarfen Hilfsprogramme und Reformpläne. Mit der staatlichen Gründung der Südkasse, der Cassa per il Mezzogiorno [1950], wurde die finanzielle Basis für die Verwirklichung der Pläne geschaffen. Wir sehen die großen Schilder der Südkasse an Straßen- und Häuserneubauten, an neuen Bewässerungsanlagen und jungen Baumpflanzungen. Zum Aufbauprogramm gehören ferner: Erschließung brachliegenden und steinigen Landes und Wertvermehrung des vorhandenen Bodens durch Bewässerung und Regulierung der Flüsse, durch die Verbesserung des Anbaus und der veralteten landwirtschaftlichen Methoden. Hinzu gehören die Aufforstung der Wälder, Straßen- und Wegebau, Kanalisation, Stromerzeugung, Trinkwassergewinnung und Schaffung hygienischer Einrichtungen. Durch den großzügigen Aufbau und die Förderung der einheimischen Industrie sollten auf lange Sicht Arbeitsplätze geschaffen werden.

Als Anreiz für Privatinvestitionen wurden günstige Kredite und Steuererleichterungen gewährt. In der Südostecke der Insel ist in den letzten Jahren Erstaunliches geschehen. Wir sehen bei Gela das große und noch entwicklungsfähige Erdölgebiet, bei Ragusa Erdöltürme und Asphaltgruben, bei Catania neue Industriebezirke, bei Augusta riesige Raffinerien und Tankkessel.

Aber die Bilder täuschen, und der allzu flüchtige Beobachter sieht sich dadurch berichtigt, daß die wirtschaftliche und geistige Lage insgesamt und insbesondere in den Armutsprovinzen nicht besser geworden ist. Der Unterschied zwischen den Durchschnittseinkommen auf Sizilien und im übrigen Italien betrug 1952 82000 Lire; 1965 war der Unterschied um mehr als das Doppelte angestiegen, auf 174000 Lire. Sofern die Einheimischen überhaupt von der Südkasse Notiz nehmen, ihre begründeten Hoffnungen sind einer bitteren Enttäuschung gewichen. Die Brutstätten der Malaria sind fast ausgerottet, aber andere, sozial bedingte und durch mangelhafte Hygiene geförderte Krankheiten [Trachom-Erkrankungen, Maltafieber, Tuberkulose, Wurmkrankheiten] und die hohe Kindersterblichkeit halten an. Die Probleme sind noch nicht gelöst. Darüber sollten den Fremden auch nicht Hotelneubauten und die durchaus nützliche großzügige Förderung des Fremdenverkehrs hinwegtäuschen.

Nicht wenige Sizilianer führen das unbefriedigende Ergebnis der Regierungspläne auf Korruption und Mißwirtschaft zurück. Man mißtraut der Südkasse als einem Finanzmanöver zur Bereicherung der Mächtigen. Man weist darauf hin, daß die staatlichen Förderungen zu vielen Unternehmen zuteil wurden, die aus der Notlage ein Geschäft machten und risikolos Gewinne einsteckten, während die Bevölkerung weiter darbt. Das Mißtrauen gegenüber der Verwaltung des bitterarmen Landes wurde 1967 durch eine Veröffentlichung der Turiner Zeitung *Stampa* erneut bestätigt. Demnach waren im sizilischen Parlamentsetat für 1967 allein 3,5 Milliarden Lire für Diäten, Personalkosten und Spesen vorgesehen. Nach dieser Veröffentlichung verteilt das sizilische Parlament öffentliche Gelder auf Abgeordnete und ihre Helfer wie folgt: Von den 90 Abgeordneten bezog jeder umgerechnet knapp 100000 Mark jährlich an Zuwendungen. Die 174 Angestellten des Parlaments bezogen ein durchschnittliches Jahreseinkommen von 60000 Mark, ein Kraftfahrer erhielt 33600 Mark. Angesichts solcher Zahlen und der korrupten Wirtschaftsverhältnisse werden Stimmen laut, die für die «Selbsthilfe» nach altem Brauch und gegen jeden wirtschaftlichen Aufbau sprechen.

Wenn heute die Not strukturell ist und Land und Menschen gleicherweise krank sind, so reichen die Wurzeln dieser Krankheit weit in die Geschichte der Insel zurück. Sizilien war bis 1860 Kolonie, in den letzten Jahrhunderten von Fremden beherrscht, die das Land ausbeuteten und steuerlich belasteten, ohne darauf bedacht zu sein, den Wert des Bodens und das Wohl seiner Bewohner zu erhalten. Seit dem fünfzehnten Jahrhundert wurden die Wälder rücksichtslos abgeholzt und jede Wasserregulierung vernachlässigt. Beides mußte ein Land, das einseitig von seinem Agrarreichtum abhängig war, auf die Dauer veröden und ausmergeln lassen und in Armut stürzen.

In der Nachkriegszeit wurde die Bodenreform mit Nachdruck vorangetrieben. Latifundien wurden geteilt, durch Enteignung oder freiwilligen Verkauf. Die veralteten landwirtschaftlichen Methoden sollten gebessert und modernisiert werden. Aber auch hier wehrten sich Großgrundbesitzer und Mafia, diesmal vereint, gegen den Fortschritt. Heute ist das Land ausgebrannt und ausgebeutet. Die Last der vergangenen Jahrhunderte hat seine Bewohner müde und apathisch gemacht.

Der Fürst Lampedusa kommt in seinem Roman «Der Leopard»

zu einem ausweglosen Schluß: «Die Sizilianer wollen gewiß nie, daß es besser wird, aus dem einfachen Grunde, weil sie glauben, sie seien vollkommen; ihre Eitelkeit ist stärker als ihr Elend; jede Einmischung von Fremden verwirrt ihr Phantasieren darüber, daß sie die Vollendung erreicht hätten, läuft Gefahr, ihre wohlgefällige Erwartung des Nichts zu stören.» Aber resultiert dieses Verhalten nicht aus der Folge «äußerer Schicksalsfügungen» und wäre demnach heilbar? Diesen Menschen, «die von einem Dutzend verschiedener Völker mit Füßen getreten wurden», blieb keine andere Wahl als der Rückzug in die äußerste Resignation. Und wer will tadeln, daß sich die Sizilianer in dem ihnen verbliebenen Teil mit einem Gefühl von eigener Vollkommenheit, mit Stolz und Eitelkeit umgeben? Diese Eigenschaften machen nicht den ganzen Sizilianer, aber man findet sie verblüffend oft, selbst bei den Ärmsten der Insel.

Hätte Lampedusa recht, so wäre Sizilien wahrhaft ein «Land ohne Erlösung», und die absolute Feststellung müßte jeden Aufbauwillen lähmen. Lampedusa kam gewiß nicht unbedacht zu seinem Schluß. Viele Anzeichen scheinen sein Urteil zu bestätigen. Aber Lampedusas Urteil greift in ein schwebendes Verfahren. Genau dort, wo Lampedusa resigniert, beim Menschen, liegen alle Möglichkeiten offen, dem tödlichen Kreis zu entrinnen. Wir treffen in Westsizilien Männer und Frauen, deren helfende Arbeit auf die «valorizzazione del uomo» – wie Danilo Dolci es nennt – gerichtet ist. Sie beginnen damit, den durch «äußere Schicksalsfügungen» fast verschütteten Glauben des Menschen an sich selbst zu wecken, die Menschen ihres Wertes, ihrer eigenen Kräfte und Fähigkeiten bewußt werden zu lassen, sie zu aktivieren und vom Nutzen ihres Handelns zu überzeugen. Erste Erfolge zeichnen sich ab; und jeder geringe Erfolg widerlegt das trostlose Wort vom «Land ohne Erlösung».

Das Beispiel Danilo Dolcis

In Palermo hat uns ein Ordensmann gesagt: «Das westsizilische Elend und die Mafia und das Versagen der Behörden, das sind Realitäten – aber dann gibt es noch Danilo Dolci.» Wer den Problemen Westsiziliens nur ein wenig Aufmerksamkeit widmet, begegnet dem Namen Dolcis. Seine Bücher, auch außerhalb Italiens weit verbreitet, bilden die erste umfassende Niederschrift des westsizilischen Elends. Es sind «Protokolle des Elends», Dokumente, Lebensberichte, Tatbestände, «von den Umständen und den Menschen geschrieben». Für Dolci sind diese Milieudokumente ein Mittel, die staatliche und private Hilfe zu provozieren. Der moralischen Beweiskraft seiner Schriften kann man sich, auch als unbeteiligter Sizilienfahrer, schwerlich entziehen. Dolcis Beispiel zeigt, was private Initiative in einer «verwalteten» Welt noch vermag.

Dolcis engerer Wirkkreis liegt im elendesten Viertel Westsiziliens, das zugleich ein Zentrum der Banditen und «Gesetzlosen» ist. In Partinico, unweit von Montelepre mit dem gepflegten Marmorgrab des Briganten Giuliano, gab Dolci ein Beispiel der Gewaltlosigkeit, aber auch der Unruhe und sozialen Aktion.

Dolci stammt aus Triest und hat Architektur studiert. Als er 1952 das westsizilische Fischerdorf Trappeto wiedersah, wo sein Vater eine Zeitlang Vorsteher der Bahnstation gewesen war, entschloß er sich, zu bleiben und zu helfen. Er begann allein, ohne Mittel, ohne Rückhalt in einer Gruppe, aber nicht unvorbereitet. In Norditalien hatte er die Sozialarbeit kennengelernt. Dolci tat das Nächstliegende: mit den Ärmsten leben und das Mißtrauen überwinden. Er redete mit den Leuten, gab Rat und suchte herauszubekommen, wo sinnvolle Hilfe einsetzen könne. Er besorgte Medikamente und unterwies die vernachlässigten Kinder. Ein paar Freunde halfen ihm beim Bau des «Borgo di Dio», einer

Heimstatt für Bedürftige und Obdachlose, mit einem Kindergarten und Schulsaal. Die ersten freiwilligen Helfer kamen aus Italien. Dolcis Aktion war bekanntgeworden, vor allem durch seinen Hungerstreik. Nachdem schon in seiner ersten Zeit in Trappeto ein Kind den Hungertod gestorben war und ein zweites zu sterben drohte, hungerte Dolci so lange, bis die Behörden in Palermo, selbst in Rom alarmiert wurden und Hilfe zusagten.
Als Dolci 1955 in das größere Städtchen Partinico übersiedelte, wiederholte er das radikale, aber gewaltlose Mittel des Hungerstreiks. Aber es ging ihm von vornherein nicht allein darum, Behörden und Öffentlichkeit aufzurütteln und Hilfe zu erzwingen, er wollte mit den Ärmsten leben, sich mit ihnen, ihrer Not, ihrem Hunger identifizieren. Wenn Dolci das «lavorare dal basso» betont, das heißt «von unten arbeiten», mit den Leuten reden, sie aufklären, ermuntern, zur Selbsthilfe anleiten, so denkt er radikal – indem ihm die Teilnahme am Leben der Ärmsten, die Brüderlichkeit zur Voraussetzung jeder Hilfe wird.
Dolci ist Christ. Und als Christ weiß er auch, «daß sich die Dinge der Welt nicht ohne Meditation, Reinheit und Opferbereitschaft zum Besseren wenden können». So wurde auch die zweite Aktion der Gewaltlosigkeit, der sogenannte «umgekehrte Streik», der in und außerhalb Italiens großes Aufsehen erregte, durch ein kollektives Fasten aller Beteiligten eingeleitet. Mit etwa einhundertfünfzig einheimischen Arbeitslosen begann Dolci den Ausbau einer für Partinico lebenswichtigen Straße. Freiwillig sollte getan werden, was die Behörden seit Jahren geplant hatten, aber bisher auszuführen unterließen. Dolci bewies die Arbeitswilligkeit der Leute, entgegen allen anderslautenden Vorurteilen. Als ein großes Polizeiaufgebot die Arbeiten verhindern wollte, leisteten die Beteiligten ohne Ausnahme gewaltlosen Widerstand.
Inzwischen kamen Freunde und Helfer, Agronomen, Volkswirtschafter, Sozialhelfer, Erzieher, Mediziner aus Sizilien, Italien

und vielen Ländern. Mit ihrer Hilfe konnte er in Westsizilien fünf Zentren gründen, deren Ziel neben der Besserung der menschlichen Verhältnisse und der Erziehung zur Selbsthilfe die «piena occupazione» ist, die «Vollbeschäftigung», produktive Arbeit für jeden.

Die Zentren in Partinico, Trappeto, Menfi, Roccamena und Corleone rechnen genau vor, was festgefahrene Praktiken, was korrupte soziale und politische Verhältnisse bisher versäumten und was getan werden könnte. Versuchsfelder wurden angelegt, um den Einheimischen die sinnvollere Nutzung des Bodens zu zeigen [bisher vorwiegend eine unrentable Mono- oder Duokultur: Weizen und Wein]. In Gesprächen und Diskussionsabenden mit der Bevölkerung werden die Grundlagen für eine organische Entwicklung geschaffen, werden konkrete Ratschläge gegeben. Die von den Dolci-Leuten eingerichteten Genossenschaftskellereien in Menfi und Sciacca arbeiten gut. Nach dem verheerenden Erdbeben von 1968, das Gibellina und zwölf Gemeinden fast vollständig zerstörte und 150000 Menschen obdachlos wurden, hat sich Dolci energisch für die Betroffenen eingesetzt. Aber die Pläne der Centro-Organisation gelten nicht nur der Soforthilfe, sondern der Zukunft. Unerläßlich ist die Frage der Wasserregulierung. Wasser ist ein anderer Gott, sagen die Einheimischen. So konzentrieren sich die Pläne auf die vollständige Nutzung der Wasserreserven in den Tälern des Jato, des Belice und des Carboi. In diesen Hochtälern könnten große Stauseen angelegt, ihre Wasservorräte über mindestens 40000 Hektar ausgetrockneten Landes geleitet werden. Dolcis jahrzehntelanger Agitation ist zu danken, daß der Deichbau am Jato-Fluß bereits verwirklicht wurde. Seit Frühjahr 1971 kommt das Wasser einem ersten Teil der Bewässerungskulturen zugute. Das bedeutet: fruchtbares Land, Arbeit und Erträge für die verarmte Bevölkerung.

Dem Bergland zwischen Palermo und Trapani wird gern der Beiname «sarazenisch» gegeben. Hier, im äußersten Westen der Insel, war ihr Orient, von jeher. Die Griechen, trotz ihrer Kolonisationsversuche im sechsten und Kriegsexpeditionen im fünften Jahrhundert vor Christus, konnten hier nie Fuß fassen, während Phönizier und Punier schon früh ihre Häfen und Handelsplätze ausbauten. Unverwischbar sind die Spuren der Sarazenen, bis heute erhalten in arabischen Ortsnamen und Bräuchen, in architektonischen Resten, in den Agrumen und Fruchtbäumen, die sie ins Land brachten. Arabisch blieb das lebhafte Landstädtchen *Alcamo* [55 km südwestlich von Palermo], obwohl Friedrich II. die sarazenischen Einwohner 1233 nach Apulien schickte. Neben dem Stauferkastell und mittelalterlichen Kirchen lebt Orientalisches weiter: Häuser mit fensterloser Straßenfront oder hinter hohen weißen Mauern verborgen, zierliche Innenhöfe mit Palme und Pergola, kleine arabische Mauerbögen. Arabischen Einfluß zeigen die schönen Portalornamente an der Chiesetta di S. Tommaso [14. Jh.].

Wie Alcamo so hüten viele Orte des Berglandes geschichtliche Relikte. Sie sind einfach anwesend, ohne Pathos, vor allem ohne das Pathos der Geschichte. Fragt man die Einheimischen, so erhält man hilflos unwissende oder legendär verzerrte Auskünfte. Die Historie als einstige Größe ist abgebröckelt, untergegangen. Nicht allein die Zeit, die Natur selbst hat sie überrundet. Das verkarstete Bergland scheint in seiner Verlassenheit, seiner schwerelosen mittäglichen Ohnmacht zu verharren. Eine graubraune Einöde von Macchia und Steinfeldern, flimmernd unter der Glocke der heißen Luft, die der trockene, föhnige Atem des Scirocco noch drückender macht. Gelegentlich zieht der Duft von Mandelgärten mit dem Wind. Und dankbar nehmen die Augen das ermattete Grün der Ölbäume, die zarten Blütenfarben von Oleander und Opuntie wahr.

In diesem westlichen Bergland lebten in vorpunischer und vorgriechischer Zeit die Elymer, neben den Sikulern und Sikanern im Osten eines der Urvölker der Insel. Wir wissen wenig über die Elymer. Nach ihrer eigenen Legende sahen sie ihre Urväter in eingewanderten Trojanern. Der Athener Nikias nannte sie ein «Barbarenvolk». Beides hat sich als zweifelhaft erwiesen. Schriftzeichen und spärliche Funde, Keramik und Münzen deuten auf die Verschmelzung verschiedener Elemente, unter denen der punische und seit dem fünften Jahrhundert vor Christus der griechische Einfluß stärker hervortritt. In der Sorge, ihre Unabhängigkeit und ihren blühenden Handel zu erhalten, sympathisierten die Elymer zunächst mit den Puniern und Griechen, mit dem griechischen Selinus [Selinunt] und dem karthagischen Motya [zwischen Trapani und Marsala]. Sie griffen zu List und Tücke, um sich der griechischen Kolonisatoren, der wachsenden Macht der griechischen Stadtstaaten zu erwehren, kämpften bald auf der einen, bald auf der anderen Seite, riefen bald die Karthager, bald die Athener zum Kampf gegen die Inselgriechen ins Land. Am Ende waren sie selbst in diesem ungleichen Kräftespiel aufgerieben, ihre Städte und Heiligtümer zerstört.

Noch einmal, unter den Römern, lebte das elymische Egesta [Segesta] auf. Nachdem sich die Elymer im Ersten Punischen Krieg den Römern unterworfen hatten, wurden sie für «unab-

134/135 Tempel und Landschaft von Segesta

hängig und abgabenfrei» erklärt. Die Römer förderten den Wiederaufbau Egestas. Empfänglich für geschichtlich-mythische Zusammenhänge, sahen die Römer in den Elymern ein Brudervolk. Auch sie beriefen sich ja durch ihren mythischen Ahnherrn Äneas auf Troja. Und Aphrodite, die Mutter des Äneas, war auch die Mutter des riesenhaften Hirtenkönigs Eryx, der in Urzeiten über die Elymer herrschte und von dem der Berg Eryx mit dem Aphroditeheiligtum seinen Namen hat. Aber die Nachblüte war nicht dauerhaft. Den Todesstoß gaben ihnen und ihren Städten die Vandalen und Sarazenen. Im Mittelalter war die Erinnerung an sie ausgelöscht.
Das Volk der Elymer ist im Dunkel der Geschichte vergangen. Ihre Städte, die Reste ihrer Städte, sind eingesunken in den steinigen Boden des Berglandes, überwuchert und überdauert von der Natur. Allein der Tempel von Segesta, ein paar Mauerreste, Säulenstümpfe und ein eingefallener Weihebrunnen in Erice, das ist geblieben. Der Besuch dieser Stätten gehört zu den schönsten und bewegendsten Augenblicken einer Sizilienreise.

Der Tempel von Segesta

Bald schon hinter Alcamo, nachdem die kurvenreiche Höhenstraße wieder hügelabwärts und durch ein bukolisch freundliches Tal führt, öffnet sich das Blickfeld, und auf den Höhenrücken zur Rechten liegt der Tempel von Segesta. Der erste Anblick überrascht durch einen völlig unerwarteten Akzent. Nicht das Monumentale, keine gigantisch gesteigerte Kraft scheint diesen Tempel zu kennzeichnen, sondern eine gesammelte Ruhe und Gelassenheit, das Ebenmaß eines von Menschenhand sanft überformten Findlings, der aus dem steinigen Boden ragt und nun, wie hingeschmiegt in der Hügellandschaft, ruht. Der Anblick

währt nur kurz, dann schieben sich die vorgelagerten Hügel vor das Bild. Eine schöne, von Platanen gesäumte Straße zweigt [von Alcamo 14 km] nach rechts ab, überquert ein wasserarmes Flüßchen und führt aufwärts zum Fuß des Tempelhügels.
Von hier aus steigt man einen Pfad hinauf bis zur Hügelkuppe, vorbei an niederem sattgrünem Gesträuch und Agaven, deren Blütenschäfte bis zu fünf Metern aus dem Blattwerk emporschießen. Am rechten Abhang breitet sich ein kleines Kornfeld aus. Oben dehnt sich der Macchiateppich, vertrocknetes Gras, Disteln, Kräuter. Im schattenlosen Licht steht der Tempel, frei nach allen Seiten über die gewellten Hügelrücken blickend, während im Hintergrund, hinter einer Mulde, ein Berg ansteigt und den Blick begrenzt.
Selten einer kommt unvorbereitet nach Segesta, viele haben über den Tempel gelesen oder kennen sein Bild. Alles das wird mühelos zunichte, wenn wir dem Tempel gegenüberstehen, seiner bestürzenden Schönheit und Lebendigkeit, von der noch das Land ringsum zehrt. Die Landschaftskulisse ist vollkommen. Das sanft abfallende Hügelland ist wie auf den Tempel hin stilisiert. Das Säulenrechteck scheint aus dem Boden zu wachsen, ein Teil der Landschaft, ohne sein von Menschen geschaffenes Maß zu leugnen. Wer diesen Tempel zuerst sieht, wird jeden anderen Griechentempel an ihm messen. Ein Griechentempel, nach klassischen dorischen Maßen gebaut, im ungriechischen Westen der Insel? Die Elymer haben ihn nach dem Muster ihrer ärgsten Feinde errichtet. Begonnen um 425 vor Christus, blieb der Tem-

138 In erhabener Einsamkeit erhebt sich der dorische Tempel der Elymer aus dem 5. Jh. v. Chr.

139 Die noch nicht kannelierten mächtigen Säulen des nie vollendeten Tempels

pelbau nach der Zerstörung Egestas durch die Syrakusaner 409 vor Christus unvollendet stehen. Ein unfertiger Tempel also. Jedoch die offene Tempelhalle, die dreistufige Basis, die sechsunddreißig aufrecht stehenden dorischen Säulen, je sechs an den Schmalseiten, der rundum auf die Säulen gelegte Architrav und die Giebel, das alles vermittelt den Eindruck einer in sich geschlossenen Vollkommenheit. Jede Hinzufügung, jede Änderung oder Wegnahme würde die vorhandene Harmonie stören. Der Tempel ist erhalten, wie er anfangs war. Nur der bräunlich helle Kalkstein ist mit den Jahrhunderten verwittert, vom Regenwasser ausgewaschen und bietet den Eidechsen Schlupfwinkel und den Mauerseglern Nistlöcher. Auf dem Boden der Halle wächst spärliches Gras.
Wir werden mehrere Male die Fundamentstufen emporsteigen, um ihren Rhythmus zu begreifen. Sie sperren sich dem Maß des Menschenschrittes, gehören ganz der anderen, geistigen Ordnung des Tempels an. Eine Ordnung, die nicht leichthin begehbar ist, sondern schon das Aufmerken und Sichfügen des Menschen fordert. Diese Treppenstufen ziehen die Grenze zwischen dem Draußen und dem geweihten Bezirk. Innen ist alles licht. Im Innern stehend, spürt man die Bewußtheit und Klarheit dieser Tempelhalle. In den Urmaßen der waagrechten und senkrechten Gliederung hat sich menschlicher Ordnungswille gefestigt. Nun strömt Ruhe und Sicherheit aus diesem Gefüge. Die Säulen sind nahe. Was das Auge durch die Zwischenräume der Säulenfronten erblickt, das weithin auslaufende Wellenspiel der Hügel, dunkelgrüne Matten und steiniges Gelände, das rückt in eine unwirkliche, flächenhafte Ferne. Nahe und gegenwärtig ist der Bezirk der Säulen, ist der unendliche Himmel über der dachlosen Halle. Beglückt folgt man den Sturzflügen der Krähen und Mauersegler, die von oben in die Halle einfallen und zwischen den Säulen wieder nach draußen entschwinden.

Erst später entdeckt man die Zeichen des Unfertigen: die dorischen Säulen sind nicht kanneliert; von den schweren Basissteinen sind die hervorkragenden Transportzapfen nicht abgeschlagen; Giebelfelder und Fries blieben ohne Schmuck. Einige Forscher sagen, dieser Tempel sei von vornherein als nicht überdachte Säulenhalle, als Peristyl, geplant gewesen. Der Opferaltar habe auf freiem Feld gestanden, und die dorische Säulenhalle habe lediglich den würdigen Hintergrund gebildet. Der Betrachter wird der Frage, ob wirklicher Tempel oder Peristyl, nicht viel abgewinnen. Er vertraut seinen Augen. Was er sieht, trägt in sich das Zeugnis einer Größe, an der selbst der Hinweis auf das Unfertige des Tempels zerschellt.

Einmal, als wir schon zum Aufbruch rüsteten, kam ein Maultierreiter durch das kniehohe, vertrocknete Gras herangeritten. Er erbot sich, uns zum gegenüberliegenden Monte Barbaro zu bringen. Jenseits der neuen Straße erhebt sich der Berg, der einst das alte Egesta trug. Der Weg zum Monte Barbaro ist inzwischen ausgebaut. Der Anstieg ist beschwerlicher als der Weg zum Tempel; es geht höher hinauf, die Geröllbrocken sind zahlreicher, Gras und Strauchwerk spärlicher, eine öde, sommerdürre Vegetation. Von der Berghöhe blicken wir hinab auf den hinter der Talsenke liegenden Tempel. Das milde Licht des späten Nachmittags umspielt die Säulenhalle, eine Aura der Heiterkeit umgibt sie, während sich die Bergwand im Hintergrund schroff absetzt. Wie oft mochten die Egestaner von hier aus, von ihrem Stadthügel, hinübergeschaut haben zu ihrem Tempel? Ihre alte Stadt liegt unter dem Hügel des Barbaro begraben. Die steinige Erde hat ihre Häuser zurückgenommen. Kaum etwas deutet darauf hin, daß unter der Erdkruste eine ganze Stadt schlummert. Was man bisher fand, mehr zufällig als systematisch, ist wenig, aber interessant genug: Krüge mit tiergesichtigen Henkeln; Münzen, die den Jäger Aigestos, den mythischen Gründer der Stadt, oder

einen Hund mit drei Ähren oder den Kopf der Nymphe Egesta zeigen. Auch die Münzen lassen in der Prägung der Kopfprofile und der Haartracht griechischen Einfluß erkennen.
Ein einziger Zeuge hält die Erinnerung an die Elymerstadt wach: das kleine Theater oberhalb des Stadthügels. Seinetwegen vor allem lohnt sich der Weg auf den Monte Barbaro. Das Theater wurde im dritten Jahrhundert vor Christus angelegt, als Egesta unter der Gunst der Römer wieder auflebte. Es weist demnach schon auf die zweite, jüngere Phase Egestas. Das Halbrund der zwanzig Sitzreihen ist in das Felsgestein hineingeschnitten, während die Szene unten vor dem Absturz des Berges liegt. Das Hügelland und der Himmel sind in den Spielraum einbezogen. Wenn man auf einem der gemuldeten Steine sitzt, gleitet der Blick über die Szene hinweg, überfliegt das braungrüne Hügelland nach Norden bis zum Golf von Castellammare, wo einst der Hafen Egestas lag. Links von der Talsenke, die den Blick freigibt, steigt ein breiter, klotziger Berg auf. Könnten unsere Augen ungehindert die Distanz von dreißig Kilometer überwinden, sie sähen links neben diesem Berg einen anderen Berg aufragen, den Monte Erice am westlichen Rand der Insel, der das älteste Heiligtum der Elymer trug.

Erice, Heiligtum der Liebesgöttin

Fährt man von Segesta aus die Staatsstraße 113 an Calatafimi vorbei nach Westen, so kann man in einer guten halben Stunde in Trapani sein. Diese Fahrt, deren erste Strecke nach Palermo über Monreale und Alcamo geführt hat, geht mitten durch das herbe westsizilische Bergland, ist aber nicht übermäßig beschwerlich. Jedoch gefälliger ist der andere Weg [wie der erste 107 km], der ab Palermo über Sferracavallo zur Küste, dem Meer entlang bis Castellammare und dann landeinwärts nach Trapani führt. Die Straße passiert den aus der Ebene vor Trapani aufsteigenden Monte San Giuliano [auch Monte Erice], auf dessen Kuppe das kleine Städtchen Erice liegt. Von Palermo aus wäre der Besuch von Segesta und Erice, sofern man in Trapani nicht allzu lang verweilt, als Tagesreise zu empfehlen.

Ungastlich und abweisend, ein klotzig dicker Wachtturm, der den Westen und das angrenzende Meer beherrscht, oft umlagert von grauen Wolkenbänken und umbraust von den scharfen Winden der offenen See, ragt der Monte San Giuliano [Monte Erice], der Berg des Eryx, aus dem meerflachen Land nordöstlich vor Trapani. Wer indes vom äußersten Stadtrand Trapanis aus mit der Funivia, der Schwebebahn, oder auf der anfangs leicht, dann in zahlreichen Kehren und Schleifen ansteigenden Straße nach oben kommt, dem bietet das mit unerwarteten Szenen nicht gerade kargende Inselland eine seiner angenehmsten Überraschungen. Wir sind an einem milden, sommerwarmen Tag heraufgefahren, und schon die Auffahrt bot den Augen eine überraschende Szenerie: Wiesenhänge und Mulden mit grasenden Bergschafen, bunt leuchtende Blumenbänder, dann wieder schroffe Bergstürze und schließlich Gruppen von Pinien und Kiefern.

Das archaische Erice ist – wie Segesta – versunken im Dunkel der Geschichte. Die alte Stadt wurde schon früh, während des Ersten Punischen Krieges, ausgelöscht, als die Karthager die elymischen Einwohner vertrieben und am Fuß des Eryx, dem sichelförmig ins Meer hinausgebogenen Drepanon, ansiedelten. Die den Elymern wohlgesonnenen Römer, die den Berg 242 vor Christus eroberten und noch jahrelang erbittert gegen die Karthager ver-

144/145 Blick auf Trapani, seine Salzfelder und die Ägadischen Inseln

teidigten, bauten wohl den von Hamilkar Barkas niedergebrannten Tempel wieder auf, ließen aber lediglich eine größere Militärwache zurück. Nach der römischen Kaiserzeit geriet der Eryx völlig in Vergessenheit. Als der erste normannische Roger Ende des elften Jahrhunderts auf seinen Eroberungszügen den Westen durchstreifte, hatten sich in den verfallenen Festungsbauten des Eryx maurische Seeräuber eingenistet. Roger verjagte sie und gab dem Berg und dem neu gegründeten Dorf – nachdem er in einem Traum gesehen hatte, wie der heilige Julian mit einer Meute von Jagdhunden die Sarazenen davonjagte – den Namen San Giuliano. So stammt das heutige Erice, das im dreizehnten und vierzehnten Jahrhundert zu einem wohlhabenden Städtchen erwuchs und noch einmal im baufreudigen Barock durch Kirchen und Bürgerhäuser erweitert wurde, in seiner ältesten Schicht aus dem Mittelalter. Erst 1937 besann man sich auf den alten Namen Eryx und italianisierte ihn zu Erice.
Heute ist das Städtchen eine Oase der Stille, ein entrückter, bezaubernd schöner Platz, siebenhundertfünfzig Meter über dem Meer und Land. Selbst an heißen Sommertagen weht hier oben ein frischer, kühlender Wind. Die bis in die Bezirke der Häuser vordrängenden Pinien- und Kiefernhaine, die grünen Büsche der Parkanlagen und zahlreiche Blumengärten verbreiten einen angenehm würzigen Duft. Erice ist wegen seines wohltuenden Sommerklimas zu einem begehrten Ferienziel geworden. Viele Häuser werden als Sommersitz vermietet, und in der Pineta am Stadtrand entstand ein schönes «Villaggio turistico».
Als wir durch die engen und reinlich gefegten, gepflasterten Gassen gingen, lag das Städtchen wie von seinen Bewohnern verlassen da. Ein für südliche Verhältnisse ungewohntes Bild. Keine Männeransammlung auf der Piazza. Kein lebhaftes Treiben und Kinderlärm in den Gassen. Allenfalls begegnet man einem Alten, der gehüllt in seinen schwarzwollenen Kapuzenmantel im Schat-

ten sitzt. Die dicht aneinandergeschmiegten grausteinigen Häuser sind zur Straßenseite versperrt, und aus den rückwärtigen kleinen, blumengeschmückten Binnenhöfen dringt kein Laut zur Straße. Selbst das Hämmern der Kupferschmiede geht unter in dem allgemeinen Schweigen. Die für Erice von altersher bekannten Handwebereien und Teppichknüpfereien betreiben ohnedies ein lautloses Handwerk. Auch um die grauen verwitterten Kirchen – die [im neunzehnten Jahrhundert unschön restaurierte] Chiesa Matrice im Nordwesten mit dem eleganten Campanile aus dem Jahre 1312 und einer schönen Madonnenstatue von Laurana [1469], San Giovanni im Osten mit dem gotischen Portal aus dem dreizehnten Jahrhundert und San Giuliano mit dem festlich-barocken Viereckturm – weht ein Hauch von Verlassenheit. An den abbröckelnden Steinwänden wächst Moos. Das Glockengeläut kommt wie von fern her. Aber die Stille hat nichts Beängstigendes. Diesem aus aller Betriebsamkeit zurückgenommenen Ort ist eine eigenartige Schönheit beigemischt – wie dem Brot, das hier gebacken wird, der Duft der Orangen, denn die Backöfen werden mit dem Holz der Zitrusbäume geheizt.

Was macht den Zauber dieses Ortes aus? Unter den vielen möglichen Antworten nehmen sich die Hinweise auf das angenehme Klima und die einzigartige Lage doch recht prosaisch aus. Gewiß, man sieht an klaren Tagen bis hinüber nach Nordafrika, wo einst Karthago lag. Im Nordosten steigt der Felskegel des Monte Cofano aus dem Meer, und weiter zurück liegt das Capo San Vito mit seinem weißen Leuchtturm. Im Osten und Süden wird das vorgelagerte Flachland von den graubraunen westsizilischen Bergen eingegrenzt. Im Westen heben sich die gewölbten Rücken der Ägadischen Inseln aus dem dunklen Meer. Von der Stadtterrasse sieht man hinab auf das betriebsame Trapani, das einstige Drepanon, auf weiße, würfelige Häuser und die ins Meer vorspringende Landzunge, auf Molen und Hafenbauten,

auf die langflächigen, weißflimmernden Salzteiche mit den spielzeughaft kleinen Windmühlen, in denen das Meersalz feingemahlen wird. Kein anderer sizilischer Berg gewährt einen umfassenderen Weitblick. Er mag dazu beitragen, den Reiz des Ortes zu erhöhen. Freilich geht die tiefere Bezauberung nicht von dem aus, was sichtbar, was nahe und gegenwärtig ist, sondern ist gewoben aus längst Vergangenem, aus mythischem Stoff und dem, was in Erinnerungen und Legenden weiterlebt.
War nicht Herakles mit seiner geraubten Rinderherde – nachdem er den Stretto di Messina durchschwommen hatte, an den Hörnern eines Stiers hängend – nach langer Wanderung auf den Berg des Eryx gestiegen? Der Herr des Berges, der kraftstrotzende Hirtenkönig Eryx, Sohn der Aphrodite und eines Argonauten, forderte jeden Ankommenden zum Zweikampf und tötete den Unterliegenden. Herakles, der Halbgott, besiegte Eryx. Damit gehörte ihm die Tochter des Eryx und das Land. Aber Herakles verzichtete auf sein Besitzrecht und zog weiter. Vermutlich enthalten diese mythischen Vorgänge schon das Modell einer Fruchtbarkeitsmythe. Einer der ältesten Fruchtbarkeitskulte des Mittelmeerraumes war auf dem Berg heimisch. Aus der Magna Mater wurde die Liebesgöttin, deren vielbesuchtes Heiligtum auf dem Berg stand. Im Verlauf vieler Jahrhunderte wechselte der Name der Liebesgöttin von Ischtar zur taubenumflatterten Astarte, zur meerentstiegenen Aphrodite und schließlich zur Venus Erycina der Römer. Elymer, Phönizier, Griechen, Römer, sie alle huldigten der einen Liebesgöttin und kamen, «auf dem luftigen Felsen des Eryx» – wie Theokrit ihn genannt hat –, ihre Mysterien zu feiern.
Auf der höchsten Erhebung des Eryx, hinter dem normannischen Kastell im Osten, dem aufsteigenden Licht zugekehrt, lag das Heiligtum. Hier brannten die umgrünten Altäre Tag und Nacht. Von der Kultstätte ist nicht viel geblieben, ein paar Mauerreste,

Säulenstümpfe und der Mauerring eines Weihebrunnens, der das Wasser für die sakralen Reinigungen spendete. Aber es bedarf nur eines geringen Anstoßes, ein wenig Spielraum der Phantasie, und wie schnell bleibt das Städtchen Erice zurück, wird zur grauen und schon verwitterten mittelalterlichen Kulisse, die dem älteren, mythisch gesättigten Ort beigegeben wurde. Von hier aus waren die Tauben der Astarte einmal im Jahr, zum Anfang des Frühlings, über das Meer nach Nordafrika geflogen und kamen nach neun Tagen zurück, geführt von einer roten Taube, dem Symbol der Fruchtbarkeit. Die rote Taube war die «wiedererstandene» Astarte, und mit ihrer Rückkehr begannen die Hauptmysterien, die den neuen Frühling einweihten. An die tausend geweihte Mädchen, die Hierodulen, dienten der Liebesgöttin auf dem Eryx, und es galt als verdienstvoll, der Göttin neue Dienerinnen zuzuführen. Aus dem ganzen Mittelmeerraum kamen die Seefahrer und Pilger, um mit den Priesterinnen die Mysterien zu feiern und «die Werke der Aphrodite zu pflegen».
Daidalos, der geniale und «kunstreiche» Erfinder, hat der Aphrodite auf dem Eryx gehuldigt und – nach dem Bericht des Diodor – als Weihegeschenk aus purem Gold eine makellos nachgebildete Bienenwabe geschaffen. Vielleicht war es eine Dankgabe, nachdem ihn die durch Wachs gehaltenen Federflügel auf seiner Flucht von Kreta übers Meer getragen hatten und er auf Sizilien Zuflucht fand. Es wäre auch denkbar, daß Daidalos der Erbauer des ersten Aphroditetempels auf dem Eryx war und daß die älteste Verteidigungsanlage, von der noch ein Stück der mörtellosen Grundmauer erhalten ist, sein Werk war. Aber weder vom alten Tempel noch von der goldenen Bienenwabe sind Spuren geblieben. Die umherliegenden Säulenreste stammen aus viel späterer Zeit. Auch die wenigen noch erhaltenen Weihegeschenke, die im Museo Comunale von Erice aufbewahrt werden, sind spätere Stiftungen: rührend einfache Geräte und kleine

Kunstarbeiten, versehen mit den aphroditischen Symbolen, Eroten mit Adler und Schwan und Tonlampen in Form einer Taube. Die ganze Anmut und frauliche Würde der süßen Herrin, der menschenbeglückenden Aphrodite Pandemos ist eingefangen in einem kleinen Aphroditekopf aus dem vierten Jahrhundert vor Christus, dem schönsten Stück des Museums.
Nach der römischen Kaiserzeit erloschen auch die Altarfeuer auf dem Berg, nachdem die Römer in der Verehrung ihrer Venus Vulgivaga dem Verständnis der ursprünglichen Mysterien schon entfremdet waren und die sakrale Prostitution mehr und mehr vulgäre Formen angenommen hatte. Aber noch immer umflattern die Tauben der Astarte den Berg und den verfallenen Weihebrunnen, fühlen sie sich in den kleinen brüchigen Mauernischen heimisch. Die schöne Faszination dieses mythischen Ortes zwischen Himmel, Meer und Land blieb unberührt. Wenn noch heute – wie es schon der arabische Reisende und Chronist Ibn Jubair fand – die Frauen von Erice als die schönsten ganz Siziliens gelten, so mag auch darin die Erinnerung an die Liebesgöttin und ihre tausend Dienerinnen weiterleben.

TRAPANI,
THUNFISCHFANG UND SALZGÄRTEN

Trapani, so heißt es, sei die arabischste aller sizilianischen Städte. Aber die sichtbaren Spuren der Sarazenen sind gering und scheinen mehr in bestimmten Lebensformen und Bräuchen nachzuwirken. Auffallend ist der orientalisch anmutende Singsang, mit dem die Händler in der Altstadt oder auf dem Fischmarkt ihre Waren anpreisen. Bald wird man auch zu hören bekommen, daß das Leibgericht der Trapanesen, der Cuscusù [nichts für zarte Gaumen], arabischen Ursprungs ist. [Kuskus ist noch heute nordafrikanische Nationalspeise; doch die Trapanesen geben dem Kuskus-Brei nicht das übliche Hammelfleisch, sondern eine kräftig gewürzte Fischsuppe hinzu.] Solche Eigenheiten würzen die Atmosphäre Trapanis, die im Grunde mediterran hafenstädtisch ist. Daß Trapani am äußersten Rand Europas liegt, seit altersher Sprungbrett nach Nordafrika und zum Orient, gibt seiner Atmosphäre etwas prickelnd Abenteuerliches.
Das heutige Trapani ist eine lebhafte, aufwärtsstrebende Stadt. Die alten Erwerbszweige, Weinbau, Baumwollverarbeitung, Fischfang, Salzgewinnung, haben immer noch den Vorrang. Aber ein für südliche Verhältnisse erstaunlich wacher, tatkräftiger Zug zur Modernisierung und Industrialisierung ist allenthalben zu spüren. Für die Baumwollverarbeitung und Fischkonservierung entstanden in jüngster Zeit eine Reihe moderner Industrieanlagen. Auch baulich hat sich Trapani nach den Kriegszerstörungen durch einen zügigen Wiederaufbau modernisiert. Was an alten, sehenswerten Gebäuden, Kirchen, Palästen erhalten ist, trägt im wesentlichen die Züge des spanischen Barock.

Die Orientierung in der Stadt ist leicht. Der Corso, die Hauptstraße, durchschneidet der Länge nach die schmale sichelförmige Landzunge, auf der dichtgedrängt die Häuser Trapanis stehen, und endet am Meer. Die querlaufenden Straßen und Gassen führen zum südlichen Kai mit den an der Kaimauer zum Trocknen und Flicken ausgebreiteten Netzen der Fischer und dem großen, betriebsamen Hafen – oder zum nördlichen Kai mit der Pescherìa, dem Fischmarkt. Die Marktzeiten verbürgen ein Schauspiel, wie es nur ein südlich-mediterraner Hafen zu zeigen vermag. Aber reizvoll ist auch der Weg am Ufer entlang bis zum äußersten Ende der Sichel, dem vorgeschobenen Turm von Ligny, zur Stunde des Sonnenuntergangs, wenn die Ägadischen Inseln wie Schattenungetüme auf dem dunklen Meer liegen.
Im Bereich der Altstadt wird man neben häufigen Nachbildungen einige schöne barocke und mittelalterliche Bauten entdecken. Die älteste Kirche ist die einst den Tempelrittern gehörende *Chiesa Sant'Agostino* [frühes 14. Jh.] mit gotischem Portal und chiaramontanen Bögen. Sie steht in der Nähe der *Kathedrale* [17. Jh., Fassade aus dem 18. Jh.]. In der Kirche *Santa Maria del Gesù* [15. Jh.] befindet sich unter einem Baldachin von Antonello Gagini eine Madonnenstatue von Andrea della Robbia. Von den weltlichen Bauten sind erwähnenswert das Haus der Bank von Sizilien mit einem Portal aus dem vierzehnten Jahrhundert und der mächtige Palazzo della Giudecca [auch Palazzo Ciambra genannt], in seiner Architektur, im Portal- und Fensterschmuck ein eindrucksvolles Beispiel des gotisch-katalanischen Stils.
Das bekannteste und reichste Bauwerk steht im Osten der Stadt, auf dem Weg nach Erice. Es ist die vielbesuchte Wallfahrtskirche, das *Santuario della Annunziata*. Begonnen im vierzehnten Jahrhundert und 1760 vollständig umgestaltet, zeigt die Kirche den für Sizilien typischen Mischstil, in dem gotische und spanisch-barocke Elemente vorherrschen. Die Verehrung der Gläubigen gilt der

wundertätigen Madonna di Trapani, einer weißen Marmorstatue von Nino Pisano oder aus seiner Schule [14. Jh.]. Nach der Legende soll die Statue auf einem wracken Schiff aus Pisa nach Trapani gekommen sein. Sie steht in der Madonnenkapelle unter einem steinernen Baldachin, umgeben von unzähligen für einen solchen Ort typischen Zeichen des Dankes und frommer Verehrung, von Votivgaben, Weiheschmuck, Kerzen und Blumen.
Neben der Annunziata, in einem alten Klostergebäude mit Renaissancekreuzgang, befindet sich das *Museo Pépoli* [benannt nach dem Stifter Graf Agostino Pépoli, 1914 gegründet und erst jüngst neu geordnet]. Der Großteil der Sammlung stammt aus der Renaissance und Barockzeit, darunter schöne Skulpturen und Reliefs von Serpotta, von Domenico Gagini, dem gebürtigen Tessiner, und seinem Sohn Antonello. Man begegnet in Sizilien keinem Künstlernamen öfter als dem der Gagini. Kirchen in allen Gegenden der Insel sind mit den gefälligen, liebenswert bewegten Bildhauerarbeiten der beiden Gagini, insbesondere des jüngeren Antonello [gestorben 1536], aber auch mit den Werken ihrer Nachkommen ausgeschmückt. Der wichtigste Teil der Sammlung Pépoli ist die allgemein weniger beachtete kunsthandwerkliche Abteilung. Hier werden kostbare Majoliken und Silberschmiedearbeiten und die für Trapani charakteristischen Korallenarbeiten gezeigt, Schmuckwerk und kleine Schnitzereien in leuchtendem Rot. Das einst berühmte trapanesische Kunsthandwerk der Korallenverarbeitung ist heute, nach dem Erliegen der Korallenfischerei, ausgestorben.
Ein seit der Barockzeit begangener religiöser Brauch ist die Karfreitagsprozession, ein wahres Volksschauspiel, bei dem ganz Trapani auf den Beinen ist. In der Nacht, bei Fackeln und Kerzenschein, zieht die Processione dei Misteri durch die Straßen der Stadt. Gespensterhaft wirken die Gruppen der Zünfte mit ihren weiten schwarzen und bunten Mänteln und den spitz-

hütigen Masken mit Augenlöchern. Alles bewegliche, festlich glitzernde Inventar der Kirchen wird mitgetragen: Figuren, Bilder, Wachsstöcke, Fahnen, Standarten und zahllose Blumengebinde. Den Höhepunkt bilden die auf Gerüsten mitgeführten zwanzig lebensgroßen Holzstatuen, die Szenen aus der Passionsgeschichte darstellen.

Von jeher war Trapanis Schicksal abhängig vom Meer. Das gilt für die historisch-politische Entwicklung der Stadt wie für das wirtschaftliche Leben. Auch wenn der Weinbau und die Baumwollkulturen gewachsen sind, während etwa die einst ertragreiche Schwammfischerei zurückfiel, so ist Trapanis wirtschaftliche Bedeutung im besonderen mit zwei Erwerbszweigen verknüpft, die dem Meer zu verdanken sind: dem Thunfischfang und der Gewinnung von Meersalz. Von den in italienischen Gewässern gefangenen Thunfischen kommt aus dem Meer bei Trapani etwa die Hälfte. Das Salz von Trapani wird als das beste der Welt bezeichnet, und Trapani verfügt über die größten Salinen Italiens. In den letzten Maitagen, wenn ganze Scharen von Thunfischen zum Laichen die seichteren Gewässer aufsuchen, findet die dramatische und blutige Mattanza del Tonno, das Schlachten der Thunfische, statt. Die Schwärme werden durch ein weitläufiges Netzwerk in sogenannte Todeskammern getrieben, an die Wasseroberfläche gezogen und aus den rundum liegenden Booten harpuniert und mit langen Messern abgestochen. Wütend um sich peitschend, wehrt sich der schwere, zwei Meter lange Thun gegen das Gemetzel, bis er erschlafft und den Todesstoß erhält. Es ist ein rauschhaftes, erbarmungsloses Schauspiel von brutalem Reiz, das – wie man sagt – nach uraltem Ritus vollzogen wird. Die Mattanza wird begleitet vom Singen und Beten der Fischer. Ihr Anführer trägt merkwürdigerweise den afrikanischen Titel eines Rais. Von Trapani aus fahren die Boote mit schaulustigen Touristen zu den Hauptfangplätzen vor *Favignana* und den kleinen Ägadischen Inseln. Favignana und Lévanzo liegen etwa siebzehn Kilometer vor Trapani. Auch außerhalb der Mattanza lohnt sich die Fahrt mit dem Postdampfer oder Motorboot zu den Inseln. Auf *Lévanzo* wurden – wie in der Addaura-Grotte bei Palermo – in jüngster Zeit Sgraffito-Zeichnungen und farbige Tier- und Menschenbilder entdeckt, die zu den besten Zeugnissen der paläolithischen Kunst gehören.

Ein Besuch der Salzgärten in der Hafengegend und weiter südlich von Trapani ist weniger aufregend als die Mattanza. Der Gang über die aufgeschütteten Wege zwischen den Salzpfannen und schmalen eingedämmten Lagunen führt in eine andere Welt. Eine Landschaft aus Salz: Salzgärten, Salzteiche, aufgetürmte Salzhügel, die zum Schutz vor Regengüssen mit Ziegeln abgedeckt sind. Die Umkehrung ist frappierend: Aus den Sümpfen schimmert es nicht modrig dunkel, sondern weiß herauf. Überall ist das strenge, bald stumpfe, bald glitzernde Weiß. Selbst das Tageslicht gewinnt hier eine weißflimmernde Helligkeit. Die Lagunen sind von schmalen Kanälen durchzogen, auf denen die flachen Salinenboote langsam dahingleiten. Die Krönung dieses labyrinthischen riesigen, an die tausend Hektar großen Salzreviers sind die weißgekalkten, mit großen drehenden Fächerflügeln versehenen Windmühlen. In ihrem Mahlwerk werden die Salzklumpen zerkleinert und zermahlen. Noch einmal wird man die Salzmühlen erblicken und an den Salzgärten entlangfahren, wenn man die Stadt verlassen hat und auf der meernahen Straße südwärts nach dem dreißig Kilometer entfernten Marsala fährt.

MARSALA, STADT DES SÜSSEN WEINS

Schon etliche Kilometer vor der Stadt bekommt man den feinen, aromatischen Duft des Weins in die Nase. *Marsala* lebt vom Wein. In der Stadt begegnen wir allenthalben Karren mit Weinfässern, und am Hafen lagern Stapel von Exportfässern mit dem schwarzen Aufdruck des Stadtnamens. Immer noch gilt der «Marsala», der goldgelbe würzige Dessertwein, als Weltmarke, auch wenn der Export durch die wachsende ausländische Konkurrenz merklich zurückgegangen ist und nun im Jahresdurchschnitt etwa fünfhunderttausend Hektoliter ausmacht. Von den mehr als zweihundert «Stabilimenti», regelrechten Weinfabriken, liegen die größten in Hafennähe, südlich der Stadt.

Der typische Marsala ist eine englische Erfindung und entspricht durchaus dem englischen Geschmack. Der Engländer John Woodhouse stellte im Jahre 1773 durch eine besondere Mischung und Kelterung den ersten Marsala her. Die von ihm gegründete Firma besteht noch heute. Weitere englische Gründungen brachten dem Marsala Weltgeltung. Das ist kurios, aber dem portugiesischen Portwein erging es ähnlich. Natürlich haben auch alteingesessene sizilianische und italienische Kellereien ihren Anteil an der Entwicklung des Marsalaweins: die Florio, Figuccia, Martinez, Pellegrino und viele andere. Die Fässer mit ihren Firmennamen verbürgen einen guten, sauberen Wein. Kein Marsalabesucher sollte versäumen, eine der Kellereien aufzusuchen und der althergebrachten Kelterung, bei der die Trauben mit bloßen Füßen gestampft werden, oder der moderneren Fabrikation zuzuschauen.

Es ist kein Geheimnis, daß die Spitzenqualität, der naturedle, langjährig abgelagerte Wein selbst in Marsala rar geworden ist. Die Fabrikation ist auf schnelleren Umsatz angewiesen. Für den normalen Tafelwein wird die Herstellung und Alterung künstlich beschleunigt. Hierzu wird der Wein in großen Kesseln abwechselnd erhitzt und abgekühlt; außerdem wird ihm gekochter Most beigemischt. Geschmack und Farbe des Weins beruhen neben der besonderen Kelterung auf der Mischung verschiedener Traubensorten, wobei die weiße süßliche Grillo-Traube vorgezogen wird. Etwa die Hälfte der genutzten Bodenfläche dieser westlichen Provinz gehört dem Weinbau. Landeinwärts bis nach Alcamo, Salemi, Castelvetrano, Mazara del Vallo erstrecken sich die Weingärten, aus deren Erträgen der Marsala gewonnen wird.

Marsala steht heute im Schatten der rührigen Provinzhauptstadt Trapani. Auch der Hafen, der vorwiegend dem Weinexport dient, hat geringere Bedeutung als Trapani. Bis ins späte Mittelalter war es umgekehrt, und einige antike Reste in Marsala und Umgebung geben ein beredtes Bild vergangenen Glanzes. Vor einigen Jahren wurde nahe dem Meer und dem nördlichen Badestrand eine prächtige römische Thermenanlage aus dem dritten Jahrhundert vor Christus freigelegt. Die Böden sind mit bunten figürlichen und ornamentalen Mosaiken ausgelegt, besonders schön das Bild von Löwen, die Hirsche und Gazellen jagen. Die Römer hatten nach neunjähriger Belagerung 241 vor Christus die punische Festung Lilybaeum, das heutige Marsala, erobert und verwalteten von hier aus Westsizilien.

Die erste nachweisliche Bedeutung erlangte Lilybaeum, als der Syrakusaner Dionysios I. 397 vor Christus das im Golf von Stagnone gelegene Motya [heute Mozia] zerstörte und die überlebenden Punier sich in Lilybaeum ansiedelten. Sie bauten Lilybaeum zu einer starken Festung aus, von der Mauerreste nördlich der Stadt erhalten sind. Ein elymisches Dorf, das bei dem Orakelbrunnen der lilybaeischen Sibylle gestanden haben soll, ist die wohl älteste Zelle des heutigen Marsala. Dieser Brunnen wurde in einer Grotte der kleinen Chiesa *San Giovanni Battista* im Westen der Stadt entdeckt. Daß die Grotte die Begräbnisstätte der cumaeischen Sibylle sei, hat sich als unglaubhaft erwiesen.

Von besonderem Reiz ist eine Bootsfahrt zu der nicht weit entfernten Insel *San Pantaleo* nördlich von Marsala im Golf von Stagnone. Auf dieser kleinen idyllischen, üppig bewachsenen Insel lag das alte Motya, eine der ältesten befestigten phönizischen Handelsniederlassungen. Teile der antiken Stadtmauern und ihrer Tore, Reste eines Tempels und einiger Häuser wurden freigelegt. Das kleine Inselmuseum birgt bedeutende archäologische Funde aus dem siebten und sechsten Jahrhundert vor Christus, die vor allem aus den Grabstätten des alten Motya stammen.

Motya und Lilybaeum gehören der Vergangenheit an. Lediglich der Name des Kaps Lilibeo blieb als Capo Boéo erhalten. Der Stadtname Marsala weist auf eine viel jüngere Zeit und eine völlig veränderte Situation. Die Sarazenen, die von dieser südwestlichen Küste aus im neunten Jahrhundert Sizilien eroberten, gaben der Hafenstadt den Namen Masr-Allah, Gotteshafen, woraus Marsala wurde.

Den Mittelpunkt des heutigen Marsala bildet die Piazza della Repubblica mit der wuchtigen, unvollendet gebliebenen Barockfassade des Doms. Der ursprünglich normannische Dom wurde mehrfach umgebaut und wirkt heute ganz und gar als ein Barockdom des achtzehnten Jahrhunderts. In seinem hellen, weiträumigen Innern wird man interessante Teile der älteren Ausstattung entdecken, so das alte Taufbecken, eine große antik-griechische Marmorvase. Unter den zahlreichen Skulpturen befinden sich gute Arbeiten des produktiven Antonello Gagini aus dem frühen sechzehnten Jahrhundert. Schönster und vielgepriesener

Schmuck des Doms sind acht flämische Wandteppiche aus dem sechzehnten Jahrhundert. Sie zeigen Szenen aus dem Kriegszug des Kaisers Titus gegen Jerusalem und wurden von Philipp II. für den Dom gestiftet.

Von den übrigen Kirchen verdient außer der kleinen Chiesa *San Giovanni* mit der Grotte und Quelle der Sibylle die nahe dem Dom gelegene Chiesa *del Carmine* unsere Beachtung. In ihr befindet sich eine anmutige Madonnenstatue, die Laurana zugeschrieben wird, und ein beachtliches Grabmal für Antonio Grignano, das Domenico Gagini 1474 geschaffen hat.

Wir begegnen in Marsalas Straßen bäuerlich gesunden, regsamen und gewitzten Menschen. Ihrem Lebensmut und ihrer Tatkraft ist es zu danken, daß die im letzten Krieg durch mehrere Luftangriffe zerstörte Stadt wieder völlig aufgebaut wurde und der Weinexport nun wieder blüht. Das verheerendste Bombardement war am 11. Mai 1943, am gleichen Tag, an dem 1860 Garibaldi mit seinen «Tausend» in Marsala gelandet war und von hier aus seinen Befreiungsmarsch antrat. Wenn man das *Garibaldi-Denkmal* nahe dem Meer aufsucht, sollte man sich der Doppelsinnigkeit des nationalen Befreiungstages erinnern.

LÄNGS DER SÜDLICHEN KÜSTE

Von Marsala aus fahren wir südöstlich die Staatsstraße 115 und erreichen nach zwanzig Kilometern Mazara del Vallo, das erste Hafenstädtchen an der Südküste. Die Nordafrika zugekehrte Südküste wird allgemein die afrikanische Küste genannt. Charakter und Struktur der bald hügeligen, bald uferflachen Landschaft entsprechen den Formationen Nordafrikas; ein ausgeglühter, unfruchtbarer ton- und mergelhaltiger Boden, dazwischen Grassteppe und uferwärts niedere Sanddünen. Nur am Anfang der Strecke, um Menfi und Sciacca, trägt der aufgebesserte Boden kleine goldleuchtende Weizenfluren. Die Fahrt durch das küstennahe Hügelland nach Menfi und Sciacca ist der schönste Teil der Staatsstraße 115, mit herrlichen Ausblicken auf das Meer und das Bergland im Inselinnern, bis schließlich *Sciacca*, weiß leuchtend, eine Märchenstadt, vor den Blicken liegt. Hinter Sciacca wird das Land zusehends öder, um dann wieder nach dem Schwefelhafen Porto Empédocle mit der Hügelstadt Agrigento und dem Tal der Tempel einen freundlich belebten Akzent zu bekommen. Die Reststrecke bis Gela führt bald durch dürftiges, ausgemergeltes Hügelland, bald unmittelbar am Meer entlang. Die ganze Küstenstrecke von Mazara del Vallo bis Gela [210 km] wäre leicht an einem Tag zu durchmessen, lägen nicht Selinunt und Agrigento auf der Strecke.

Aber noch befinden wir uns am Anfang der Strecke, in der Ebene zwischen Marsala, Mazara del Vallo und Castelvetrano, und Selinunt ist nahe. Am Anfang sehen wir noch Weinkulturen und Mandelgärten, rot- und weißblühende Blumengärten in der

Nähe seitlich der Straße liegender vereinzelter Häuser. Es sind weiße, kubische, zinnengeschmückte Bauten, gelegentlich mit einer Kuppel versehen. Umflimmert von heißer, trockener Luft erscheinen sie als unwirkliche Gebilde. Die Erde ist glutwarm, rot und ockerfarben. Später wird die Vegetation dürftiger, die Flecken mit dürrem Steppengras mehren sich. Nur die Ölbäume und Kaktusstauden, vereinzelte Pinien und Opuntien bleiben.

Ein Abstecher nach *Mazara del Vallo!* Auch diese heute stille Hafenstadt hat teil an der großen Geschichte. Wie Marsala geht Mazara auf eine phönizische Gründung zurück, geriet aber später ganz in den Einflußbereich Selinunts. Einen ersten Aufschwung brachten die Sarazenen, die in der Nähe Mazaras, im südlich gelegenen Torretto Granitola, 827 zum erstenmal sizilischen Boden betraten und von hier aus die Insel eroberten. Das heutige Städtchen erinnert in seinen ältesten Bauten, Kirchen, Palazzi an die Normannenzeit und das spanische Barock. Markant und eindrucksvoll der quadratische Kuppelbau von *San Nicolo Regale* [12. Jh.]. Die Kathedrale aus dem elften Jahrhundert, jedoch Ende des siebzehnten Jahrhunderts völlig umgebaut, zeigt auf dem Portalrelief den Normannen Roger I. zu Pferd. Roger hat hier im elften Jahrhundert residiert und das Kastell erbauen lassen. Heute ist Mazara ein friedliches, heiteres Hafenstädtchen. An der Mündung des Flusses Mazaro liegt der provinziell lebhafte Fischereihafen, in dem zahlreiche Fischkutter und Segelbarken ankern. Zugleich ist Mazara Ausgangspunkt für eine Fahrt zur Insel Pantelleria zwischen Sizilien und Tunis.

Die Steinbrüche von Campobello

Unser nächstes Ziel ist Selinunt, und wir fahren ostwärts weiter nach dem fünfzehn Kilometer entfernten *Campobello di Mazara.*

In dem bekannten Weinort halten wir an, um Vorrat einzukaufen: Wein, Weißbrot, Käse und Früchte; unsere übliche Mahlzeit, wenn wir nicht gerade einkehren, leicht und bekömmlich [wenn der schwere Landwein entsprechend verdünnt wird]. Am Obststand auf der Straße spricht uns eine Junge an, ob wir nicht die «grandi Cave» sehen wollten. Wir hatten es fast vergessen: Bei Campobello lag die riesige Materialkammer für die Selinunter Tempelbauten. Kurz vor Campobello zweigt von der Straße nach Mazara links eine schmale Feldstraße ab, die nach gut drei Kilometer zu den antiken Steinbrüchen, den Rocce di Cusa, führt. Sie sind nicht so berühmt wie die Latomien von Syrakus. Aber ein besonderer Umstand macht den Besuch zum Erlebnis. Als im Jahre 409 vor Christus die karthagische Kriegsflotte vor Selinus auftauchte und die Schicksalsstunde der Griechenstadt schlug, ließen die Steinmetzen und Hauer in den Steinbrüchen ihre fertigen, halbfertigen und begonnenen Arbeiten stehen und liegen und flohen in wilder, panikartiger Flucht nach Agrigent. So liegt noch heute die riesige Werkstätte der Cave di Cusa, wie sie vor fast zweieinhalbtausend Jahren verlassen wurde.
Heute erstrecken sich bis an den Rand des Kalksteinbandes die Rebgärten von Campobello. Auf den felsigen Kalkgrund mit den Steintrümmern hat sich Sand und eine dünne Humusschicht abgesetzt. Verstepptes Gras und niederes Gebüsch, Zwergpalmen, Ölbäume und Feigenbäume wachsen hier. Zwischen dem Wildwuchs, bald umwuchert, bald deutlich erkennbar, Steinblöcke, Säulentrommeln, Architrave, die Spuren menschlicher Arbeit, wie gestern liegen gelassen. Wir erkennen die Hohlformen ausgeschnittener Stücke, die in den Fels geritzten Rundformen, angedeutet oder schon zu metertiefen Spalten vorgetrieben. Hier hatten die Steinhauer ihre Holzkeile angesetzt, in den Fels getrieben, das Holz genäßt, damit es sich ausdehnend Stück für Stück die gewünschte Form vom Felsgrund abspalte. Eine

langwierige, mühselige Arbeit. Wir sehen rohe Säulenstümpfe, deren Basis noch mit dem Fels verwachsen ist, oder halbfertige, noch nicht geglättete Trommeln. Fertige Steine und Säulentrommeln liegen herum, als warteten sie auf das Ochsengespann, das sie nach dem zehn Kilometer entfernten Selinunt ziehen soll. Die Ausmaße einzelner Stücke lassen noch erkennen, daß sie für den unvollendet gebliebenen Tempel G bestimmt waren.
Von einem erhöhten Punkt aus blicken wir über das graubraune Flachland ringsum, sehen die angrenzenden bebauten Felder, sehen das Dorf Campobello und etwas ferner seitlich Castelvetrano. Meerwärts zieht sich eine sandige, versteppte Einöde, hinter der die verfallenen Tempel von Selinunt liegen.
Selinunt ist von Compobello aus direkt erreichbar [10 km] auf einer Seitenstraße. Freilich, eigentlicher Ausgangspunkt für den Besuch der Tempelruinen ist das sieben Kilometer landeinwärts von Campobello liegende Landstädtchen Castelvetrano. Einfach darum, weil es sich für einen ergiebigeren Besuch Selinunts empfiehlt, in der Nähe ein Nachtquartier zu nehmen. Castelvetrano verfügt über ein paar kleine, preiswerte Hotels und ein gepflegteres Jolly-Hotel. Von hier aus hat man direkte Bahnverbindung mit dem Fischerdorf Marinella bei Selinunt oder fährt auf guter Landstraße [14 km] zu den Tempelruinen.
Castelvetrano, ein typisches provinzielles Land- und Handelsstädtchen, gehört noch zum Weinbaugebiet von Marsala. Hier reifen die besten Oliven Siziliens. Hauptanziehungspunkt Castelvetranos ist der berühmte bronzene Ephebe, der einzige

164 Das Portal der Chiesa Madre in Castelvetrano, Basilikabau aus dem 16. Jahrhundert

165 Der Hof in Castelvetrano, in dem der von der Mafia ermordete Rebell Giuliano gefunden wurde

Bronzefund aus Selinunt. Eine zarte, sehnige Jünglingsgestalt mit vorgestreckter Hand, mit ernst blickenden großen Augen und Lockenkranz, ein Werk von vollendeter plastischer Schönheit, das um 460 vor Christus geschaffen wurde. Die Statue, die zu den zwanzig wertvollsten Kunstobjekten Italiens gehört, wurde 1962 aus dem schlecht gesicherten Arbeitszimmer des Bürgermeisters geraubt und kehrte nach sechsjähriger abenteuerlicher Fahndung 1968 nach Castelvetrano zurück.

Obwohl wir mit den Steinbrüchen bei Campobello und dem bronzenen Epheben die ersten bedeutenden Anzeichen der Magna Graecia erreicht haben, sei noch ein kleiner Ausflug in die Normannenzeit erwähnt. In der Nähe Castelvetranos, auf einer Nebenstraße nach Westen erreichbar [5 km], begegnen wir noch einmal in einem gut erhaltenen und ausgezeichnet restaurierten Bauwerk dem goldenen Jahrhundert. Auf kleiner Anhöhe in einem Park, von Palmen, Eukalyptus und Feigenbäumen umstanden, liegt die Kirche *Santa Trinità di Delia*, von den Normannen im zwölften Jahrhundert erbaut. Ein byzantinischer Zentralbau mit Kuppel, noch einmal erinnernd an das Zusammenwirken normannischer und arabischer Baukunst.

Die verfallenen Tempel von Selinunt

Wo immer die Griechen im achten und siebten Jahrhundert vor Christus an den Küsten Siziliens ihre Kolonien gründeten, bevorzugten sie das fruchtbare Mündungsgebiet kleiner Flüsse mit waldreichem Bergland im Hintergrund. So entstanden Naxos, Syrakus, Catania an der Ostküste, Messina und Himera im Norden, Gela und Agrigent an der Südküste. Selinunt, das antike Selinus, im siebten Jahrhundert vor Christus von Kaufleuten aus Megara Hyblaea [nördlich von Syrakus] gegründet, war der äußerste westliche Vorposten der Griechen. Gleich am Meer, auf zwei kleinen flachen, von einem Flüßchen geteilten Hügeln, lag die antike Stadt. Es war ein idyllischer Platz, zudem wegen der Nähe zu den karthagischen Niederlassungen und der kürzesten Verbindung nach Karthago günstig für den Handel. Selinus blühte rasch auf und kam zu Reichtum und Ansehen. Mit seinen acht Tempeln war Selinus neben Akragas [Agrigent] die größte griechische Tempelstadt Siziliens.

Aber die großartig begonnene Geschichte der antiken Stadt währte kaum zweihundertfünfzig Jahre. Sie brach jäh ab und blieb ohne nennenswerte Fortsetzung. Menschengewalt und Naturgewalt hatten zusammengewirkt, das stolze Selinus für immer auszulöschen. Es blieb allein eine gigantische Trümmerstätte übereinandergestürzter Säulen, Architrave und Kapitelle, noch in der totalen Zerstörung die einstige Größe bezeugend, noch immer faszinierend, eine der eindrucksvollsten Stätten der Insel.

Als die Inselgriechen nach ihrem Sieg über die Punier bei Himera [480 v. Chr.] ihre Kräfte sammelten, schlossen sich die Selinunter den Siegern an und machten sich Karthago zum Feind. So kam es, daß die Karthager im Jahre 409 vor Christus mit einer mächtigen Kriegsflotte Selinus belagerten. Nach neun Tagen besetzten sie Selinus und machten die Stadt dem Erdboden gleich. Von den Bewohnern sollen sechzehntausend erschlagen und mehrere tausend als Gefangene und Sklaven weggeführt worden sein. Nur eine geringe Zahl konnte nach Akragas entfliehen.

Allein die Tempel, zum Teil noch unfertig, überdauerten den Ansturm der Karthager. Aber sie fielen – Jahrhunderte später – den Naturgewalten zum Opfer. Erdstöße haben die mächtigen Säulen geknickt wie Halme. Sie stürzten über ein byzantinisches Dorf, das auf der einstigen Akropolis errichtet worden war und dessen Trümmer Anhaltspunkte zur ungefähren Zeit-

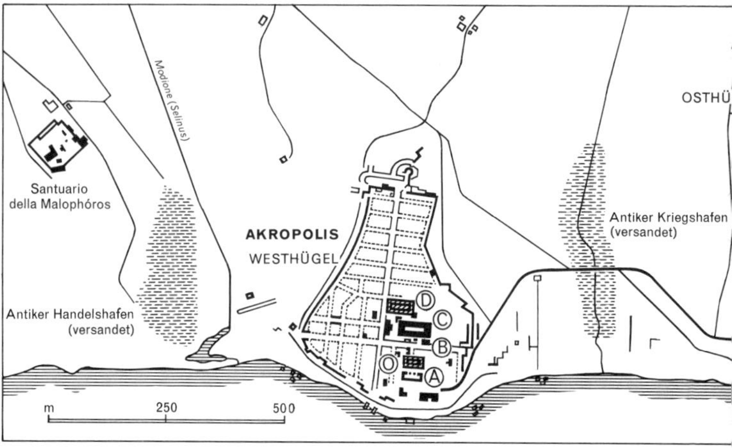

bestimmung der Erdstöße geben. Von den Arabern stammt der Name Rahl'-al-Asnám, Dorf der Pfeiler, der noch lange abgewandelt in dem italienisierten Pilieri dei Giganti weiterlebte. Flugsand deckte die Trümmerstätte zu, legte sich auf die Ruinen der Akropolis und ließ nur noch die gewaltigen Blöcke und Steine der Tempel wie wirr übereinandergeworfene Kinderbauklötze herausragen. Die Menschen mieden den Ort, der alte Name war vergessen, bis man im entdeckungsfreudigen neunzehnten Jahrhundert daranging, die verfallene Stätte zu erforschen.

Wir kommen auf dem üblichen Weg von Castelvetrano her und erreichen zuerst den östlichen Hügel mit den drei Tempeln G, E und F. [Da die Bestimmung der einzelnen Tempel ungewiß ist, wurden sie mit Buchstaben bezeichnet. Ein abstraktes Verfahren, aber doch wohl sinnvoller als die erfundenen Tempelnamen von Agrigent.] Seitlich der Straße liegen die ersten Tempelruinen, umwuchert von Gras und Macchiakraut. Dazwischen Streifen

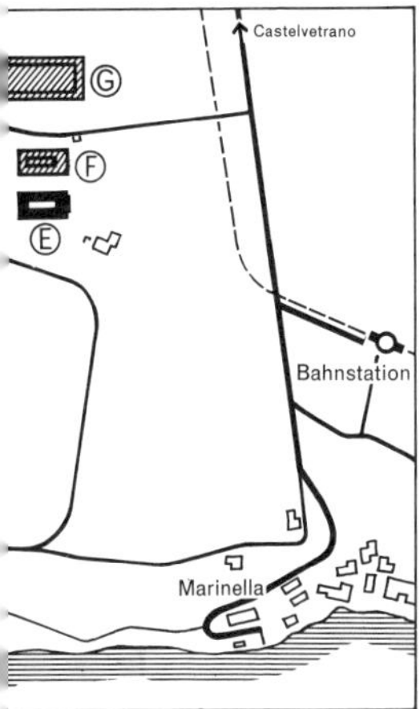

SELINUNTE

Die Buchstaben entsprechen den offiziellen Tempelbezeichnungen

Tempel E, der Hera geweiht, ist wiedererrichtet
Tempel C, dem Herakles geweiht,
12 Säulen aufgerichtet
Der größte Tempel G war Apollo geweiht

bebauten Landes, bis an die Steinkolosse reichend, die niemand wegheben konnte. Eines der Kapitelle des Tempels G hat man zersägen müssen, um es nach Palermo ins Museo Nazionale bringen zu können. In der Nähe der riesigen zerbrochenen Säulen, der Steintrommeln und megalithischen Blöcke steigen wie zum Spott die armdicken Blütenschäfte von Agaven in den Himmel. Wer über das Steingebirge klettert, der sieht Scharen von Eidechsen, jadegrün und goldgelb schimmernd, vorüberhuschen. Lichtüberflutet liegen die hellen graugelben Steinblöcke ringsum.
Die romantische Verführung eines solchen Ortes ist groß. Wir trafen am Rande der ersten Tempelruine eine Reisegesellschaft, deren Leiter metaphernfreudig einem Griechenideal «stiller Einfalt» huldigte, das Selinunt und überhaupt dem sizilischen Griechentum am allerwenigsten gerecht wird. In den Ausbrüchen finsterer Gewalt, der Tyrannis der Herrscher, selbst in den titanischen Tempelbauten – unter welchen drakonischen Umstän-

den erbaut!, «ein Werk der Hybris, nicht der Frömmigkeit» [Vincent Cronin] – in alldem waren andere, vitalere Kräfte wirksam. Es ist auch bezeichnend, daß die gewaltigsten Griechentempel trotz jahrzehntelanger Mühen unvollendet blieben: der Zeus-Tempel von Agrigent und der Tempel G von Selinunt, deren Maße alle dorischen Tempel übertreffen sollten.
Die für den Besucher interessantesten Tempel Selinunts sind die Tempel G und E. Es sind, neben dem Tempel C auf der Akropolis, die einzigen Heiligtümer, die mit einiger Wahrscheinlichkeit bestimmbar sind. Der gigantische Tempel G, vielleicht dem Apollo geweiht, maß etwa hundertzehn auf fünfzig Meter. Das Steingebirge verlockt dazu, sich ihm zu nähern und über die wirr aufgetürmten Blöcke zu klettern. Der Tempel E, vermutlich ein Hera-Heiligtum, ist in unseren Tagen durch ein außerordentliches Experiment berühmt geworden. Italienische Archäologen haben den Tempel fast vollständig wieder aufgerichtet, Stück für Stück das herumliegende Material zum originalen Tempel wieder zusammengefügt. Bei einer Tempellänge von siebzig Meter mit je fünfzehn Säulen an den Längsseiten, einer Breite von achtundzwanzig Meter mit je sechs Säulen an den Schmalseiten – eine großartige Leistung. Die schönsten Metopen, die im Museo Nazionale in Palermo gezeigt werden [vgl. «Die Antike – im Museum»], schmückten einst diesen Tempel. Er ist in seiner reinen Dorik [5. Jh.] der edelste der Selinunter Tempel.
Auch auf der Akropolis, die hinter einer Senke auf der westlichen Hügelfläche lag, ist 1927 eine Säulenreihe wieder errichtet worden, die weithin sichtbar das Trümmerfeld überragt: zwölf Säulen mit einem Architravstück des Tempels C, der vielleicht dem Herakles heilig war. Dieser hocharchaische Tempel [580–570 v. Chr. erbaut] hatte in seinen Maßen noch nicht die vollendete Harmonie des Tempels E. Auch die ihm zugehörenden Metopen, die wir im palermitanischen Museum sahen, zeigen noch

Säulen und Tempelstufen des Tempels C auf der Akropolis von Selinunt

Formen einer bildnerischen Frühstufe: plumpe, unproportionierte Körper, starrer Geradeaus-Blick, seitlich gestellte Füße. Wie belebt und elegant wirken dagegen die fast hundert Jahre später entstandenen Reliefs des Tempels E.

Mit seinen zweiundvierzig Säulen war der Tempel C der größte auf der Akropolis. An den Seiten der gepflasterten, geraden und sich rechtwinklig schneidenden Straßen, die heute von Gestrüpp überwuchert sind, lagen die anderen Tempel. Die Akropolis war rings von einer Mauer umgeben. Es muß eine klug und weitläufig geplante Stadt gewesen sein. Doch die Zerstörung war vollständig. Was bisher zutage kam, ist dürftig. Die beiden Meeresarme mit den natürlichen Häfen, die einst die Landzunge der Akropolis eingrenzten, sind verschlammt und verlandet. Aber immer noch wächst verstreut auf dem Hügel, zwischen den Ruinen und auf den überwachsenen Straßen der wilde Sellerie [griechisch selinon], der dem Flüßchen westlich der Akropolis [heute Modione] und der Stadt den Namen gab. Auf den selinuntischen Münzen ist das Sellerieblatt als Wahrzeichen eingeprägt, oft die ganze Münze ausfüllend, aber auch als Zugabe neben dem opfernden Flußgott, neben Stier und Reiher.

Ein Fußpfad führt von der Akropolis nach Westen, wo etwa achthundert Meter entfernt jenseits des Flüßchens Modione in der einsamen Contrada Gàggera das Ruinenfeld des *Malophóros-Heiligtums* liegt. Hier liegen die ältesten Baureste Selinunts, die ins siebente Jahrhundert vor Christus zurückreichen. Der rechteckig ummauerte heilige Bezirk barg ein Hekataion. Die Leichenprozessionen, die zur westlichen Gräberstadt zogen [heute Necropoli di Manicalunga genannt], hielten hier an und opferten der chthonischen Göttin. Zugleich war der Ort Kultstätte der Demeter, der Malophóros, was Apfelträgerin, das heißt Fruchtbringerin, bedeutet.

Das antike Sizilien war Land der Demeter, der Erdmutter, der Dē-[Gē-]mēter, die ja vor allem die Fruchtbringende, die Göttin des Korns war. Kein Kult war der Insel gemäßer als der Kult der Demeter, der die vorgriechischen Fruchtbarkeitskulte fortsetzte. An vielen Orten, namentlich in Agrigent und Enna, sehen wir ihre Heiligtümer. Die schönsten archaischen Skulpturen zeigen Demeter als thronende oder mütterliche Gottheit [siehe Syrakus «Die Museen»]. Die Mythe von der Entführung ihrer einzigen

173 Der wiedererrichtete Tempel E an der Küste von Selinunt

Tochter Kore [Persephone] ist auf der Insel heimisch und wurde schon früh am Pergusasee bei Enna lokalisiert. Auch diese durch den Hades-Raub überschattete und leidenschaftlich reagierende Mutterschaft Demeters mag den Vorrang ihrer Mysterien erklären. Gehört doch die Liebe zu den Kindern, oft bis zur wohlwollenden Duldung einer häuslichen Pädokratie, von alters her zu den auffallendsten Erscheinungen des sizilischen Lebens.

Der Museumsdirektor von Gela machte mich auf eine merkwürdige Entdeckung aufmerksam. Bei seinen Ausgrabungen in Betlem bei Gela fand er ein Demeterheiligtum und Weihegaben aus dem siebenten bis fünften vorchristlichen Jahrhundert, darunter Terrakotten von Frauen, die ihre Kinder auf der linken Schulter tragen. In der gleichen Weise tragen noch heute die einheimischen Mütter ihre Kinder, wenn sie im Maimonat die über der antiken Kultstätte errichtete Kapelle betreten, um die Madonna zu verehren. In dieser unbewußten Geste lebt noch heute das zweieinhalb Jahrtausende alte antik-heidnische Brauchtum weiter.

Unterhalb der einstigen Akropolis von Selinunt schäumt das Südmeer gegen Dünen und kleine Felsbrocken. Es ist verlockend, den Pfad durch das niedere Gesträuch hinabzusteigen und in einer weichen Sandkuhle zu lagern. Wir schmecken den feinen Sand, den der Meerwind noch immer hochbläst und wandern läßt, und erfreuen uns der kühlen Frische des Wassers. Einmal liefen vom nahen Fischernest Marinella her ein paar Buben den Strand entlang. Aber sie zeigten sich weniger neugierig und aufdringlich, als wir es sonst gewohnt waren, und liefen, da sie uns erblickten, wieder zurück. Dann kam ein älterer Einheimischer mit einer verwegenen Fischerkappe durch den Ufersand herangestiefelt. Aus den Jackentaschen holte er alte verdreckte Münzen und eine kleine Amphore. Wir mißtrauten der Echtheit. Dasselbe wiederholte sich, als wir auf der Straße an der Bahnschranke vor Marinella halten mußten. Zwei dunkelgesichtige Landleute boten Münzen und antike, meist zusammengeklebte Tonwaren zum Kauf an; darunter ein schöner Krug, auf dem Herakles mit dem Weinschlauch abgebildet war. Sie hielten das Tonzeug unter ihren Jacken versteckt. Nach einigem Feilschen nahmen wir eine Münze, auf der wir unter einer harten Erdkruste den Kopf einer Göttin entdeckten. Nach der Reinigung zeigte die Rückseite einen Pegasus und nicht mehr lesbare Schriftzeichen. Später hörten wir, daß das eine oder andere der angebotenen Stücke echt sein könne. Der Boden birgt noch immer unendliche Schätze. Die Landleute betrachten die in ihrem Boden ausgegrabenen und gefundenen Stücke als ihr Eigentum, obwohl das Gesetz anderer Meinung ist. Aber solange der private Grundbesitz innerhalb der archäologischen Zonen nicht enteignet wird, ist kaum eine Kontrolle möglich.

Sciacca

Weithin sichtbar liegt *Sciacca* auf einer Hügelstraße über dem Meer, am Rand steil abfallender Uferhänge. Wer die Städte und Orte an der Südküste kennt, wird mit einiger Verwunderung durch die Straßen Sciaccas gehen. Was man sieht, die Menschen, ihre Wohnhäuser, die kleinen Geschäfte mit den Auslagen, darunter bemerkenswert schöne Keramik und preiswertes Kunsthandwerk, all das vermittelt den Eindruck einer ländlich-mittelständischen Gepflegtheit und Wohlhabenheit. [Sciacca besitzt eine beachtliche Kunstschule, in der die alten einheimischen Traditionen weitergeführt werden.] Auch die historischen Bauwerke, vorwiegend aus der Zeit der spanischen Herrschaft, zeigen, daß man hier zu leben verstand. Unter den Stadtpalästen ist der interessanteste der mächtige *Palazzo Steripinto* [15. Jh.],

im sizilianisch-katalanischen Stil erbaut, mit einer breiten Fassade aus gebuckelten Quadern, den «punte di diamanti».
Unterhalb der Ruinen des *Kastells*, das von den spanischen Grafen Luna erbaut worden war, liegt die älteste Kirche Sciaccas, die kleine Chiesa *San Nicolò* aus der Normannenzeit [12. Jh.]. Auch der Dom geht auf das zwölfte Jahrhundert zurück; er wurde jedoch mehrfach umgebaut und barockisiert und zeigt heute außer den Grundmauern und den Apsiden nichts mehr von seinem Ursprung. Erwähnenswert ist noch die Kirche *Santa Margherita*, die der von Westen kommende Besucher zuerst sieht, wegen des schönen Marmorportals von Francesco Laurana [15. Jh.]. Aber es ist weniger das einzelne sehenswerte Bauwerk als vielmehr die Gesamtatmosphäre, die kleine freundliche und heitere, offenbar gut gefügte Welt, die den Besucher anspricht. Sie verlockt auch den Durchfahrenden zu kurzer Rast auf der Piazza Scandaliato, der aussichtsreichen Terrasse über dem Meer. Und vielleicht wird man die Stufen hinuntersteigen zum alten idyllischen Fischerhafen oder die östlich, oberhalb der Stadt, auf dem Monte San Calógero gelegene Wallfahrtskirche besuchen.
Sciacca ist Heilbad und Luftkurort, berühmt und vielbesucht seit dem Altertum. Die ältesten Schwefeldampfbäder in den Grotten des Monte San Calógero, nahe dem Kloster, soll der erfindungs- und entdeckungsreiche Daidalos zum erstenmal nutzbar gemacht haben. Schon die Inselgriechen suchten bei den heißen Quellen Heilung. So ist Sciacca das älteste Thermalbad Italiens, man sagt sogar, das älteste der Welt. Vielleicht liegt das Geheimnis Sciaccas in seinem natürlichen Reichtum, den heißen, jod- und schwefelhaltigen und alkalischen Quellen.

176 Sciacca erhebt sich auf einem Hügel am Meer, eine Fischerstadt mit Thermalquellen

Bergaufwärts nach Caltabellotta

Nach Norden, die Porta Palermo passierend, verlassen wir Sciacca, fahren vorbei an der rechts abbiegenden Straße, die zum Wallfahrts- und Grottenberg San Calógero führt, um dann der nächsten abzweigenden Seitenstraße nach Osten zu folgen – der direkte Weg bergaufwärts nach *Caltabellotta*. Noch ist die Nähe Sciaccas spürbar. Bebaute Felder und gepflegte Baumwollkulturen, kleine weißwollige Fruchtbälle, die einen Schneeteppich über das grünbraune Land ausbreiten. Mit dem Anstieg, der bis zu einer Höhe von siebenhundertfünfzig Metern hinaufführt, wird die Gegend zusehends einsilbiger, karger, verlassener.

Fremde fahren diesen Weg, der abseits der üblichen Touristenstraßen liegt, nur selten. Selbst Einheimische bekommt man kaum zu Gesicht. Wenn man dem einen oder anderen Landmann begegnet, der sein mit großen Körben behangenes Maultier auf ein Feld führt, weiß man, daß Caltabellotta nahe ist. Hier oben sind Carretti selten oder unbrauchbar. Die wenigen Äcker liegen an den Hängen. Wie vor tausend Jahren tragen Maultier und Esel die Lasten über die Felssteige und unwegsames Gelände.

Aber dann: Caltabellotta. Plötzlich, nach der letzten, etwas beschwerlichen Serpentinenauffahrt, steigen die grauen, niedrigen Würfelhäuser von Caltabellotta vor uns auf. Sie ziehen sich über den Bergsattel zwischen einem kleineren Felskopf und einem schroffen Felsturm, der nach rechts in einen bizarr gezackten Grat abfällt. Wie Schwalbennester, dicht gedrängt, hängen die Häuser an der nackten Bergwand. Noch immer geht eine merkwürdig verschlossene, dunkle Kraft von diesem Bergnest aus, und auch der Zugang wird nicht leicht gemacht. Die Straße umkreist den Ort und schwenkt erst oberhalb, am Fuß des Burgfelsens, in den Bezirk der Häuser ein. Die Gassen sind eng und steil, meist verwahrlost. Caltabellotta mit seinen siebeneinhalbtausend Einwohnern ist arm. Die Arbeit auf den mageren Feldern an den Hängen ist hart, der Ertrag gering. Bis an die Berge reichen die Ölbaum- und Mandelhaine, schön anzusehen, wenn man von den Höhen hinabblickt, aber die Oliven und Mandelfrüchte bringen keine hohen Gewinne. Dennoch begegnet man zufriedenen Bauerngesichtern und – wie in allen sizilianischen Orten – Scharen von Kindern.

Der Name Caltabellotta kommt aus dem Arabischen, aus dem abgewandelten Kalaat-el-ballut, was Kastell der Steineichen bedeutet. Aber die Legende weist bis ins zweite Jahrtausend vor Christus zurück. Daidalos, dessen Spuren wir schon auf dem Berg des Eryx und in den Heilgrotten von Sciacca begegneten, soll das erste Kastell erbaut haben. Möglich wäre es. Nicht weit von hier muß die Residenz des sagenhaften Königs Kokalos gelegen haben. Kokalos nahm den vor König Minos aus Kreta geflohenen Daidalos gastfreundlich auf. Diodor berichtet, Daidalos habe zum Dank seine Erfindungsgabe und seine universale Kunstfertigkeit in den Dienst des sizilischen Königs gestellt. Für die Töchter des Königs verfertigte er bewegliche Puppen. Er führte den Bronzeguß ein, schuf kunstvolle Geräte und Gefäße und soll eine Reihe prächtiger Bauwerke errichtet haben, darunter auch das Kastell von Caltabellotta. Doch die Ruinen des Felsenkastells, das oft zerstört und wieder aufgebaut wurde, verweisen auf den Wiederaufbau in der Normannenzeit. Durch ein kleines Gittertor gelangt man in den Burgbereich, klettert aufwärts über alte Mauertreppen, über felsige Stufen hart an der Flanke des Berges, ein mühsamer, aber lohnender Anstieg. Wenn nicht gerade Bergnebel die Sicht versperren, bietet sich ein herrlicher Ausblick: zu Füßen des Berges die altersgrauen Dächer von Caltabellotta, rundum die innersizilischen Bergketten, im Süden das Meer. Man erkennt im Osten die hochgelegenen Orte Burgio und Villafranca, nach Norden die Straße, die über Chiusa nach

Corleone führt. Wer in diesem Felsenkastell saß, überwachte und beherrschte das Land ringsum, bis hinunter zur Küste von Sciacca.

Im Kastell von Caltabellotta nahm die ruhmvolle Geschichte der Normannen, hundert Jahre nach der Eroberung durch den ersten Roger, ein tragisches Ende. Hierher war die normannische Königin Sibylle, die Witwe Tancreds von Lecce, mit ihren Kindern geflohen, als der staufische Kaiser Heinrich VI. das sizilische Erbe seiner Gattin Konstanze mit Gewalt erkämpfte. Von Caltabellotta aus hoffte die Königin Sibylle, dem Staufer trotzen zu können. Der Versuch scheiterte. Heinrich nahm grausame Rache. Er ließ die Anhänger Tancreds unter Qualen sterben, ließ der Sibylle jugendlichen Sohn und Nachfolger Tancreds entmannen und blenden und nach Deutschland bringen, wo der junge Wilhelm dahinsiechte und wenige Jahre später starb. Selbst die an rauhe Sitten gewöhnten Zeitgenossen waren über die maßlose Grausamkeit Heinrichs empört.

Als Friedrich II., der Sohn des Kaisers Heinrich, 1250 starb, belehnte der Papst Karl von Anjou mit der sizilischen Königskrone. Und wieder begann die neue Herrschaft mit der Unterwerfung und Vernichtung der bisherigen Herren, der staufischen Erben. Im Volksaufstand der Sizilianischen Vesper [1282] entlud sich der angestaute Haß gegen die Gewaltherrschaft der Franzosen. Die Sizilianer riefen Peter von Aragón, der eine Enkelin des Hohenstaufers Friedrich II. zur Frau hatte, ins Land. Nach zwanzigjährigem Krieg wird 1302 im Kastell von Caltabellotta der Frieden zwischen Aragón und Anjou geschlossen und die Herrschaft des Hauses Aragón besiegelt.

Das alles ist gegenwärtig, wenn man den Burgfelsen von Caltabellotta besteigt, den alten Torturm streift und die Felsstufen aufwärts geht, um von der höchsten Stelle weit über das umliegende Bergland zu blicken. Cortile Sibilla heißt ein Geviert im Burg-

bereich, nicht zum Gedenken an irgendeine weissagende Orakelhüterin, vielmehr erinnernd an die tapfere Normannenkönigin Sibylle.
Aber noch eine andere, freilich historisch weniger greifbare Erinnerung hat uns heraufgelockt. In Wolfram von Eschenbachs «Parzival» wird Caltabellotta als Burg eines sizilischen Königs erwähnt. Aus dem sarazenischen Kalaat-el-ballut wird in Wolframs Dichtung die Burg Kalotembolot. Zur Entstehungszeit des «Parzival» am Anfang des dreizehnten Jahrhunderts war Sizilien in staufischem Besitz. Auf vielerlei Wegen gelangten Berichte und Episoden aus dem fernen Sizilien nach Deutschland. Ob das Kastell wirklich das Zauberschloß Klingsors war? Sicherlich haben die mündlich überlieferten Berichte, die Wolfram anregten und seine direkten französischen Quellen ergänzten, manche Abwandlung erfahren.
Kalaat-el-ballut; Kalot-embolot; Caltabellotta: heute ist Caltabellotta ein einsames, verarmtes, abseits liegendes Bergdorf, das dem fremden Besucher außer seiner wild romantischen Lage nichts bieten kann. Die greifbaren Erinnerungsstücke sind spärlich. Aber man sieht den Ort mit anderen Augen, sobald man seiner geschichtlichen und mythischen Vergangenheit bewußt wird. Wie der schroffe graue Felsturm die Häuser sichtbar überragt, so liegen über dem Ort mit den Ruinen des Kastells unsichtbar, aber nicht weniger wirklich, alle Verhängnisse und Friedenshoffnungen seiner Geschichte. Und selbst der dunkle Zauber Klingsors scheint den Burgberg zu umwittern. Wenn wir, schon auf der Rückfahrt nach Sciacca, nach den ersten talwärts führenden Kehren noch einmal zurückblicken, sind die Würfelhäuser Caltabellottas, ist der kalksteingraue Felsen mit dem seitlich abfallenden gezackten Grat nicht mehr zu sehen, verschwunden wie ein Spuk.

Auf dem Weg nach Agrigento [Agrigent]

Von Sciacca kommend durchfahren wir als letztes Städtchen etwa sechs Kilometer vor Agrigent den Industrie- und Hafenort *Porto Empédocle.* Der Ort bietet dem Fremden wenig Anreize zum Aufenthalt. Aber es soll doch gesagt sein, daß der kleine sandige Badestrand östlich des Ortes [auch von Agrigent her schnell erreichbar] empfehlenswert ist und daß der Hafen einen interessanten Einblick in das Wirtschaftsleben dieser Provinz gewährt. Porto Empédocle hat sich zu einem beachtlichen Industrieort entwickelt [Schwefelgewinnung, Chemikalien, Elektroindustrie] und besitzt heute den größten und wichtigsten Handelshafen an der Südküste.

In der Hafengegend türmen sich Berge von kräftig gelben Schwefelbrocken, die aus den Schwefelgruben westlich von Agrigent und landeinwärts bis hinauf nach Caltanissetta gefördert werden. Auch Korn und Früchte werden exportiert. Aber in der Hauptsache ist Porto Empédocle ein Schwefelhafen, obwohl der Export merklich zurückgegangen ist. Die veralteten Methoden des Handabbaus und das kostspielige Ausschmelzverfahren rauben der sizilischen Schwefelindustrie jegliche Chancen. Dennoch leben immerhin annähernd 10000 Sizilianer von der Schwefelförderung und -verarbeitung.

Genannt wurde die Stadt nach dem großen Philosophen Empedokles, der in Agrigent, dem antiken Akragas, um 490 bis 415 vor Christus lebte. Empedokles war nicht nur Naturphilosoph und Rhetoriker, abgöttisch verehrter Prophet, Arzt und Wundermann, sondern ebenso Baumeister und Landregulierer, der die Sümpfe bei Selinunt trockenlegen ließ und die Malaria bannte.

183 Abendliche Stimmung am Meer

Um Akragas den Weg nach Norden frei zu machen, soll er den Nordhang der Stadt durch einen Einschnitt, die «Apertura die Empedocle», reguliert haben. Die ihm angebotene Königswürde lehnte er ab, aber er trug den goldenen Lorbeer, kleidete sich in Purpurgewänder und ließ sich die göttergleiche Huldigung seiner Landsleute sehr wohl gefallen.

Drei Kilometer hinter Porto Empédocle zweigt nach links eine Straße ab, die direkt zur heutigen Stadt Agrigento hinaufführt. «Schönste Stadt der Sterblichen» nannte der griechische Dichter Pindar Akragas, und er hob den «ungeheuren Reichtum» der Stadt hervor. Die Einwohner wußten ihren Reichtum, ihre Vorliebe für Pracht und Prunk zur Schau zu stellen. Die eindrucksvollste Kundgabe sollten die mächtigen, im fünften Jahrhundert vor Christus erbauten Tempel sein, die längs der südlichen Stadtmauer errichtet wurden, weithin sichtbar und jeden Ankommenden von der Macht und Wohlhabenheit der Stadt überzeugend. Noch heute ist der Anblick faszinierend, obwohl das moderne Agrigento nur noch ein Zehntel der alten Stadtfläche einnimmt, obwohl die prunkende Pflanzenwelt und die rauschenden Haine und die wilden Schwäne, von denen Diodor berichtet, der Vergangenheit angehören. Im beginnenden März, wenn das Tempeltal ein einziger weiß und rosa blühender Mandelgarten ist, kommt die Landschaft ihrer einstigen Schönheit am nächsten. Aber lange ins Jahr hinein blühen die Geranien- und Oleanderbüsche, und die mehr als tausend Jahre alten Ölbäume haben die sonderlichsten Formen.

Tyrannen und Tempel

Agrigento, das alte Akragas, wurde um 582 vor Christus von Gela aus gegründet. Die ältesten bewohnten Teile lagen auf den einst zusammenhängenden beiden Hügeln, dem heutigen Stadthügel [Akropolis] und dem Athenafelsen, der Rupe Atenea. Zwölf Jahre nach der Gründung wurde ein Mann namens Phalaris damit beauftragt, an der höchsten Stelle der Akropolis einen Zeus-Tempel zu errichten. Wegen angeblicher nächtlicher Diebe ließ er seine Bauleute bewaffnen und machte sich mit ihrer Hilfe zum Tyrannen. Von Phalaris heißt es, er habe seine Feinde in einem bronzenen Stier zu Tode braten lassen, und durch eine besondere Schallkonstruktion habe der Todesschrei der Gemarterten wie Stiergebrüll geklungen.

Annähernd hundert Jahre danach kam auch der zweite bekannte Tyrann, der reiche Adelige Theron, durch die Veruntreuung von Tempelstiftungen an die Macht. Aber seine Tyrannis war milder, und er brachte der Stadt durch seinen Sieg über die Karthager bei Himera [480 v. Chr.] Ruhm und einen sagenhaften Reichtum.

Im fünften Jahrhundert vor Christus, unter Theron und zur Zeit des Empedokles, war Akragas neben Syrakus der mächtigste Stadtstaat Siziliens. Akragas kontrollierte den Süden und Norden. Auf den Münzen jener Zeit ist häufig der Adler eingeprägt, Zeichen der Macht und des Prunks. Die Stadt hatte damals jene gewaltige Ausdehnung, die noch heute an der aus großen Steinblöcken aufgeschichteten Stadtmauer mit ihren acht Toren erkennbar ist. In ihr lebten – nach Diodor – an die zweihunderttausend Einwohner, nach anderen Schätzungen bis zu achthunderttausend Einwohner.

Von den elf erhaltenen oder nachweisbaren Tempeln entstanden die meisten in der zweiten Hälfte des fünften Jahrhunderts. Vor allem ein Tempelbau, unmittelbar nach dem Sieg bei Himera begonnen, sollte durch seine Größe jegliches bekannte Maß überragen: der gigantisch geplante und nie fertig gewordene Zeus-Tempel. Jeder Griechenstadt des Mutterlandes wäre es als Vermessenheit erschienen, so viele Tempel nebeneinander zu bauen und durch maßlosen Gigantismus den Zorn der Götter herbeizurufen. Von den Bewohnern der Stadt hieß es, sie errichteten Bauwerke, als wollten sie ewig leben, und sie gaben sich der Lebenslust hin, als sollten sie morgen sterben.

Als im Jahre 406 vor Christus die Nachkommen der bei Himera geschlagenen Karthager unter ihrem Feldherrn Hamilkar Akragas überfielen, waren die Einwohner nicht mehr fähig, den Ansturm ihrer Erzfeinde abzuwehren. Die Karthager eroberten Akragas, plünderten, brandschatzten und vernichteten die Stadt. Die Tempel wurden verwüstet und dem Feuer preisgegeben. Noch heute sind an den Steinen des Juno-Tempels die rötlichen Brandspuren erkennbar. Von den Einwohnern wurden alle, die nicht fliehen konnten, niedergemacht. Ein Menschenalter später wurde die Stadt von Timoleon von Syrakus zurückerobert, dann war sie römische Kolonie, dann kamen die Araber, jedoch die einstige Macht und Größe war ausgelöscht. Die Araber nannten den Ort Gergent, woraus Girgenti wurde.

AGRIGENTO

A Rupe Atenea
B Nymphäum, sikanische Kultstätte
C Junotempel
D Concordiatempel
E Tomba des Theron
F Äskulapstempel
G Heraklestempel
H Zeustempel
I Dioskurentempel
K Vulkantempel
L Oratorium des Phalaris
M Museo Nazionale Archeologico
N Ausgrabungen [Hellenistisch-römische Quartiere]

Kirchen

1 Kathedrale
2 S. Maria dei Greci
3 Santo Spirito
4 San Biagio [Demetertempel]
5 San Nicola

118
189
AGRIGENTO
1
2
3
Antike Stadtmauer
A
B
4
Hyspas
115
Antike Stadtmauer
E
5
M
Passeggiata Archeologica
K
N
H
I
G
Strada Panoramica
C
D
E
Acragas
Bahnhof
Post
500 m
F
115
Strand
Antiker Hafen

Erst seit 1927 trägt die Stadt nach dem griechischen Akragas und dem römischen Agrigentum den Namen Agrigento.

Tal der Tempel

Im Osten der heutigen Stadt, wo ein neues Stadtviertel aus dem Boden wächst, erhebt sich die Rupe Atenea mit den spärlichen Resten des antiken Tempels. Von hier aus hat man den weitesten und schönsten Blick über das Tal der Tempel, bis hinunter zu der Tempelreihe auf der leicht erhöhten Felsrippe vor der antiken Stadtmauer, und weiter talwärts bis zum Meer. Mitten durch das freundliche grüne Tal läuft die Passeggiata Archeologica und durchschneidet an der Porta Aurea den massiven Mauerring. Die Straße kreuzt außerhalb der Stadtmauer die Staatsstraße 115 und führt hinunter zum Badestrand von San Leone.

Die breiten Asphaltbänder der Passeggiata Archeologica und der hiervon abzweigenden und nach Osten einen großen Bogen ziehenden Strada Panoramica rauben der Landschaft viel von ihrer ursprünglichen Schönheit. Vor allem die Strada Panoramica, an der die meistbesuchten Tempel der Juno und Concordia liegen, entstand als reines Zugeständnis an den Tourismus. Das muß wohl so sein; romantische Vorstellungen werden den Tempeln ohnedies nicht gerecht. Aber entschieden unpassend nehmen sich einige moderne Bauten in der archäologischen Zone aus.

An der Nordostecke der Stadtmauer, noch oberhalb des Tempeltals auf einem Hügel, zu dem man von der Straße aus über einen steinigen Fußpfad aufwärts steigt, liegt die klobige Normannenkirche *San Biagio* [13. Jh.]. Sie wurde auf der Ruine des sogenannten Demetertempels errichtet. Blickt man nahe bei San Biagio von der einstigen Stadtmauer hinab, so sieht man am Fuß der

Wand die Steinreste eines Nymphäums, das vor einer in den Fels gehauenen Kultstätte der Sikaner stand. Das Heiligtum der sikanischen Ureinwohner, die hier lebten und durch die griechische Expansion ins Landinnere gedrängt wurden, gilt als das älteste Monument bei Agrigento. In der dunklen und roh ausgebauten Felsnische mit den rechteckigen Steinbecken für das Weihewasser huldigten sie den Mächten der Natur, den chthonischen Göttern. Dieser nur wenig besuchte und meist nur beiläufig erwähnte Ort hat seine eigene Faszination. Nahe beieinander liegen die religiösen Kultstätten dreier Epochen: zuunterst das Heiligtum der frühen Naturreligion, auf der Anhöhe der griechische Tempel und die darüber gebaute christlich-mittelalterliche Kirche.

Die Strada Panoramica nach Süden fahrend, kommen wir an der Südostecke der Stadtmauer zum *Junotempel*, dem ersten der sechs Tempel, die nach Westen längs der Stadtmauer standen. Die Tempel sind aus ockerfarbenem Tuffstein gebaut und haben nicht das bläulich schimmernde Weiß der Tempel des griechischen Mutterlandes. Das macht sie erdhaft kräftig, und besonders der Junotempel mit den rötlichen Feuerspuren leuchtet und glüht unter der südlichen Sonne. Fünfundzwanzig kannelierte Säulen und Teile des Architravs stehen noch. Die Verwechslung mit einem anderen Tempel gab dem Tempel den Namen. So sind alle Tempelnamen im achtzehnten und neunzehnten Jahrhundert recht zufällig entstanden.

Der benachbarte Tempel der *Concordia*, nach dem Junotempel errichtet [450–430 v. Chr.], ist als einziger vollständig erhalten

190 Tempel der Juno auf dem Tempelhügel von Agrigent

191 Im Durchblick der Säulenreihe des Junotempels: das moderne Agrigent

und einer der besterhaltenen Griechentempel überhaupt. Er ist – seinem Namen ganz entsprechend – von vollendeter Harmonie und das Muster eines dorischen Tempels. Die durch zwölf Rundbogen durchbrochenen Längswände der Cella erinnern daran, daß der Tempel im sechsten Jahrhundert in eine christliche Kirche umgewandelt wurde und zwölfhundert Jahre lang dem christlichen Glauben diente. Die Öffnungen zwischen den Säulen waren zugemauert. Im achtzehnten Jahrhundert nahm man die Zwischenmauern weg und stellte den Tempel in ursprünglicher Gestalt wieder her. Allein dieser Tempel überdauerte ohne Schaden die Erdbeben, die im Mittelalter die Tempel von Agrigent wie auch von Selinunt zerstörten.
Von dem weiter westlich unmittelbar vor der Porta Aurea liegenden *Heraklestempel* war nur eine Säule stehengeblieben; sieben weitere Säulen der Südseite wurden 1924 wieder aufgerichtet. Mächtig türmen sich die vier übereinander gesetzten Säulentrommeln zum Schaft mit dem oberen, stark ausladenden Teller des Kapitells. Die Ruinen dieses ältesten der Tempel von Agrigent [um 510 v. Chr. erbaut] zeigen noch deutlich, daß er größer und massiger gebaut war als seine vorgenannten Nachbartempel.
Unterhalb des Heraklestempels mündet die Panoramastraße in die Passeggiata Archeologica ein. Auf der anderen Seite dieser Straße beginnt das weite Trümmerfeld des Tempels, der schon zu seiner Bauzeit Unruhe stiftete und noch heute wie kaum ein anderer Griechentempel umstritten ist: der Tempel des *olympischen Zeus*. Daß dieser titanische Tempel im Siegesübermut nach der Schlacht bei Himera begonnen und trotz jahrzehntelanger Mühe und eines gewaltigen Aufgebots an Arbeitssklaven nie vollendet wurde, macht ihn nur interessanter.
Der Tempelkoloß sollte mit seiner doppelten Größe [113 Meter lang und 56 Meter breit] alle bisherigen Tempelbauten, auch des griechischen Mutterlandes, übertreffen. Mit ihm konnte sich

nur der gewaltige Dianatempel in Ephesos messen. Entsprach der dorische Tempel in seiner harmonisch ausgeformten Gestalt ganz dem griechischen Geist, so mußte der unförmige Koloß als ein barbarisches Werk gelten. Dieser Tempelbau hat den Einwohnern von Akragas kein Glück gebracht. Er verschlang Unsummen von Geld, Material, Arbeitssklaven, forderte viele Menschenopfer und weckte immer wieder Zweifel und Aberglauben. Die Vernichtungswelle der Karthager setzte dem Bau 406 vor Christus ein Ende. Spätere Erderschütterungen ließen den Titan unter den Tempeln zusammenklappen wie ein Kartenhaus. Aus den Steintrümmern holte man im achtzehnten Jahrhundert zahlreiche Blöcke zum Hafenausbau nach Porto Empédocle. Aber immer noch genug Steinreste, Säulenstücke, Kapitelle liegen auf dem Tempelfeld, und die weitläufige Basis gibt ein eindrucksvolles Bild der geplanten Ausmaße.

Von diesem titanischen Bezirk sind es nur ein paar Schritte nach Westen, vorbei an herumliegenden Steinresten, Scherben und einem runden Opferstein, vorbei an Ölbäumen und wildwucherndem Strauchwerk, und wir befinden uns im romantisch anmutigen Gelände des *Dioskurentempels.* Im letzten Jahrhundert wurde eine Ecke des Tempels, vier Säulen und ein Teil des ornamental verzierten Gebälks, wieder aufgebaut. Auffallend sind die weißen Stuckreste. Wie dieser waren die meisten Tempel von einer Stuckschicht überzogen. Sollte der Stuck den sandigen Tuffstein vor Verwitterung schützen, oder sollte er den ockerfarbenen einheimischen Stein dem hellen Tempelstein des griechischen Mutterlandes angleichen? Oder bildet die Stuckschicht die Grundlage für die Bemalung der Tempel? Viele Gründe zur Erklärung bieten sich an. Eines ist gewiß, die so verführerisch schön und zur Freude jedes Fotografen zusammengesetzten Säulen und Architravstücke gehörten zu verschiedenen Tempeln. Mit dem *Vulkan-* oder *Hephaistostempel* auf der Anhöhe nordwestlich des Dioskurentempels endet die stattliche Tempelreihe an der antiken Stadtmauer. Einsam und ein wenig verloren steigen zwei Säulenreste aus der Ruine. Wer hierherkommt, wird noch einmal zurückblickend die Tempel und das Tal überschauen können.

Unzähliges gibt es noch zu entdecken, viel ruht noch unter der Erde. In der Mitte des Tempeltals, links der stadtauswärts führenden Passeggiata Archeologica, entstand in den letzten Jahren ein großes Ausgrabungsfeld. Hier wurden hellenistisch-römische Wohnquartiere und Straßenzüge freigelegt.

Ebenfalls an der Passeggiata liegt das neugebaute *Museo Archeologico*, das modernste Museum Siziliens, beispielgebend angelegt und vortrefflich organisiert. Das Prunkstück des Museums ist einer der annähernd acht Meter hohen Telamone, ein menschenförmiger Steinkoloß mit nach oben gewinkelten Armen und verwittertem, ausdruckslosem Gesicht. Diese Telamone trugen gleich Atlanten zusammen mit den Säulen den wuchtigen Oberbau des Zeustempels. Sie standen zwischen den Außensäulen auf Mauern, die bis zur halben Höhe der Säulen reichten, und geben eine Vorstellung von den gigantischen Maßen des Tempels. Im Museum wurde zusammengetragen, was das Tempeltal und die Nekropolen an größeren und kleineren Funden hergaben. Es ist unmöglich, alles Nennenswerte aufzuzählen. Die Münzprägestätten, die Töpfereien und Kunstwerkstätten von Akragas waren berühmt. Sie lieferten bis in die hellenistische Zeit hervorragende Arbeiten. Auf den Münzen ist am häufigsten ein Krebs oder der Adler dargestellt. Interessant sind die Matrizen der Töpfer für die Abgüsse von Kleinplastiken. Wir sehen Terrakotten und Bronzen, Büsten, Tonstatuetten, Reliefs, eine Fülle

195 Einer der uralten Ölbäume in Agrigent

schönster Vasen und Mischgefäße mit mythischen Motiven. Die kostbarsten Stücke stammen aus der großen Zeit von Akragas, dem fünften Jahrhundert.
Jenseits der Passeggiata liegt die kleine Kirche *San Nicola*, wie San Biagio im dreizehnten Jahrhundert erbaut. Unterhalb der Kirche, in einem Hain, steht ein rechteckiges Bauwerk, das sogenannte *Oratorium des Phalaris*. Es war indes ein römisches Grabmonument in der Form eines kleinen Tempels, von dem nur noch die Cella erhalten ist. Auch die sogenannte *Tomba des Theron*, ein kleiner Pseudotempel auf einem kubischen Steinsockel, war ein römisches Grabmal. Das Monument liegt schon außerhalb der Stadtmauer, von uralten verwachsenen Ölbäumen umgeben, links der Straße, die zum Meer führt. Wie die beiden Grabmonumente Zeichen eines gewissen wiedergewonnenen Wohlstandes sind, so lassen auch die neueren Ausgrabungen erkennen, daß die Stadt unter den Römern noch einmal aufgeblüht war und eine größere Ausdehnung besaß, als man bisher angenommen hatte.

Malerisches Agrigento

Wer am späten Nachmittag nach *Agrigento* kommt und durch die Altstadt fährt, wird Mühe haben, den Wagen durch die lebhaft bevölkerten engen Straßen zu lenken. Es scheint fast so, als gesellten sich zur Stunde der beginnenden Passeggiata zu den Leuten der Altstadt die Bewohner der neuen Stadtviertel im Norden und Osten. Die modernen Kastenbauten sind vielleicht zum Wohnen bequem, aber sie sind langweilig. Es fehlt ihnen die Atmosphäre, die das für den Südländer unentbehrliche gesellige Leben tragen könnte. So kommt man wie früher in die Altstadt, flaniert über die Via Atenea, trifft Freunde, führt gestenreiche

Reden, oder man sitzt vor einem kleinen Straßencafé, dessen am Eingang herabhängender Vorhang aus losen Perlenschnüren ständig in Bewegung ist. Hinzu kommen die Touristen, aber ihre Stimmen sind kaum vernehmbar neben dem lebhaften Akzent der Einheimischen. Das ganze Jahr hindurch beherbergt die Stadt Fremde. Das Tempeltal, die schöne gastfreundliche Stadt, das milde, temperierte Klima, der bezaubernde frühe Frühling, wenn über Mitteleuropa noch die kalte Winterdecke liegt, das alles macht Agrigento zum angenehmen und begehrten Reiseziel.

Die heutige Stadt auf dem Bergrücken, der einst die Akropolis trug, ist in ihrem Kern mittelalterlich und barock. Von der parallel zum Bergrücken verlaufenden Via Atenea führen Treppengassen in die höher gelegenen Stadtteile.

Im stilleren Oberteil der Stadt, am höchsten Punkt des Stadthügels, liegt der *Dom*. Das Bauwerk mit dem seitlich angesetzten, unvollendeten viereckigen Glockenturm stammt aus dem vierzehnten Jahrhundert, wurde mehrfach umgebaut, im Innern barockisiert, und ist nun musterhaft restauriert worden. Merkwürdigerweise sind die Häuser der Via Duomo unmittelbar an die Bischofskirche angebaut. So ahnt man nicht, wenn man die breite Seitentreppe zum Portal hochsteigt, wie groß und hell der Kirchenraum ist und welche Schätze er birgt. Im rechten Seitenschiff wurden Fresken aus dem vierzehnten Jahrhundert freigelegt; die ursprünglichen Pfeiler und Bögen sind erhalten. Aber ebenso die barocken Teile, vor allem die üppigen Stuckdekorationen im Chor, sind kunstvoll und geben dem Raum im Verein mit der flachen farbigen Holzdecke [16. Jh.] ein festliches Ge-

198 S. Maria dei Greci in Agrigent
199 Im Garten des Klosters S. Spirito

präge. In einer Nische des linken Seitenschiffs befindet sich ein sehr schönes marmornes Madonnenrelief von Gagini.

Im neuen *Museo Diocesano* westlich des Doms sehen wir den berühmten und oft abgebildeten Marmorsarkophag, dessen vier Seiten Szenen der Legende von Hippolytos und Phaedra zeigen. Eine römische Bildhauerarbeit aus dem zweiten oder dritten Jahrhundert, die sich jedoch an griechischen Vorbildern orientiert. Die Relieffiguren in ganzer Sarkophaghöhe, Jünglinge mit Jagdhunden und Frauen um Phaedra, verherrlichen das junge Leben. Da will keine Erinnerung an Tod oder Alter aufkommen – trotz Phaedras Liebesohnmacht und des Hippolytos gewaltsamem Tod –, und nur zwergenhaft klein wird die alte Amme dargestellt, die Hippolytos eine Nachricht der Phaedra bringt.

Der Innenstadt ist nichts von ihrer griechischen Vergangenheit anzumerken. Vielleicht würden Ausgrabungen unter dem Dom die Fundamente des ersten Zeustempels freilegen, der hier gestanden haben soll. Nicht weit vom Dom, bei der kleinen Normannenkirche *Santa Maria dei Greci* [12. Jh.], hat man links einen Stollen in die Erde getrieben und die linken Außenstufen und einige kannelierte Säulenstümpfe eines dorischen Tempels freigelegt. Über der Cella befindet sich die Apsis der kleinen Kirche, in der eine schön gefaßte mittelalterliche Holzstatue der Madonna steht. Sonst ist der Raum kahl. Teile der bemalten Holzdecke und das normannisch-arabische Portal sind erhalten.

Beim Gang durch die Stadt wird man noch manchen malerischen Winkel entdecken und sich schöner Portale und Fassaden aus der Barockzeit erfreuen können. Wer durch die Gassen der Altstadt geht, wird auch hier – wie an den meisten Orten Siziliens – neben pittoresken und kunstvollen Dingen Zeichen der Armut und des menschlichen Elends entdecken. Aber es ist, gerade hier in Agrigento, in den letzten Jahren viel verbessert worden, wie die neuen Wohnviertel im Norden und Osten zeigen. Eine Kirche sei noch besonders erwähnt: die *Chiesa Santo Spirito*, der ein großer Klosterbau angeschlossen ist. Geht man die Via Atenea etwa zweihundert Meter aufwärts, so zweigt nach rechts die steil ansteigende Seitengasse Via Parcello ab, die direkt zur Chiesa führt. Kirche und Abtei wurden im dreizehnten Jahrhundert gegründet, im achtzehnten Jahrhundert barockisiert und erst neuerdings vorzüglich restauriert. Durch das gotische Portal mit Rosette betritt man den barock ausgestatteten Kirchenraum, in dem besonders die Stuckarbeiten aus der Schule Serpottas auffallen. Sehenswert ist der Klosterhof mit dem frühgotischen Mauerschmuck, sind die großen gotischen Säle der ehemaligen Abtei, wovon einer heute die Stadtbibliothek beherbergt.

In einem barocken Patrizierhaus am Ende der Via Atenea ist das Stadtmuseum untergebracht, das allerdings durch das neue Museo Archeologico im Tempeltal etwas von seiner früheren Attraktivität eingebüßt hat. Ein kleiner Raum des Museums ist dem Dichter Luigi Pirandello gewidmet, dessen Elternhaus an der Straße von Agrigento nach Porto Empédocle stand. Pirandello, der 1936 starb und zwei Jahre vorher den Nobelpreis erhielt, war der erste moderne Dramatiker Italiens und ein hervorragender Vorläufer des modernen europäischen Theaters, dessen Stücke von der Problematik der menschlichen und gesellschaftlichen Existenz und von ihren Widersprüchen handeln, war zugleich ein bedeutender Heimatdichter. Wie Giovanni Verga in seinen Erzählungen die Welt der Fischer an der Ostküste einfing, so porträtierte Pirandello die Menschen seiner Umwelt. Es ist nicht verwunderlich, noch heute in den Straßen Agrigentos Gestalten zu begegnen, die Pirandellos Stücken entlaufen zu sein scheinen.

Die Bergstadt Enna im Landinnern, einst die beherrschende Mitte der Insel und «Nabel Siziliens» genannt, ist unser nächstes Ziel. Der kürzeste Weg [110 km] führt von Agrigento aus [Staatsstraße 122] landeinwärts durch das herbe Hochland über Canicatti, Caltanissetta nach Enna. [Die neue Strada veloce, die zur Zeit noch im Bau ist und deren Eröffnung 1973/74 erfolgen soll, wird von Agrigento direkt nach Caltanissetta führen, von dort dann wieder auf der SS 122 nach Enna.] Wer einen interessanten Umweg von etwa fünfundvierzig Kilometer einplanen möchte, dem sei empfohlen, der Küstenstraße 115 bis Licata zu folgen, um dann erst in einem Bogen landeinwärts zu fahren und in Canicatti wieder auf die Straße 122 zu gelangen.

In *Licata*, der kleinen, sehr ruhigen Handels- und Industriestadt mit dem Schwefelhafen, muß man nicht unbedingt anhalten. Jedoch liegt auf halber Strecke zwischen Agrigento und Licata *Palma di Montechiaro*, ein armseliger, bisher kaum beachteter Ort, der durch den Sizilienroman «Il Gattopardo» des Fürsten Lampedusa und – in ganz und gar anderer Weise – durch Danilo Dolcis soziale Aktion bekannt wurde. Das Kastell von Montechiaro war eine Nebenresidenz der Fürsten Lampedusa, die außerdem in Palma ein Landhaus besaßen. Sie ließen im siebzehnten Jahrhundert die barocke Chiesa Madre erbauen. Die Kirchenfassade ist das einzige Schaustück des Ortes. Im übrigen verdankt Palma di Montechiaro sein Bekanntwerden einer erschütternden Tatsache. Eine mehrere Monate währende Untersuchung und der daran anschließende Kongreß, den Dolci mit seiner Centri-Organisation im April 1960 in Palma einberufen hatte, brachten zum erstenmal umfassende und konkrete Angaben über das Elend dieser Kleinstadt mit zwanzigtausend Einwohnern.

Hält man unterhalb der breiten Freitreppe an, die zum Kirchenportal emporführt, so wird man bald von einem Schwarm verwahrloster Kinder umgeben sein, die um «denari» und «sigarette» betteln. Was man sieht, wenn man durch die Gassen geht, die brüchigen Häuser mit feuchten Wohnlöchern, in denen oft acht und zehn Menschen hausen, Abwässer und Unrat, in denen Kinder spielen, mangelnde Hygiene, die Zeichen von Elend, Siechtum und Krankheiten, all das bekam durch die Untersuchungen im Auftrag der Centri-Organisation eine furchtbare Härte. Nun ist das quälende Elend kein geeignetes Besichtigungsobjekt für den allgemeinen Tourismus. Auch wird der Fremde mit gutem Recht seine Blicke auf erfreulichere Dinge, auf die Landschaft und die Zeugnisse menschlicher Kultur lenken wollen. Aber wer nur ein wenig in dieses seltsame, gegensätzliche Land und seine Menschen eindringen will, der wird auch das, was abseits der Touristenstraßen in den Vierteln der Armut geschieht, sehen müssen.

Der weitere Weg landeinwärts führt mitten in das bald graugelbe, bald rötlich fahle, schattenlose und wie ausgestorbene Bergland. Auch hier sind die wenigen Menschen, die einsam und monoton leben, Hirten, Bauern, Arbeiter der Schwefelgruben, arm, und die Armut erstreckt sich in gleicher Weise auf die Menschen und die Natur. Es ist eine Zone von eigenartigem herbem Reiz, wie kahlgeschoren und schutzlos der Sonne ausgesetzt. Dieses Bergland zwischen den Flüssen Plátani und Salso trägt steppenartige magere Gras- und Getreidefelder und immer wieder Schwefelzonen, in deren Nähe jegliche Vegetation abgestorben ist. Die stillgelegten und verlassenen Schwefelminen mit

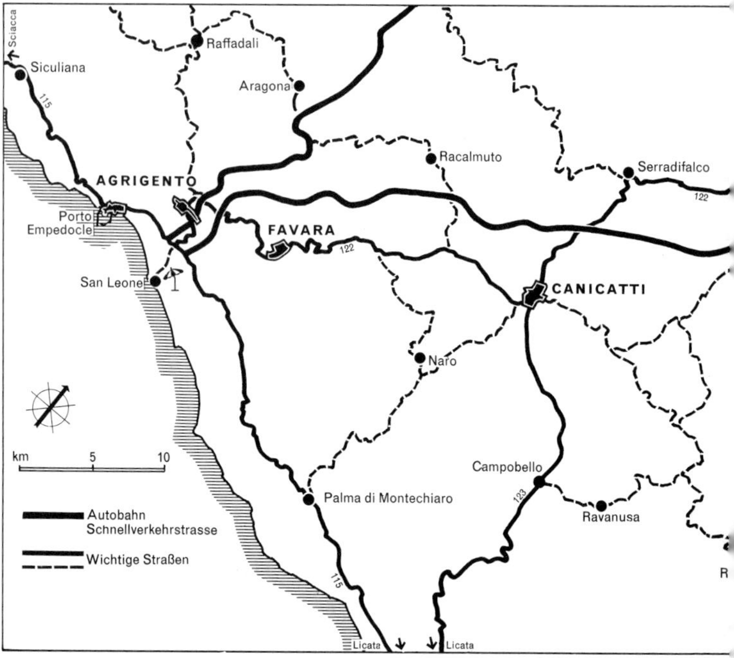

ihren toten Gesteinshalden, Kratern, Höhlen und der aufgerissenen Erde gleichen Mondlandschaften.

Zuweilen sehen wir kleine Bergdörfer, die auf einem Hochplateau oder an einen Berg gelehnt im Schatten irgendeines verfallenen Kastells leblos daliegen. Vielleicht begegnen wir einem einzelnen Maultierreiter mit dem an den Sattel gehängten tönernen Wasserkrug. Erst in der Nähe der Städte, vor Cancicatti und Caltanissetta, wird das Land freundlicher und lebhafter.

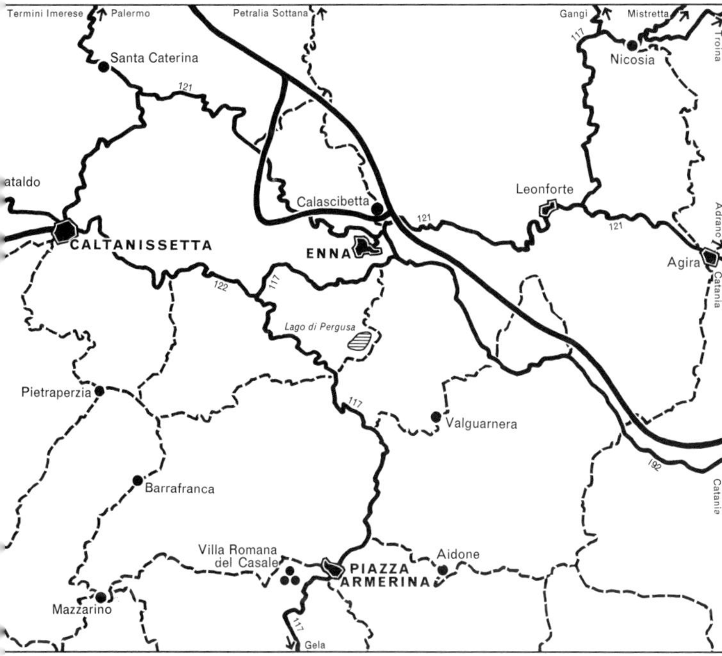

Freundliches Caltanissetta

Eigentlich gilt *Caltanissetta* als Durchgangsstadt, die der Fremde schnell passiert. Die Reiseführer vermerken: Größte Stadt im Landinnern; Zentrum der Schwefelindustrie und Sitz des staatlichen Istituto Tecnico Minerario; auch landwirtschaftliches Zentrum, Getreide und Baumwolle; außer dem hochbarocken Dom kaum Bauten von größerer Bedeutung; Geschichte der

Stadt seit dem Mittelalter belegt, jedoch erst der Ende des achtzehnten Jahrhunderts beginnende Schwefelbergbau brachte der Stadt Aufschwung. Dann finden wir zu unserer Überraschung etwas, das die Reiseführer verschweigen: eine überaus freundliche, angenehme Stadt mit einer lebhaften und eine gewisse mittelstädtische Wohlhabenheit ausstrahlenden Geschäftsmitte. Wir saßen in einem Straßencafé am Rande der Piazza Garibaldi und sahen dem geschäftigen Treiben und Flanieren der Menschen zu, deren gutes Aussehen und gepflegte Kleidung vergessen ließen, daß wir zuvor durch ödes, ausgemergeltes Land gefahren waren.

Caltanissetta ist keine Touristenstadt und hat wohl kaum den Ehrgeiz, Fremde anzulocken, obwohl die Stadt über ein paar gute Hotels und einige einladende Ristoranti verfügt. Aber wir fanden die kurze Einkehr äußerst wohltuend, und unser sizilischer Tischnachbar kramte eifrig in seinen Taschen, um für unseren Sohn allerlei Bilder und Süßigkeiten hervorzuholen. Der Sizilianer wies beredt darauf hin, man müsse zur Settimana Santa, zur Karwoche, in Caltanissetta sein, um die schönste und farbenprächtigste aller sizilischen Prozessionen mitzuerleben, ein «Spettacolo» von großem Aufwand. Am Gründonnerstag zieht die große Mysterienprozession durch die festlich geschmückten Straßen. Jeder Berufsstand trägt eine hohe und schwere Holzpyramide, bestückt mit Statuen, buntlackierten Schnitzereien, mit Gold- und Silberfolien, Glaskugeln, Blumen und Fähnchen. Dieser spätbarocke religiöse Brauch entspricht dem Charakter der Stadt, die in ihrem alten baulichen Kern aus der Barockzeit stammt. Doch der Name Caltanissetta stammt von den Saraze-

206 Kinder in der Altstadt
208/209 Blick von Enna auf die Bergstadt Calascibetta

nen, die das erste Kastell erbauten. Der Normannengraf Roger vertrieb sie 1087 nach langer Belagerung. Die Ruinen des arabisch-normannischen Castello di Pietrarossa, von denen wir weit über Stadt und Land blicken, und die Abteikirche Santo Spirito mit drei für die normannische Baukunst charakteristischen Apsiden erinnern an die mittelalterliche Vergangenheit der Stadt.

Beherrschende Mitte: Enna

Schon bald hinter Caltanissetta senkt sich die Straße hinab in das Tal des Salso. Die Landschaft ergrünt und läßt aufatmen. Dann wieder beginnt der zähe Wechsel von Berg und Tal. Endlos dehnt sich das letzte Stück, gewundene Anstiege, winklige Täler, meist ohne Fernblick.

Wenn wir, schon in der Dämmerung, plötzlich den massiven, breiten Tausendmeterberg von *Enna* zur Linken aufsteigen sehen, ist es wie eine unwirkliche Erscheinung. Unsere von Südwesten kommende Straße führt leicht ansteigend um den Berg und windet sich an der Nordseite in scharfen Kehren bergaufwärts. Weit unterhalb der Stadt nehmen wir im Albergo Autostello Quartier. Das erspart die abendliche Hotelsuche in der Stadt. Zudem haben wir mit den Motels und Autostelli [was eigentlich dasselbe ist; nur gehören die Motels der AGIP, die Autostelli dem Automobil-Club Italiano ACI] gute Erfahrungen gemacht.

Der allgemeine Tourismus scheut die etwas mühselige Anreise durch das unwirtliche Landesinnere. Ich muß daran denken, daß Goethe, der auf seiner Sizilienreise Ende April 1787 nach Castrogiovanni kam [erst 1927 erhielt die Stadt wieder ihren antiken Namen Enna], wahrhaft Grund zur Klage hatte. Es regnete ununterbrochen, und kräftige Männer trieben, da keine Brücke vorhanden war, das Maultier mit Reiter und Gepäck durch die beiden Flußarme des Salso. Entsetzliche, aufgeweichte Wege; in Enna ein Gastzimmer nur mit Läden, ohne Fenster, so daß der Sprühregen ins Zimmer drang. Von alldem kann heute nicht mehr die Rede sein.

Meist weht ein scharfer Bergwind durch die Gassen und macht hier oben selbst den heißen Sommer erträglich. Die Abende sind frisch und kühlen rasch ab. Noch im Sommer tragen die einheimischen Männer dunkelwollene Kapuzenmäntel, wie wir sie ähnlich in Erice sahen; die Frauen sind in schwarze Umhänge und Schals gehüllt. Am Abend sehen wir im Norden und Nordosten die fernen Lichterkränze verschiedener Orte, herabgefallene Sterne vor einem sternlosen Horizont. Erst am nächsten Morgen, wenn wir auf dem Turm des Castello di Lombardia stehen und rundum blicken, erkennen wir die Orte, und wir begreifen, warum Enna Aussichtsturm und Herz Siziliens genannt wird.

Zum erstenmal sehen wir im Osten den Ätna, die weiße, breit abfallende Kegelspitze – wie auf den Wolken schwimmend. Ganz Sizilien liegt ausgebreitet vor unseren Blicken: im Süden die Höhenzüge, die in die Küstentäler von Agrigento, Licata, Gela auslaufen, und fern der Saum des afrikanischen Meers; im Nordosten und Norden die graufelsigen Bergketten der Monti Nebrodi und der Madonie; ganz fern die palermitanischen Randgebirge. Bei klarer Sicht erkennen wir die Bergstädte Troina, Gangi, Petralia und sehen unmittelbar gegenüber, auf der Kuppe des hohen Nachbarberges und am oberen Hang, als müßten sie eines Tages abrutschen, die Häuser Calascibettas. Es sind nur knapp zwei Kilometer Luftlinie, aber wer Calascibetta besuchen

212 Seitlicher Torbogen des lombardischen Kastells in Enna
213 Der Turm der Kathedrale von Enna

will, muß hinab ins Tal und wieder den achthundertachtzig Meter hohen Nachbarberg in steilen Serpentinen erklimmen.
Enna, die uralte Stadt der Sikuler, sah alle sizilischen Eroberer in seinen Mauern: Griechen, Römer, Karthager, Sarazenen, Normannen, Hohenstaufen, Aragonesen und Angioviner. Alle wußten: Wer die Herzmitte erobert, beherrscht die Insel. Zwei Jahre lang belagerten die Römer die Stadt, die nach Plinius zu den uneinnehmbarsten natürlichen Festungen der Welt gehörte, bis sie durch Verrat fiel. Ebenso durch Verrat kamen die Sarazenen im Jahre 859 in die Stadt. Die Normannen haben ein Menschenalter gebraucht, um Enna zu besiegen.
Keiner von allen Eroberern hat Enna so geliebt wie Friedrich II., der Hohenstaufe. Er weilte oft in der Stadt und ließ sich im Westen einen achteckigen Wohnturm bauen, den *Torre di Federico Secondo*. Der noch heute vierundzwanzig Meter hohe Turm ist in seiner architektonischen Einfachheit ein denkwürdiges Erinnerungsmal an die Hohenstaufen. Im Osten ließ Friedrich II. die Verteidigungsanlage des *Castello di Lombardia* errichten. Sechs von den einst zwanzig Türmen sind erhalten. Im Laufe der Jahrhunderte wurde viel geändert, aber im Kern blieb die gewaltige Anlage eine mittelalterliche, ja fast nordisch kühle Burg.
Enna ist eine Stadt der Türme. Neben den Wehrtürmen des Kastells und dem Wohnturm Friedrichs sind es die herrlichen Glockentürme, die der Stadt ihr Gepräge geben. Auf dem Weg zum Kastell liegt der *Dom*, die Chiesa Madre, 1307 gegründet, nach einem Brand im fünfzehnten Jahrhundert vollständig erneuert und später provinziell barockisiert, jedoch mit einem wuchtigen Renaissance-Glockenturm, der die anderen Türme überragt. *San Francesco d'Assisi* [14. Jh.] hat einen Turm aus dem sechzehnten Jahrhundert mit Rundbogenfenstern in drei Stockwerken. Neben den einfachen, stämmigen Türmen von *San Marco* und *San Tommaso* ist der gotische Campanile von *San Giovanni* der an-

mutigste, ein früherer militärischer Wachtturm mit einem dreiteiligen Fenster in der dicken Mauer. Es scheint fast so, als wollten die einstigen Herrscher mit einem Kranz von Türmen der höchsten Stadt der Insel eine zusätzliche Krone aufsetzen.

Indes ist Ennas große Zeit um viele Jahrhunderte früher anzusetzen. Und von ihr berichten nicht so sehr Baudenkmäler und greifbare Fundstücke als vielmehr die Zeugnisse der Dichter, der Homer und Pindar, Ovid und Kallimachos, der Enna «Nabel Siziliens» genannt hat. Noch in römischer Zeit schreibt Cicero, Enna sei keine Stadt wie andere. Hier seien, so berichten die Alten, Demeter und Persephone zum erstenmal erschienen. Nordöstlich des Castello die Lombardia, auf einer alleinstehenden Bergkuppe, hatten die Griechen der Demeter ein Heiligtum errichtet. Der Kult der Demeter [in römischer Zeit Ceres] gründete auf der einst sagenhaften Fruchtbarkeit des Landes um Enna. Wälder und Fruchthaine, reiche Kornfelder und blühende Wiesen, bewässert von Bächen und Seen, breiteten sich aus, wo heute dürftiges Land unter einer stechenden Sonne austrocknet.

Nach der Sage pflückte Persephone [auch Kore genannt] am Ufer des nahen *Lago di Pergusa* Blumen, als sich die Erde öffnete und Hades, der Herr der Unterwelt, das schöne Mädchen raubte. Die Mutter Demeter zündete am Ätna eine Fackel an und suchte neun Tage lang nach dem Kind. Selbst der Herr der Götter war machtlos, denn Persephone hatte schon vom Granatapfel gekostet, den Hades ihr gereicht, und war dem Liebeszauber verfallen. Da willigte der Göttervater in die Hochzeit ein; als Mitgift gab er Persephone die Insel Sizilien. Den Schmerz der Demeter zu lindern bestimmte Zeus, daß Persephone fortan ein Drittel des Jahres, in der Winterzeit, bei ihrem Gatten in der Unterwelt bleiben müsse, jedoch zwei Drittel des Jahres, zur Zeit des Blühens und Reifens, ihrer Mutter und der Erde wiedergeschenkt sei. Am Ufer des Pergusasees kann man die düstere

Höhle sehen, aus der Hades – nach der Legende – mit seinem von schwarzen Rossen gezogenen Wagen hervorsprengte. Der Pergusasee, vulkanischen Ursprungs, liegt etwa zehn Kilometer südwärts der Stadt. Von Enna führt die Straße hinab in ein kleines grünes Tal, vorbei an Rebgärten und Weizenfeldern, ein schwacher Rest der einstigen Vegetation. Am See sucht man vergebens nach den einst üppigen Fruchthainen und Wiesen mit Narzissen und Veilchen und all den Blumen, deren Geruch so stark gewesen sein soll, daß den Jagdhunden beim Aufspüren des Wildes der Geruchssinn versagte. Rund um den ovalen See, dessen Uferlänge etwa fünf Kilometer beträgt, hat man in jüngster Zeit eine Auto- und Motorradrennbahn angelegt. Es ist gerade so, als hätten Barbaren das schwarze Auge des Sees in einen tödlichen Ring gespannt.

Bergstädte und Höhlenwohnungen

Die Bergstädte, die wir von Enna, vom Torre Pisano des Kastells aus nördlich liegen sehen, sind zu verlockend. Es zieht uns nach Norden, obwohl unsere eigentliche Reiseroute in entgegengesetzter Richtung, über Piazza Armerina nach Gela, zurück zur Südküste führt. Aber der improvisierte Abstecher nach Norden – ein halber oder ganzer Tag, wenn wir uns auf Nicosia, Sperlinga, vielleicht noch Gangi, die interessantesten Städte, beschränken – hält Überraschungen besonderer Art bereit. Die Fahrt durch das unwirtliche Bergland bietet keine touristischen Annehmlichkeiten; damit wäre dem Fremden ohnedies in den Küstenstädten mehr gedient. Doch im Herzen der Insel gibt sich der sizilianische Charakter unverstellt zu erkennen. Uns, den Fremden, stellt sich die Frage, was wir suchen in diesem seltsamen Land. Erholung, Vergnügen? Das könnte man irgendwo besser haben.

Ich bin für das Reisen mit offenen Augen. Aug in Auge öffnen sich Land und Menschen.
Also nach Norden! Wir lassen den Berg von Calascibetta links liegen und fahren die bergige Staatsstraße 121 nach *Leonforte* [20 km]. Hauptanziehungspunkt und Wahrzeichen Leonfortes ist ein breiter frühbarocker Brunnen links unterhalb der Hauptstraße, der aus vierundzwanzig Röhren Wasser spendet. Der «Granfonte» genannte Brunnen wurde im siebzehnten Jahrhundert von den Fürsten Branciforte, deren Palazzo und Kirche an der Durchgangsstraße liegen, erbaut. Wer nicht gerade am Mittag durch das langgestreckte, an einen Berghang gelehnte Landstädtchen fährt, sieht viel Volk um die Granfonte versammelt: wasserholende Frauen und spielende Kinder, schwatzende Alte, Reiter, deren Maultiere schwere irdene Wasserkrüge tragen, Hirten mit ihren Schafen.
Kurz hinter Leonforte zweigt nach Norden die Staatsstraße 117 ab, die uns nach Nicosia bringt [24 km], während die Straße 121 nach Osten weiterführt, über Agira, der Heimat des antiken Geschichtsschreibers Diodor, entlang dem Stausee von Pozzillo, über Regalbuto nach Adrano am Fuß des Ätna. Das sind von Leonforte knapp fünfzig Kilometer. Die Strecke, auf der man fast immer den breiten weißen Ätnagipfel vor Augen hat, führt durch wildromantisches Bergland. Doch diesmal haben wir uns für Nicosia entschieden.
Fast alle Höhenstädte in diesem Teil der Insel sind sikulische oder vielleicht sikanische Gründungen. Sie sind hoch hinaufgehoben auf Bergkuppen oder klammern sich an den Fels, eng zusammen-

218 Der sogenannte große Brunnen von Leonforte, 1651 erbaut vom Grafen Branciforte

219 Bauer auf dem Weg nach Nicosia

gerückt, als suchten sie den natürlichen Schutz der Berge. Diesen oft unzugänglichen Bergstädten ist anzumerken, daß ihre Gründer in ständiger Bedrohung lebten. Wir wissen wenig über die Sikaner und Sikuler [Sikeler], die vorgriechischen Bewohner der Inselmitte und des Ostens, ob die Sikaner die frühesten Bewohner Siziliens waren oder ob sie sich von den Sikulern absplitterten, ob sie italischer oder libysch-iberischer Herkunft sind. Diese Theorien sollen uns nicht beschäftigen. Gewiß ist nur, daß beide Urvölker nach der griechischen Kolonisation im achten und siebten Jahrhundert vor Christus ins Landinnere gedrängt wurden. Sie führten lange ein eigenständiges Leben, zumal die Griechen das Landinnere mieden. Später mischten sie sich mit den Griechen, die sikulische Kultur- und Kultvorstellungen übernahmen. Rein erhaltene Zeugnisse der Sikuler sind nur noch die Höhlennekropolen, vor allem im Südosten.

Auch vor Nicosia sehen wir kleinere Höhlennekropolen, Grabkammern, in den weichen Fels geschnitten. Einzelne Höhlen waren bis vor kurzem bewohnt, und noch immer dienen sie den Bauern und Hirten als Unterschlupf. Daß die Urbevölkerung ihre Toten mit Beigaben und Geräten, ornamental verzierten Gefäßen, Schmuck, Spiegeln in Felshöhlen legten, hatte nicht nur zweckmäßige und hygienische Gründe, sondern entsprach ihren mythischen Vorstellungen. Die Rückkehr in den mütterlichen Schoß der Erde, in die Höhle, schloß den Kreislauf des Lebens und barg in sich die Hoffnung auf ein Weiterleben, eine Wiederkehr.

Nicosia, die schöne und lebhafte Landstadt in den Monti Nebrodi, nimmt unter den eng zusammengerückten Bergstädten eine Sonderstellung ein. Die hier im Mittelalter angesiedelten Lombarden brachten ihren Lebensstil mit. Wie in ihrer Heimat bau-

221 *Auf dem Weg nach Piazza Armerina*

ten sie weit verstreut ihre Häuser, und die von vier Felskuppen almartig herabfallenden Hänge kamen ihren Siedlungswünschen entgegen. Sie sprechen noch heute ihren eigenen Dialekt. In den sauberen, mit Buckelsteinen gepflasterten Straßen sahen wir blonde, helläugige Lombardenkinder. Auffallend ist das freundliche, provinzstädtische Treiben in der Innenstadt, obwohl Nicosia isoliert und ohne Bahnverbindung im unzugänglichen Bergland liegt. Von den mittelalterlichen Baudenkmälern sehenswert sind vor allem der Dom mit einem reichen Spitzbogenportal aus dem fünfzehnten Jahrhundert und die Basilika Santa Maria Maggiore. In beiden Kirchen begegnen wir wieder den Bildhauerarbeiten der Gagini und ihrer Schüler, und beide haben stattliche, eckige Glockentürme; besonders markant der Kathedralturm mit dem später aufgesetzten konischen Helm, während der untere Teil aus dem zwölften Jahrhundert stammt. Von Nicosia ist es nicht weit nach *Sperlinga* [knapp zehn Kilometer westlich], dem eigenartigsten und interessantesten der Bergorte. Er ist wie mit dem Berg verwachsen, angeklammert an eine Felsrippe, überragt von der weiter steigenden Felswand mit den verfallenen Resten eines Kastells. Die Straße hinauf ist steil, und oben angelangt, zeigt sich, daß die Isolierung, die Herauslösung aus Zeit und Geschichte, nicht vollständiger sein kann. Nur das Trotten der kleinen lastentragenden Esel stört die Stille und Einsamkeit. Sonst ist das Städtchen leblos, armselig, wie vergessen von den Menschen der neuen Zeit, deren Autostraße am Fuß des Berges vorbeiführt. Einmal hatte Sperlinga seine große Stunde. Sie kennzeichnet den eigenwilligen Charakter der Einheimischen. Als einzige sizilianische Stadt nahm sich Sperlinga die Freiheit, am Aufstand der Sizilianischen Vesper im Jahre 1282 nicht teilzunehmen und den verfolgten Franzosen Schutz zu bieten. Daraufhin mußte sich Sperlinga gefallen lassen, daß man über dem Torbogen seines Kastells den Spruch einmeißelte:

Quod Siculis placuit sola Sperlinga negavit [Was die Sizilianer beschlossen, verwarf allein Sperlinga].

Sperlinga liegt auf dem Berg und ist zugleich ein Höhlenort, der merkwürdigste dieser Art. Wie wir vorher die Grabhöhlen der Sikuler sahen, so fanden wir hier seitlich der an den Fels gedrückten Gassen ganze Wohnquartiere in den kahlen Fels gehauen. Um einen Erlaß, wonach das Wohnen in diesen Höhlen verboten wurde, zu umgehen, kamen die Bewohner auf einen bizarren Ausweg. Sie setzten vor ihre Wohnhöhlen Fassaden, aus Bruchsteinen gemauerte Vorbauten oder nur Türstock und Fenster, selbst kleine Gitterbalkone.

Auch das sechzehn Kilometer westlich liegende größere Bergstädtchen *Gangi* hat, freilich weniger auffallend, seine Höhlenwohnungen mit vorgesetzten Fassaden. Aber der Ort ist lebhafter als Sperlinga, und seine Bewohner sind offensichtlich weniger arm und gesprächiger. Gangi, dessen Häuser geduckt auf einem Berg liegen, der aus der Ebene im Schnittpunkt mehrerer Täler aufsteigt, war lange ein Zentrum der Mafia. Wie Sperlinga einst den bedrängten Franzosen Schutz bot, so fanden viele Mafiosi in Gangi Zuflucht. Heute ist Gangi ein friedliches, handeltreibendes Landstädtchen, das seiner bevorzugten Höhenlage und dem bezaubernden Rundblick über die Madonie viele Besucher verdankt.

Einst lagen die Bergstädte an der uralten Handelsstraße, die von der Nordküste durch die wilde Gebirgswelt der Madonie, durch die Monti Nebrodi, an den Nordhängen des Ätna entlang zur Ostküste führte. Die Höhlennekropolen deuten darauf hin, daß das bergige Innenland einst dichter besiedelt war. Heute ist es eine schweigsame, verlassene Landschaft von wilder Schönheit. Wolf und Wildkatze sind in den Schluchten und unteren Waldregionen zu Hause; an den schroffen Hängen der bis annähernd zweitausend Meter aufsteigenden Kalksteinfelsen nisten Adler

und Falke. An den Grashängen sehen wir kleine Schafherden, von großen grauschwarzen, struppigen Hunden bewacht, mit Hirten wie übriggeblieben aus einer längst versunkenen Zeit.
Die Bergbauern und Bewohner der Bergstädte sind verschwiegen und zurückhaltend, was so gar nicht in das übliche Bild vom redseligen, temperamentvollen Südländer paßt. All das bewegt uns noch lange, wenn wir schon wieder südwärts fahren, vorbei an den herrlich gelegenen Bergstädten Petralia Soprana und Petralia Sottana, mit dem mächtigen Fels des Monte Salvatore im Hintergrund. Nach fünfzig Kilometer [Staatsstraße 290] Bergfahrt, schon in der beginnenden Dämmerung, steigt vor uns wieder der Berg von Calascibetta auf und das beherrschende Kastell von Enna im Herzen Siziliens.

Die kaiserliche Villa bei Piazza Armerina

Ohne Aufenthalt ist der Weg von Enna nach dem südwärts gelegenen Landstädtchen Piazza Armerina [30 km] in einer guten halben Stunde zu fahren. Aber welch eine Distanz nach der kargen Wildheit des Berglandes und den einsam verschlossenen Höhenstädten! Je näher wir Piazza Armerina kommen, um so freundlicher öffnet sich das Land; und die Stadt, anmutig aufsteigend an den Hängen von drei Hügeln, ist von grünen Büschen und Bäumen umgeben, von einem vegetativen Grün in allen Nuancen, vorherrschend das kräftige Grün der Haselnußsträucher und das matte Grün der Steineichen.
Hügelaufwärts schieben sich die grauen, kastenförmigen Häuser von *Piazza Armerina*, an der höchsten Stelle überragt von dem barocken Kuppeldom mit einem früheren gotisch-katalanischen Campanile. Aber nicht das pittoresk gelegene freundliche Landstädtchen hat uns hergelockt, nicht der Dom mit seinen schönen

barocken Goldschmiedearbeiten. Unser Weg folgt, aus der Mitte der Stadt nach rechts, nach Südwesten abzweigend, einer Nebenstraße hinab in das haselbuschgrüne Tal von Casale. Nach ein paar Kilometern sind wir am Ziel. Vor uns liegt die Ausgrabungsstätte eines weitläufigen Land- und Jagdsitzes aus der spätrömischen Kaiserzeit, die *Villa Romana del Casale*, auch Villa Imperiale genannt, die kaiserliche Villa.

Schon Ende des neunzehnten Jahrhunderts und nochmals 1929 hatte man mit systematischen Grabungen begonnen, aber erst in den fünfziger Jahren brachte die Freilegung der herrschaftlichen Hauptgebäude eine archäologische Sensation ersten Ranges zum Vorschein. Immerhin ist die Villa Romana das größte und imposanteste Baudenkmal des römischen Sizilien.

Die terrassenförmig an den Fuß eines Hügels gelehnte «Villa» erinnert in ihrer reichen und kapriziösen, architektonisch überschaubaren Anlage an die Kaiservillen vor Rom und auf Capri. Es war alles vorhanden, in diesem abgelegenen Waldtal von Casale ein aufwendiges, luxuriöses Leben zu führen: Ziergärten und Wasserspiele, himmeloffene Säulenhallen und kleine angenehme Wohntrakte, ein elliptisches Peristyl mit dem daran anschließenden Triklinium für Kulthandlungen, die Palästra für Kampfspiele, die große basilikale Aula für Empfänge und festliche Darbietungen, Gymnastiksaal und großzügige Thermen. Dazwischen Innenhöfe, verbindende Korridore und Säulengänge. Ein Labyrinth von mehr als vierzig ebenerdigen Räumen, aber doch architektonisch äußerst geschickt angelegt und trotz der großen Anlage und unzähliger Marmorsäulen von intimem, privatem Charakter.

Die Frage, wer der Erbauer und Bewohner dieser Prachtvilla gewesen sei, ist viel diskutiert worden. Gino Vincio Gentili, der Leiter der jüngeren Ausgrabungen, hat eine Inschrift rekonstruiert, wonach der Hausherr der römische «Mitkaiser» M.

Aurelius Valerius *Maximianus* Herkuleus war, den Diokletian 285 zum «zweiten Augustus» ernannte und der mit Diokletian 305 sein Herrscheramt niederlegte. Der Erbauer konnte sich einen wahrhaft kaiserlichen Luxus erlauben, und er wußte seinen Reichtum in den Dienst eines verfeinerten künstlerischen Geschmacks zu nehmen. Gewiß ist auch, daß der Bauherr ein leidenschaftlicher Jäger gewesen sein muß oder doch eine Vorliebe für Wildtiere, Jagd und für alles, was damit zusammenhängt, erkennen läßt.

In den Bodenmosaiken ist die ganze Tierwelt eingefangen, ein riesiges Wildgehege einheimischer afrikanischer und mythischer Tiere. Die schönsten und größten der Bodenmosaike stellen Jagd- und Tierfangszenen dar. Die sogenannte «kleine Jagd» erinnert an die Waldgründe in der Umgebung der Villa, wo die Jäger mit Pferd und Hund dem Wild nachstellen, wo sie mit Jagdspieß und Steinwurf einen aufgebrachten Eber bekämpfen, einen erlegten Eber forttragen und dann zum Jagdmahl zusammensitzen. Im Mosaik der «großen Jagd» wimmelt es von exotischen Tieren. Die Jäger tragen runde Schilde und Jagdspieße. Die Wildtiere Afrikas werden mit Netzen eingefangen und zu Ruderschiffen gebracht, Beute für die Schaukämpfe im Zirkus.

Besonders diese zuletzt freigelegten Jagdszenen, die ähnlichen, in Nordafrika gefundenen, vergleichbar sind, geben Anhaltspunkte für die Bauzeit der Villa Romana. Offenbar hatte der Bauherr neben den Handwerkern zwei Meister der Mosaikkunst angestellt, einen, der nach klassisch antikem Vorbild mehr plastisch arbeitete, den anderen, vielleicht ein Nordafrikaner, der die afrikanische Fauna kannte und der seine Mosaike dekorativ stilisierte und leuchtende Farben bevorzugte. Nachdem nun auch

227 Eine der Jagdszenen aus den Bodenmosaiken der Villa Imperiale

die letzteren Arbeiten bekannt wurden, gilt als sicher, daß die Villa nicht vor Ende des dritten Jahrhunderts errichtet und im vierten und fünften Jahrhundert bewohnt wurde.

Die meistabgebildete Mosaikszene zeigt zehn Mädchen, die sich – jedes für sich – sportlich vergnügen. Die Darstellung ist künstlerisch recht belanglos. Jedoch hat die Szene einen kuriosen Reiz, da die Mädchen mit knappen Dreieckshosen und einem schmalen, über die Brüste gelegten Band bekleidet sind und wohl die frühesten bekannten «Bikini»-Trägerinnen sein dürften. Auch dies gehört zu dem riesigen musivischen Bilderbuch, das mehr als dreitausend Quadratmeter Boden bedeckt und Einblick in den Lebensstil der spätrömischen Zeit gewährt. Es war eine Epoche üppiger Daseinsfreude, ganz dem Diesseits zugewandt. Die Anlage der kaiserlichen Villa, Räume und Mosaikbilder zeigen anschaulich, wie genießerisch und luxuriös man zu leben wußte, während die Macht des Imperiums immer mehr erlahmte.

In der zweiten Hälfte des fünften Jahrhunderts zerstörten die Vandalen die Villa. Sie wurde wieder instand gesetzt und überdauerte bis zum zwölften Jahrhundert. Dann versank sie unter den Ablagerungen der Hochwasserfluten und unter den Erdlawinen, die nach schweren Regengüssen vom angrenzenden Berg herabgetrieben wurden. Unter dem Schlamm und Schutt blieben die Mosaike, viele Mauerzüge und Marmorsäulen, teils gebrochen, teils noch mit schönen korinthischen Kapitellen bis heute erhalten.

GELA,
BEI ARCHÄOLOGEN UND INGENIEUREN

Die Fahrt hinab zur Südküste, nach *Gela* [45 km, gut zu fahren], bringt uns zurück in die griechische Vergangenheit und führt zugleich in die industrielle Zukunft der Insel. Gela, eben noch ein unbedeutendes Provinzstädtchen, erwachte in den fünfziger Jahren jäh aus seinem Dornröschenschlaf, und die Erwecker heißen in unseren Tagen Archäologen und Ingenieure. Erdölfunde bei Gela legten den Grundstock für eine wachsende Industrie. Die Bohrtürme und technischen Anlagen vor Gela werden den Fremden nicht sonderlich interessieren. Für das verarmte Land sind es Zeichen der Zukunft. Aber nicht weniger bedeutend sind die Grabungsergebnisse der Archäologen.
Was Gela anziehend macht, das ist seine fast schon vergessene Vergangenheit, die nun Stück für Stück ans Licht kommt. Das heutige Gela ist recht farblos, eine ländliche Provinzstadt ohne bauliche oder sonstige Besonderheiten. Offensichtlich gibt man sich Mühe, dem wachsenden Interesse der Fremden und Touristen zu entsprechen. Der Badestrand ist gepflegt, und neuerdings hat Gela außer einem Motel am Stadtrand mehrere gute und mittlere Hotels.
Im Mittelpunkt des 1958 gegründeten *Museo Archeologico* stehen die Funde aus Gela und der weiteren Umgebung, und namentlich diese sind hervorragend placiert, beschriftet, ergänzt durch Fotomontagen der Fundstellen, durch Rekonstruktionen und Skizzen der ursprünglichen Lage und der Griechenstadt mit ihrer gewaltigen Mauer und den Nekropolen. Der Betrachter nimmt teil am Abenteuer der Archäologie, erst recht, wenn man im Unter-

geschoß des Museums die Werkstätten der Archäologen und Konservatoren, die reich gefüllten Fächer des Magazins sehen darf, wo neue Funde zuerst geordnet, bestimmt oder Scherben in mühseliger Arbeit zusammengefügt werden.

Das Museum steht am Südostende der Stadt, nahe dem schattigen Parco della Rimembranza [dem Erinnerungspark]. Zur Griechenzeit erhob sich hier auf dem sogenannten Windmühlenhügel [Molino a Vento] die Akropolis. Man hat die kümmerlichen Reste eines Tempels [5. Jh. v. Chr.] aus der Erde gegraben und eine Säule aufgerichtet, man hat die Reste von Thermen freigelegt und ist auf das Fundament eines älteren Tempels gestoßen. Das sind dürftige Relikte einer Stadt, die in der griechischen Antike eine Weltmacht darstellte, drittgrößte Stadt Siziliens, deren Einwohnerzahl auf mehrere hunderttausend geschätzt wird, von Vergil «immanis Gela», das unermeßliche Gela, genannt. Aber das antike Gela war schon versunken und vergessen, als der Hohenstaufe Friedrich II. im Jahre 1230 hier eine neue Stadt errichten ließ und sie Terranova nannte, wie sie bis 1927 hieß. Die antike Stadt hieß Gela, nach dem sikanischen Namen des Flusses, der südöstlich der Stadt in das afrikanische Meer mündet. Rhodier und Kreter siedelten hier 688 vor Christus auf sikanischem Boden. Ihre Kolonie wuchs rasch zur Stadt, deren Bewohner hundert Jahre später Akragas als Tochterstadt gründeten. Im fünften Jahrhundert vor Christus stand Gela auf der Höhe seiner Macht und beherrschte den Osten der Insel. Der gefeierte Tragödiendichter Aischylos fand in Gela seine Wahlheimat und starb hier im Jahre 456. Mit dem Aufstieg von Syrakus schwand indes die politische Bedeutung Gelas. Schon damals war die Umsiedlung großer Bevölkerungsteile ein politisches Machtmittel. Als der Tyrann Gelon Syrakus erobert hatte und seinen Herrschaftssitz nach dort verlegte, nahm er die Hälfte der Einwohner Gelas mit. Nach Kriegen, Plünderungen und

Wiederaufbau brachte im Jahre 282 vor Christus ein Tyrann der Tochterstadt Akragas dem antiken Gela den Untergang. Phintias von Akragas zerstörte Gela und ließ keinen Stein auf dem anderen. Die überlebenden Einwohner siedelte er in einer neuen Stadt westlich von Gela an, die nach ihm Phintia genannt wurde und heute Licata heißt.

Die wichtigsten Funde stammen aus den Nekropolen in den Sandhügeln westlich und nordwestlich der heutigen Stadt. Gela hatte keine Steinbrüche. Da aber reiche Lehmlager vorhanden waren, entwickelte sich die Kunst der gebrannten Erde. Gelas Terrakotten, Gorgonen- und Silenenköpfe, die als schmückende Bauplastiken verwandt wurden, kleine Tonstatuetten und auch die Vasenbemalung zeigen die durchaus originelle, von den Vorbildern des griechischen Mutterlandes abgesetzte Kunst der Sikelioten. Ihr Reiz liegt in der Neigung zum Grotesken, zur Karikierung, zu einem phantasiereich vorweggenommenen Barock. Eines der herrlichsten Stücke des Museums ist ein Pferdekopf, eine grauweiße Terrakotta aus dem ersten Viertel des fünften Jahrhunderts vor Christus, leider nur ein Teilstück, gefunden auf dem «Windmühlenhügel».

In den Jahren 1948 bis 1954 wurde auf dem Sandhügel des Capo Soprano im Westen der Stadt ein Teil der mächtigen Verteidigungsmauer freigelegt. Sie umschloß in zwölf Kilometer Länge das antike Gela und stammt teils aus dem fünften Jahrhundert, vorwiegend jedoch aus der Zeit des Wiederaufbaus unter Timoleon. Der untere Teil der freigelegten Mauer besteht aus riesigen Kalksteinquadern, der obere aus rohen, sonnengetrockneten Lehmziegeln. Es ist die einzige bekannte griechische Festungs-

232 Hügellandschaft im Landinnern
233 Maske eines Silens aus Gela

mauer dieser Bauart. Sie muß eine gigantische und die Feinde abschreckende Mauer gewesen sein. Heute hat man die freigelegten Teile durch Glasplatten und stählerne Gerüste mit Wetterdächern vor Salzfraß und Wetterschlägen schützen müssen. Ein Pfad führt an der archäologischen Zone vorbei und verliert sich in den von Lentisken und Ginster bewachsenen Dünen. Es ist schön, hier zu wandern, hinab zum feinsandigen Strand, an den das afrikanische Meer spült. Seine Wasser trugen die Schiffe der Eroberer und Invasoren, die Gelas Schicksal bestimmten.

FAHRT DURCH DIE BAROCKSTÄDTE

Unser nächstes Ziel ist Syrakus. Ein Blick auf die Karte zeigt, daß wir aus der Landmitte kommend und über Gela fahrend einen Umweg gewählt haben. Der direkte Weg von Enna nach Syrakus würde fünfzehn Kilometer hinter Piazza Armerina links abzweigend in die Staatsstraße 124 einmünden und über Caltagirone und durch die Bergwelt der Monti Iblei führen. Viele, zumal eiligere Sizilienreisende, bevorzugen diesen kürzeren Weg durch die klassische, in der antiken Poesie oft zitierte Landschaft der Iblea-Berge. Ein herb-romantisches, reich zerklüftetes Bergland. Aber den wilden Thymian und die Schwärme wilder, honigspendender Bienen, von denen die griechischen Dichter schreiben, wird man kaum noch sehen. Indes wachsen hier die blaßblauen Asphodelen, für die Griechen die Blumen der Unterwelt.

Wer von Gela nach Caltagirone und zur Staatsstraße 124 zurückfahren möchte, kann die neue Schnellstraße nehmen [35 km]. An den Hängen von drei Hügeln steigen die Häuser *Caltagirones* empor. Das malerisch gelegene und lebhafte Landstädtchen wird vor allem wegen seiner keramischen Werkstätten viel besucht. Caltagirone ist das Faenza Siziliens. Während Gelas einst berühmte Kunst der gebrannten Erde im Laufe der Jahrhunderte versiegte, blieb Caltagirone von den ältesten sikulischen Töpfereien bis heute dem einheimischen Kunsthandwerk treu. Caltagirones Keramikschule ist berühmt; und das Keramikmuseum, das sogenannte Teatrino am Eingang des Stadtgartens, gewährt einen anschaulichen Überblick über die Entwicklung des Kunsthandwerks. Unter den Arabern, die der Stadt ihren Namen gaben, begann die kunstvolle Herstellung der bunten, glasierten Majoliken, die noch heute für Caltagirone typisch sind. Ein Wahrzeichen der einheimischen Kunst ist die große Straßentreppe, deren Steigungen unter den Trittstufen mit blauen, gelben und grünen Majolika-Einlagen versehen sind. Ebenso ist die Fassade der Kirche San Pietro mit prächtigen bunten Majolika-Ornamenten geschmückt.

Caltagirone gehört zu den Städten im Südosten der Insel, die durch das gewaltige Erdbeben im Jahre 1693 zerstört wurden. Die Kathedrale, Kirchen und Paläste der Bischofsstadt wurden im achtzehnten Jahrhundert wieder aufgebaut und geben der Stadt in ihrem alten Kern ein architektonisch geschlossenes barockes Bild. Freilich, die interessanteren Barockstädte, die nach dem Erdbeben wieder aufgebaut wurden, vor allem Ragusa, Modica, Noto, liegen weiter südlich, an den südlichen Ausläufern der Monti Iblei und genau an der Staatsstraße 115, die Gela mit Syrakus verbindet. Dieser barocken Städte wegen haben wir den Umweg über die Straße 115 gewählt. Es ist eigenartig und besonders reizvoll, zwischen den antiken Metropolen Gela und Syrakus ein ganz und gar barockes Reservat eingebettet zu finden.

Die Barockkirchen, die mit ihren prachtvollen Fassaden meist das graue Einerlei der Häuser überragen, thronen geradezu über den Städten und geben ihnen ein festliches Gepräge. Oft führen großzügige Treppenaufgänge zu den Kirchen empor. Jedoch das Innere enttäuscht meist. Zu sehr sind die Innenräume mit den Zutaten des neunzehnten Jahrhunderts überhäuft, mit Statuen und Bildern einer provinzlerischen, süßlichen Frömmigkeit.

237 Rendezvous in Ragusa

Vor der Begräbniszeremonie eines angesehenen Mitbürgers

Ein Wort zur Landschaft, die wir durchfahren. Nachdem wir die meernahe Ebene von Gela verlassen haben, beginnen die hügel- und schluchtenreichen Ausläufer der Monti Iblei. In den sonnenwarmen, milden Tälern und an den Hängen wachsen Korn und Wein, sind gelegentlich Baumwollkulturen angelegt. Mandel- und Ölbaumhaine säumen die Straße. Wir sahen auf den steinigen Feldern vereinzelt große, dichtbelaubte Johannisbrotbäume, die den Landleuten und Tieren als schattige Oase dienten. Es ist ein Land der Hirten und Kleinbauern, die ihre Felder mit niedrigen, mörtellos gesetzten Steinmauern umgrenzen.

Die erste Stadt, die wir erreichen, Vittoria, liegt schon auf der Hochebene. *Vittoria*, heute ein Zentrum des sizilianischen Wein- und Ölhandels, blieb von den Auswirkungen des Erdbebens von 1693 verschont, eröffnet aber sozusagen als Vorspiel den Reigen der Barockstädte. Das barocke, zum Teil noch renaissancehafte Stadtbild rührt daher, daß die Stadt erst im Jahre 1607 gegründet wurde. Die Gründerin war Vittoria Colonna, die Tochter des Vizekönigs Marcantonio Colonna und Gattin des Grafen von Modica [nicht zu verwechseln mit der gleichnamigen Dichterin und verehrten Gönnerin Michelangelos].
Nur wenige Kilometer nach Vittoria erreichen wir auf leicht ansteigender Straße das barocke Städtchen *Comiso* mit seinen schönen Bauten aus dem achtzehnten und einem Kastell aus dem dreizehnten Jahrhundert [im sechzehnten Jahrhundert gründlich erneuert], von dem noch die alten Portale und die byzantinische Taufkapelle erhalten sind. Unmittelbar hinter Comiso klettert die Straße in steilen Serpentinen bis zu einer Höhe von 614 Metern und bringt uns in ziemlich gerader, gleichbleibender Höhenfahrt nach Ragusa.

Ragusa und Modica

Die Lage *Ragusas* in etwa fünfhundert Meter Höhe ist nicht ungewöhnlich hoch. Aber die Berge und Steilhänge über dem Tal des Irminio, die aus den Schluchten und Bergsenken zu zwei getrennten Hügeln aufsteigenden Häuser geben der Stadt ein bizarres, ungemein bewegtes Aussehen. Heute sind die ehemals getrennten Hügelstädte durch die schluchtabwärts und wieder hinauf gebauten Häuser zusammengewachsen und bilden seit 1926 eine «Comune». Doch betonen beide Stadtteile ihren sehr eigenen Charakter: das geschäftige Ragusa Superiore und das östlich etwas tiefer gelegene ältere Ragusa Ibla, das sich auf eine sikulische Gründung und das griechische Hybla Heraea beruft. Von Vittoria kommend erreichen wir zunächst den moderneren und durch regelmäßige Straßenzüge übersichtlicheren Stadtteil Ragusa Superiore. Es ist ratsam, hier den Wagen zu parken und den Weg zum älteren und interessanteren Ragusa Ibla zu Fuß zu gehen. Man muß schon die Gassen und Treppenfluchten gegangen sein, vom Corso Mazzini hinab die vielstufige Via delle Scale und wieder den Hang hinauf in die Altstadt mit ihren schönen Barockhäusern.

In der Mitte der Altstadt, die eng aneinandergepackten Häuser überragend, steht die *Basilika San Giorgio*, der Dom [Mitte 18. Jh.]. Die längliche Piazza Duomo, palmengeschmückt und von kleinen Palazzi mit Gitterbalkonen gesäumt, steigt schräg an und schließt mit der breiten Domtreppe und der prachtvollen Domfassade. Der konvex gewölbte Mittelteil, in drei Etagen ansteigend, birgt oben die Glocken, während die anmutig abfallenden niedrigeren Seitenteile nach links und rechts durch Säulenübergänge angeschlossen sind. Ein Werk des Baumeisters Rosario Gagliardi aus Noto, der ja auch die schönsten Bauten von Noto und Modica schuf. Eine Bezauberung, der – wie so oft in Sizilien – eine leicht orientalisierende Atmosphäre beigegeben ist, geht von diesem Dom und der Piazza aus. Das Innere des Doms hält neben seiner großartigen Architektur nicht stand. Darum lassen wir die Statuen, Ölbilder und vergoldeten Säulen und suchen zwei Kirchen auf, die nicht weit hinter dem Dom liegen. Die erste, *San Giuseppe*, hat noch ein gotisches Portal, ist aber im achtzehnten Jahrhundert im barocken Stil erneuert worden. Zu den wenigen Monumenten, die das große Erdbeben verschont hat, gehört das Portal von *San Giorgio Vecchio*, der einzige Rest der zerstörten Kirche, ein eindrucksvolles Denkmal der katalanischen Gotik [14. Jh.] mit einem Sankt-Georgs-Relief.

Erhalten blieb auch die zwischen den Stadtteilen liegende schöne Kirche *Santa Maria delle Scale*. Glockenturm, Portal und Teile der Kanzel stammen noch aus dem vierzehnten Jahrhundert. Vom Vorplatz blicken wir noch einmal über die enggeschachtelten grausteinigen Häuser von Ragusa Ibla, sehen noch einmal den Dom mit seiner Fassade und der großen neoklassischen Kuppel. Den Mittelpunkt von Ragusa Superiore bildet die von Balustraden umschlossene Piazza San Giovanni. Die Chiesa *San Giovanni* aus dem achtzehnten Jahrhundert ist die Kathedrale der Stadt. Nahebei liegt der sehenswerte barocke *Palazzo Municipale*, der [wie übrigens auch der Palazzo Donnafugata beim Dom] eine beachtliche Gemäldesammlung birgt. In diesem Stadtteil geht es lebhaft zu. Die Straßencafés an der Piazza sind zu jeder Tageszeit bevölkert. Immer finden die Einheimischen, vorwiegend die alten Männer, Gelegenheit zu einem Schwatz, während das städtische Leben eifrig pulsiert. Die Asphaltgruben und jüngere Erdölfunde in der Umgebung gaben der Stadt in den letzten Jahren einen raschen wirtschaftlichen Aufschwung. Ein Großteil der Bevölkerung arbeitet in der neuen Industrie. Aber die bebauten Felder bei Ragusa zeigen, daß auch die landwirtschaftliche Nutzung des Bodens nicht geringer geworden ist.
In vieler Hinsicht ist die nur vierzehn Kilometer weiter südlich liegende kleinere Stadt *Modica* Ragusa ähnlich. Auch Modica [das sikulische Motyka] wächst an den Hängen zweier Schluchten zu einer Höhe von vierhundertfünfzig Metern empor, zieht sich aber tiefer ins Tal als Ragusa. Auch Modica wurde durch das

242 Der älteste Teil von Ragusa: An der Stelle des sikulischen Hybla Heraea liegt der Stadtteil Hybla

243 Basilika von S. Giorgio, die größte Kirche von Hybla, Jesuitenbarock

Erdbeben von 1693 fast vollständig zerstört und zur gleichen Zeit wie Ragusa wieder aufgebaut. Erhalten blieben in der Unterstadt die Kirchen *Santa Maria di Gesù* im Platereskenstil und *Santa Maria di Betlem* aus dem dreizehnten Jahrhundert, im normannisch-arabischen Stil erbaut.

Von Süden kommend bietet sich das Bild einer den Hang hinaufgebauten überdimensionalen Bühnenkulisse. Ein Treppensystem von zweihundertfünfzig Stufen führt durch das Gewirr der grauen Kastenhäuser, bald gassenschmal, bald oval ausladend und geteilt, zuletzt in mächtiger Freitreppe hinauf zu der im Stadtteil Modica Alta gelegenen, festlich thronenden Chiesa *San Giorgio* [18. Jh.]. Die Fassade, wahrscheinlich auch von Gagliardi entworfen, gleicht der Fassade des Doms von Ragusa, wirkt aber kraftvoller und mit den fünf Fronteingängen großzügig und breit. Überhaupt vermittelt das ganze Stadtbild von Modica einen weniger gefälligen Eindruck als Ragusa. Im oberen Stadtteil stehen die Ruinen des einst gewaltigen Kastells. Modica war der Sitz der «Contea», eines wegen seiner Aufsässigkeit und Unabhängigkeit gegenüber den landfremden Eroberern im Mittelalter gefürchteten Grafengeschlechts. Etwas von dieser trotzigen Haltung scheint noch heute in der Stadt weiterzuleben.

Abseits der Hauptstraße

Die Fahrt von Gela nach Syrakus sollte ein Zwischenspiel sein, eine Tagereise durch die Barockstädte des Südostens. Im Hinblick auf unser Ziel haben wir uns an die Staatsstraße 115 ge-

245 Portal der Kirche S. Giorgio Vecchio im schönsten sizilisch-katalanischen Stil der Spätgotik

halten, an der die schönsten und wichtigsten Orte liegen. Das soll nicht heißen, daß die abseits unserer Straße liegenden Orte und Landschaften uninteressant seien. Wer genug Zeit für einen Umweg eingeplant hat [etwa fünfundzwanzig Kilometer mehr als vorgesehen], sei auf eine landschaftlich reizvolle Strecke hingewiesen, die von Modica hinunter ans afrikanische Meer führt. Zunächst erreicht man das Städtchen Scicli, eine sikulische Gründung, im achtzehnten Jahrhundert nach dem Erdbeben völlig neu aufgebaut und mit seinen Kirchen und Palazzi in reinem Barockstil erhalten. Durch die meernahe Ebene geht es nach Pozzallo, einem kleinen heiteren Hafenstädtchen mit angenehmem Badestrand. Weiterfahrend stößt man bei Ispica wieder auf die Straße 115.

Näherliegend und landschaftlich wie archäologisch interessanter ist das enge, schluchtartige Flußtal, das sich von Ispica etwa zwölf Kilometer nach Nordwesten hinzieht. Hier befinden sich die *Cave d'Ispica*, in die Steilhänge der Kalksteinfelsen eingeschnittene Grabkammern, wie wir sie vereinzelt oder in kleineren Gruppen bei Nicosia und in Sperlinga gesehen haben. Hier nun, entlang der von grünen Büschen, von Öl- und Feigenbäumen bewachsenen Schlucht, zieht sich eine riesige Höhlennekropole, eine Totenstadt mit Tausenden von Felsgräbern. Der beste Zugang zur Cava d'Ispica führt von der Straße 115 genau sieben Kilometer hinter Modica nach links. Von hier sind es fünf Kilometer bis zur Schlucht.

Von fern starren die über- und nebeneinanderliegenden Öffnungen wie dunkle, wabenartig gesetzte Punkte aus den grauen Felswänden. Es sind rechteckige oder auch unregelmäßige Felslöcher,

246 *Aus den Häuserstufen von Modica ragt die große Barockkirche S. Giorgio*

die sich im Fels zu meist gerundeten, mannshohen Grüften erweitern. Die Beigaben, die man fand, lassen darauf schließen, daß dies vielleicht die älteste Nekropole der Sikuler ist, mehr als dreitausend Jahre alt.
In frühchristlicher Zeit suchten verfolgte Christen im Tal von Ispica Zuflucht. Sie erweiterten einen Teil der unteren Grabhöhlen zu Katakomben, zu Kapellen und Oratorien. Inschriften und Reste von Fresken sind erhalten. Bis in die jüngste Zeit haben Menschen in den größeren, noch rauchgeschwärzten Höhlen des Tals Unterschlupf gefunden, dienten Höhlen als Schuppen und Vorratsspeicher. Das Städtchen Ispica, das dem Tal und den Cave den Namen gab, idyllisch gelegen inmitten von Rebgärten, Weizen- und Baumwollfeldern, umgeben von grünen Büschen und Bäumen, die Feigen, Oliven und viele Früchte tragen, ist nach der Zerstörung des Jahres 1693 in freundlich heiterem Barock wiedererstanden.

Noto, Krone des Barock

Gäbe es einen Titel für die barockeste Stadt der Insel, *Noto* stände er wahrhaft zu. Keine sizilische Stadt hat den Stil des Settecento so rein und einheitlich bewahrt wie Noto. Ein Baustil, der freilich weniger das für Sizilien typische phantasiereich verspielte oder bizarre Barock mit spanischen und orientalisierenden Einflüssen zur Schau stellt, der vielmehr dem repräsentativen römischen Barock nahesteht. Selbst wenn man nur den breiten Corso Vittorio Emanuele mit seinen drei Platzausbuchtungen durchfährt, fällt sofort die großzügige, ja fürstliche Anlage der Stadt auf.

249 Die Kathedrale von Noto an der Piazza Landolina

Der Eindruck des Einheitlichen und zugleich Noblen wird bestärkt durch die Farbe des Baumaterials. Nicht der grauweiße Kalkstein fand hier Verwendung, sondern ein honigfarbener Naturstein, der unter dem Sonnenlicht goldgelb leuchtet. Aber es ist merkwürdig: Sosehr die Bauwerke Nobilität, Reichtum und Geschmack bezeugen, Noto ist das Landstädtchen des achtzehnten Jahrhunderts geblieben. Es ist geblieben, wie es nach der Erdbebenkatastrophe neu und auf neuem Boden aufgebaut wurde, denn das alte Noto lag etwa zehn Kilometer nordwestlich, den Asinaro flußaufwärts.

Noto ist die Stadt imposanter Kirchen, Klöster, Paläste und vieler Freitreppen. Ihnen gilt die Aufmerksamkeit des Besuchers, und er wird sich wenig um den eigenartigen Widerspruch zwischen der baulichen Nobilität und dem ländlichen Lebensrhythmus der Stadt kümmern.

Vom Corso zum *Dom* führt eine fassadenbreite, dreimal unterbrochene Treppenflucht empor. In majestätisch strengem Barock steht die Fassade des Doms, flankiert von zwei viereckigen Glockentürmen, in der Reihe schönster, vornehmer Barockhäuser. Der riesige Platz wird abgeschlossen von der etwas einfacher gehaltenen Fassade der Kirche *San Salvatore.* Dem Dom gegenüber liegt der *Palazzo Ducezio* [heute der Sitz der Stadtverwaltung], dessen Erdgeschoß von einer schönen Loggia umgeben ist. Allerdings stört der später aufgestockte Oberteil die Harmonie des ursprünglich niedrigeren Bauwerks. Von den sehenswerten Barockkirchen seien noch genannt: *San Domenico* an der Piazza XVI. Maggio mit dem nebenstehenden ehemaligen Dominikanerkloster, das heute als Bibliothek und Museum der Stadt dient; die Chiesa *del Crocifisso* mit unvollendeter Fassade, aber auffallend durch die harmonische Architektur, durch den besonders schön getönten Baustein und die eigenwillige Kuppel. Die architektonischen Exterieurs sind durchweg beachtlicher als das Innere

der Kirchen, obwohl auch hier Skulpturen bedeutender Meister wie Laurana [in Crocifisso] oder Gagini [in Santa Chiara] anzutreffen sind.
Ein Palast durchbricht das für Notos Bauwerke typische Schema eines maßvollen und vornehmen Barock, der 1731 erbaute prachtvolle *Palazzo Villadorata*. An den Außenwänden des rechteckigen Gebäudes ließen die Architekten der barocken Phantasie bis zur dekorativen Extravaganz und Bizarrerie freies Spiel. Die klassisch ansetzende Fassade wird mit einem Anflug von Ironie verfremdet und oberhalb, an den Gesimsen und Balkonstützen, durch monströse und groteske Köpfe, Tier- und Menschenkörper ad absurdum geführt. Man hat den Eindruck, als hätten hier die Bauleute einmal über die Stränge schlagen wollen.
Notos barocke Bauwerke und bauliche Anlage, das harmonische Gesamtbild von Gebäuden, Plätzen und Straßen ist der Kunst der Architekten, vor allem der Landolina und Gagliardi, zu danken, aber auch dem Gemeinsinn der Bürger. Daß diese Leistung keineswegs selbstverständlich war, zeigt der Vergleich mit der nur neun Kilometer entfernten Nachbarstadt *Avola*. Auch Avola wurde durch das Erdbeben zerstört und im achtzehnten Jahrhundert wieder aufgebaut, aber dürftiger und weniger geschmackvoll als Noto.
Während Noto noch an einen Berghang gelehnt ist und auf weite Mandelhaine hinabblickt, liegt Avola schon in der küstennahen Ebene. Die Mandel-, Oliven- und Agrumenpflanzungen werden zahlreicher. Durch die fruchtbare Ebene fahrend nähern wir uns Syrakus.

SYRAKUS, STADT ZUM VERWEILEN

Schon der Name *Syrakus* übt eine Faszination aus, die unsere Phantasie beflügelt. Eine Faszination, die so sehr vom Vergangenen, von Geschichte und Mythen lebt, daß die Gegenwart so oder so verblassen muß. Syrakus war, zumal unter dem Tyrannen Dionysios I., größte Stadt der hellenischen Welt und mächtigste Metropole des Abendlandes, ein glanzvoller Sammelpunkt der Kunst und Kultur seiner Zeit. Hier, im größten hellenischen Theater, dem Teatro Greco, inszenierte Aischylos selbst eine Aufführung seiner «Perser». Am Hof Hierons von Syrakus lebten die Dichter Pindar und Simonides und Bakchylides. Hier machte Platon den Versuch, seine Staatstheorie in die politische Wirklichkeit umzusetzen, schrieb Theokrit seine anmutige Hirtenpoesie. Der geniale Archimedes diente der Stadt und fiel hier durch die Hand eines römischen Schergen.

Und noch in der Geschichte des Frühchristentums nimmt Syrakus einen bevorzugten Platz ein. Nach der Legende sandte Petrus seinen Schüler Marcianus nach Syrakus, der hier im Jahre 44 die «prima filia post Antiochenam», die erste Christengemeinde nach Antiochia, gründete. Die Gemeinde war schon gefestigt, als Paulus auf seiner vierten Missionsreise nach Syrakus kam und hier drei Tage verweilte.

All dies lebt auf und tritt vor unser geistiges Auge, wenn wir Syrakus beim Namen nennen. Es mischt sich mit zäher Beharrlichkeit in unser Bild von der heutigen Stadt, die ganz anders ist, als wir erwarten. Die großen antiken Monumente, einst im Zentrum der Stadt gelegen, sind heute von Ödland und Wildwuchs

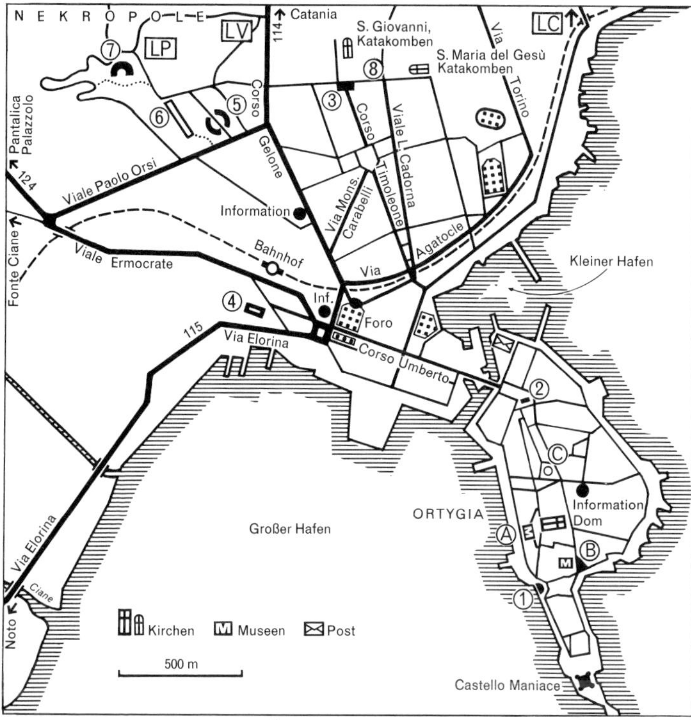

SYRAKUS

1 Fonte Aretusa
2 Apollotempel an der Piazza Pancali
3 Santuario Madonna delle Lacrime
4 Römisches Gymnasium
5 Römisches Amphitheater
6 Ara di Ierone
7 Teatro Greco
8 Villa Landolina

A Museo Nazionale
B Palazzo Bellomo
C Piazza Archimede

LP Latomia del Paradiso
LV Latomia di Santa Venera
LC Latomie dei Cappuccini

umgeben. Von der Hügelhöhe des Teatro Greco blickt man hinab auf versteppte Felder und bebaute Grünflächen, auf vereinzelte, planlos gesetzte Häuser, dazwischen Bahngeleise und Autostraßen, Industriegelände, während die Hochbauten der modernen Stadt ebenso planlos landeinwärts weiterwachsen. Nichts macht glaubhaft, daß auf diesem Gelände einst eine blühende Stadt stand, deren Umfassungsmauer vierunddreißig Kilometer maß. Das heutige Syrakus ist in seiner Fläche und Einwohnerschaft zusammengeschrumpft auf etwa einen Zehntel seiner einstigen Größe.

Es waren nicht allein Geschichts- und Naturkatastrophen, die Syrakus im Laufe der Jahrhunderte zu einem kümmerlichen Abbild seiner selbst machten. Syrakus war abhängig von seinem Hafen, dem größten und herrlichsten Naturhafen des Mittelmeers. Mit dem Niedergang des Hafens, eine Folge der Verlagerung der Lebens- und Wirtschaftsinteressen nach Norden, schwand auch die Bedeutung der Stadt. Heute ist der Porto Grande eine idyllische Bucht. Kaum vorstellbar, daß hier mit dem überwältigenden Seesieg der Syrakusaner im August des Jahres 413 vor Christus das nach Thukydides «wichtigste Ereignis der griechischen Geschichte» stattfand, daß auf dem Grund des Porto Grande sieben Schiffe der athenischen Kriegsflotte ruhen.

Alle Zufahrtsstraßen münden in den breiten Corso Umberto, der geradenwegs den Kanal der Darsena, des kleinen Binnenhafens, überbrückt und auf die Insel *Ortygia* führt. Obwohl der Stadtteil auf dem Festland auch heute noch größer ist und unregelmäßig

255 Von der Maddalena-Halbinsel aus erblickt der Reisende die Landzunge von Ortygia, den ältesten Teil von Syrakus mit dem Kastell Maniace und den Porto Grande.

weiter landeinwärts wächst, Ortygia ist das Herzstück von Syrakus. Alle Wege führen über den Ponto Nuovo auf die eineinhalb Kilometer lange Insel, die wie eine schmale geschlossene Hand mit ausgestrecktem Zeigefinger ins Ionische Meer vorstößt. Von der Promenade an der westlichen Längsseite hat man den schönsten Blick über den weiten Binnensee des Porto Grande, bis zum jenseitigen Ufer und der nach Süden auslaufenden Halbinsel Maddalena.

Dort, an der Spitze der Maddalena-Halbinsel, befindet sich in idyllischer Lage und mit vorzüglicher Schwimmgelegenheit ein Touristendorf. Ein Ausflug hierher ist lohnend, besonders am Nachmittag, wenn die jenseitigen Häuser Ortygias und das vorgeschobene Castello Maniace im späten, milden Licht aufschimmern.

Ortygia ist die Urzelle von Syrakus. Hier, anstelle eines älteren sikulischen Handelsplatzes, gründeten korinthische Siedler 734 vor Christus die erste Stadt. Sie gaben ihr den Namen der Geburtsinsel der Artemis in der Nähe von Delos. Nach der Ausbreitung der Griechenstadt auf dem Festland blieb Ortygia einer von fünf Stadtteilen, neben Neapolis, Achradina, Tyche, Epipolai. Heute erinnert die enggebaute Insel mehr an ein sizilianisch freundliches Barock.

In Ortygia ist man bald heimisch. Erst recht, wer täglich zum Frühstück auf der Piazza Archimede im Anblick des rauschenden Arethusabrunnens sitzt oder wer durch die Gassen schlendert, unter den kleinen barocken Gitterbalkonen. Wir werden schnell gewahr, wie klein die Insel ist. Und doch birgt sie stille, schattige Plätze, umsäumt von kostbaren Barockfassaden, überrascht sie durch eine Fülle von bewundernswerten Dingen. Unversehens ist der Gast umfangen vom liebenswerten Charme dieses Ortes.

Unser Rundgang beginnt in Ortygia. Aber zunächst folgen wir absichtslos dem Gezweig der Gassen, vom Fischerhafen der

Darsena über den Markt und die Piazza Archimede bis zum südlichen Zipfel mit dem vorgeschobenen Castello Maniace. Auf halbem Wege liegen nahe beieinander der Dom und das Museo Nazionale. Nur kurz ist der Weg von der westlichen Uferpromenade mit dem legendären Fonte Aretusa hinüber zur Ostseite Ortygias, wo die Häuser dicht am Ufer stehen und der Blick weit ins offene Meer reicht. Am Mittag oder Abend finden wir leicht zur Piazza Archimede zurück, um in einem der Ristoranti zu speisen. Pikante Fischgerichte, Scampi, Anguille, Maccheroni con Aragosta, überhaupt Maccheroni oder Spaghetti in verschiedenster Zubereitung, etwa mit Tintenfischsauce, gehören zu den syrakusanischen Spezialitäten.

Wir entdecken in Ortygia idyllische Gassen, wie herausgelöst aus dem Getriebe der Zeit, verharrend zwischen hellen, geschmückten Steinfassaden des Barock. In anderen Gassen spielen Kinder oder sitzen die Alten auf kleinen Holzstühlen vor der Tür. Lebhafter geht es am Fischerhafen zu und in den Geschäftsstraßen zwischen der Piazza Pancali mit dem Markt und der Piazza Archimede. Auch hier finden wir Armutsquartiere, aber nie von so provozierender Aufdringlichkeit, wie es der Westen der Insel auf Schritt und Tritt zeigt. Der Agrarreichtum des umliegenden Landes kann der schlimmsten Not abhelfen. Die Syrakusaner, die wir sprachen, waren freundlich und zuvorkommend – wie der syrakusanische Kutscher, der einen schon abgesprochenen Preis am Ende einer Fahrt herabsetzte. Natürlich war der vereinbarte Preis überhöht. Man muß handeln wie anderswo in Sizilien. Aber hier geschieht das nicht aggressiv, sondern heiter, als wären sich die Syrakusaner noch heute der einstigen glanzvollen Urbanität ihrer Stadt bewußt.

Tempel und Dom

Was Syrakus an Tempelresten erhalten blieb, kann sich nicht messen mit den Griechentempeln von Agrigento und Selinunte und dem einsamen dorischen Tempel von Segesta. Auch hier wird unsere Erwartung von der Wirklichkeit korrigiert. Aber mag Agrigento mit seinem Zeustempel die im Ausmaß gigantischste Kultstätte geplant und zu bauen begonnen haben, das antike Syrakus weihte der Athena einen Tempel, dessen prunkvolle Ausstattung von keinem anderen Heiligtum übertroffen wurde. Schon wenige Jahrzehnte nach der Stadtgründung errichteten die korinthischen Siedler in der südlichen, leicht gehügelten Ebene jenseits des Kyaneflusses den Tempel des olympischen Zeus. Dieses erste aus Holz erbaute Olympieion wurde im sechsten Jahrhundert vor Christus durch einen zweiundvierzigsäuligen dorischen Steintempel ersetzt. Heute sind die Fundamente von einer Grasnarbe überwachsen. Ein paar verwitterte Steinbrocken liegen herum, und zwei Säulenstümpfe, stumme Wächter, bezeichnen den einsamen, von Ölbäumen und Wildwuchs umgebenen Ort. Man fährt die Straße 115 südwärts, entlang dem Porto Grande, erquert den Anapo- und den Kyanefluß und folgt der ersten rechts abzweigenden Feldstraße, die direkt zu den Ruinen führt. In diesem Gelände hatte sich das athenische Kriegsheer verschanzt, nachdem die Kriegsflotte Athens 415 vor Christus im Großen Hafen gegenüber dem Olympieion ankern und das Fußvolk an Land gehen konnte, ehe die überlisteten Syrakusaner zur Stelle waren. Der Tempel blieb inmitten der erbitterten Kämpfe unberührt. Zwei Winter und zwei Sommer

259 An der linken Seitenfront und im Innern des Doms von Syrakus sind die dorischen Säulen sichtbar

hindurch lagerten im Schatten des Olympieion bald athenische, bald syrakusanische Truppen. Ungehindert versahen die Priester ihren Opferdienst.

Am Anfang von Ortygia, wo die zur Piazza erweiterte Zufahrtsstraße ausläuft, stehen in einer Senke die Reste des *Apollotempels.* Die Ruinen wurden im neunzehnten Jahrhundert wiederentdeckt und freigelegt. Unter den benachbarten Straßen und Häusern der Altstadt liegen die Trümmer der antiken Wohnbauten. Die gut sichtbaren Tempelfundamente mit einigen Säulenstümpfen gehörten dem ältesten dorischen Tempel von Syrakus, erbaut im siebten Jahrhundert vor Christus. Spitzbogige Mauerreste mit einem kleinen Portal erinnern daran, daß auch dieser Tempel zur christlichen Kirche umgebaut wurde. Den Sarazenen diente er als Moschee; im frühen Mittelalter feierten wieder die Christen hier ihren Gottesdienst. Ausgedient und verloren steht die Ruine am Rande des geschäftigen Treibens. Hinter dem Tempel wird allmorgendlich Markt abgehalten. Aber reizvoll ist der Blick von der oberen Straße über den Tempel. Das Portal in der brüchigen Mauerwand öffnet sich wie ein Fenster. Man blickt hindurch und folgt einer Gassenflucht, die am Porto Piccolo, dem kleinen Hafen, endet.

Wir gehen indes die Via Cavour aufwärts zur Inselmitte, lassen die belebte Piazza Archimede links liegen und erreichen bald die stillere längliche Piazza Duomo. Der Wechsel ist eigenartig. Eine Welt umfängt uns in den kostbaren Barockfassaden der Palazzi Bosco und Vermexio, des Museo Nazionale und des Bischofspalastes. Die hochbarocke, durch mächtige Säulen gegliederte und von Skulpturen belebte Fassade des *Doms* setzt einen monumental feierlichen Akzent. Die Fassade wurde im achtzehnten Jahrhundert vorgebaut und läßt nicht ahnen, welche Überraschung das Innere des Domes birgt, die denkbar vollkommene Verschmelzung von Tempel und Kirche. Es sind die grauen,

schmucklosen kannelierten Säulen des *Athenatempels*, die noch heute den Kirchenraum bestimmen, zehn Säulen im linken, neun im rechten Seitenschiff.
Dieser Tempel war der Ruhm des antiken Syrakus. Nach der Schlacht bei Himera ließ der siegreiche Tyrann Gelon den dorischen Tempel errichten und prachtvoll ausstatten. Erbaut im glanzvollen fünften Jahrhundert vor Christus auf den Fundamenten eines älteren archaischen Heiligtums, blieb der Tempel auch nach der Griechenepoche eine heilige Stätte. Die Römer weihten den Tempel der Minerva. Aus Ciceros Anklagen gegen den räuberischen Statthalter Verres wissen wir von der prunkvollen Ausstattung. Es war nicht der einzige Tempel, den Verres ausgeplündert und seiner Schätze beraubte. Aber welch ein Tempel, dessen Flügeltüren Tafeln aus Gold und Elfenbein trugen! An den Wänden der Cella hingen gemalte Bildnisse von Tyrannen und Königen und der Reiterschlacht des Agathokles. Von der Giebelspitze glänzte der goldene Schild der Göttin und wies den in den Großen Hafen einfahrenden Schiffen den Weg.
Der heilige Zosimus, Bischof von Syrakus, ließ im siebten Jahrhundert Fundamente und Säulenkranz in eine dreischiffige Basilika einbauen. Glücklicherweise wurden bei der Restaurierung [1909–1927] die Säulen von allem Putz befreit. Auch das Innere des Doms erhielt die einfache Form zurück, die es im zwölften Jahrhundert – nach dem Aufbau des Fenstergadens über dem Mittelschiff – besaß. Die antiken Säulen sind keine Fremdlinge. Sie sind in die christliche Kirche hineingewachsen und geben dem Raum eine kraftvolle, beharrliche Ruhe. Sie sind gewichtiger als die wenigen Zutaten des Barock und drängen selbst die beiden Statuen Antonello Gaginis und das schöne Tafelbild von Antonello da Messina, das Bischof Zosimus darstellt, in den Hintergrund. Auf die frühchristliche Gemeinde verweist eine Inschrift, die in die oberen Längswände des Mittelschiffs eingemeißelt ist:

Ecclesia Siracusana Prima Divi Petri Filia Et Prima Post Antiochenam Christo Dicata [Die Kirche von Syrakus, erste Tochter des heiligen Petrus und erste Christus geweihte Kirche nach Antiochia]. Für das frühe Christentum war Syrakus vor Rom und später neben Rom ein zentraler Stützpunkt.
Merkwürdigerweise sahen wir im Dom, so oft wir ihn aufsuchten, und selbst zu festtäglichen Pontifikalgottesdiensten, nur wenige Gläubige. Der Grund hierfür mag darin liegen, daß sich das religiöse Leben der Stadt seit zwanzig Jahren um einen neuen Brennpunkt sammelt. Zuerst unter einem Wellblechdach an der Piazza Euripide, jetzt in der neugebauten riesigen Wallfahrtsbasilika an der Viale Teocrito [nahe den Katakomben von San Giovanni] wird die Weinende Madonna von Syrakus, die Madonna delle Lacrime, verehrt. Die Verehrung gilt einer kleinen buntbemalten Gipsmadonna und geht auf ein Ereignis im August 1953 zurück. Als die Frau eines Arbeiters unter schweren Umständen ein Kind zur Welt brachte und in ihren Schmerzen die Gottesmutter anflehte, hat die kleine Gipsmadonna geweint. Zeugen waren zugegen; herbeigerufene Leute und Ärzte bestätigten das Wunder: menschliche Tränen quollen aus den gipsernen Augen. Nicht mehr ist geschehen. Ein Zeichen des Mitgefühls anläßlich der menschlichsten aller Schmerzen, zugedacht einem armseligen Dasein.
Das religiöse Leben des Sizilianers vollzieht sich weniger im abstrakten Schema orthodoxer Lehren als vielmehr in einem von Tradition und sinnlichem Temperament geprägten Lebensrhythmus. Das erklärt den spektakulären Aufwand der unzähligen religiösen Schaustellungen und Mysterienprozessionen, den Anteil der Bevölkerung bei örtlichen Heiligenfesten, Pilgerfahrten, Bittgängen und ihre inbrünstige Bereitschaft, das Wunder als selbstverständliches Zeichen Gottes anzunehmen. Siziliens religiöse Geschichte ist von alters her verknüpft mit seinen Kult-

stätten, Tempeln, Wallfahrtsorten. In diesem Jahrzehnt ist Syrakus zu einem zweiten Lourdes geworden. Tausende und Zehntausende von Pilgern kommen zur Weinenden Madonna, zur Santissima Madre Siracusana. Ihre Anziehungskraft ist stärker als die jahrhundertealten Heiligtümer der Santa Rosalia auf dem Pellegrino, der Schwarzen Madonna von Tindari und aller Wallfahrtsorte der Insel.

Die Museen

Dem Dom gegenüber, ein paar Schritte weiter, liegt das archäologische Museum, das *Museo Nazionale Archeologico*. Zur Piazza Duomo gekehrt ist die Schmalseite des barocken Palastes mit dem Museumseingang. Das Gebäude zieht sich nach Westen, so daß man aus den rückwärtigen Fenstern hinabschaut auf die Passeggiata Aretusa, die Uferpromenade und das weite Becken des Porto Grande.

Museumsbesuche sind nicht jedermanns Sache. Das mag daran liegen, daß wir den herkömmlichen Museumstyp der historisierenden Sammelwut des vergangenen Jahrhunderts verdanken. Säle und Vitrinen sind vollgestopft mit Stücken, die ihrem Lebenszusammenhang entfremdet sind. Wenn weder der ursprüngliche Sinn noch die Beziehung zur Gegenwart deutlich hervortreten, überfällt uns die Museumswelt mit der bekannten Mischung von Feierlichkeit und Langeweile, der wir bald überdrüssig werden. Führungen helfen nicht, sofern sie sich im Aufzählen von historischen Details erschöpfen, mögen sie auch noch so sehr anekdotisch gewürzt sein. Die wichtigen sizilischen Museen bilden in dieser Hinsicht eine angenehme Ausnahme, vorbildlich das neugebaute Museum von Agrigent, die Museen von Gela und Lipari, ebenso das Museum von Syrakus, wo das

reich vorhandene Material durch die Herausstellung bestimmter Schwerpunkte neu organisiert wurde.
Die eindrucksvollsten Skulpturen des archäologischen Museums von Syrakus stammen aus dem sechsten vorchristlichen Jahrhundert. Sie bezeugen zugleich den für die Insel wichtigsten und ältesten Kult der Fruchtbarkeit. Hierzu gehört die in weichem Stein gehauene Plastik der Großen Mutter [Kurotrophos], urwüchsig und breit sitzend, mit Zwillingen an den Brüsten. Da der Kopf fehlt, kommt das Elementare, das Ruhende, Gerundete der Erdmutter voll zur Geltung. Wie diese Plastik so wurde die Terrakottabüste der Demeter mit dem wunderbar stilisierten Haar, das in gleichmäßigen Wellen auf die Schulter herabfällt, in Megara Hyblaea ausgegraben. In Terravecchia bei Grammichele [nahe Caltagirone] fand man die Thronende Gottheit, eine Terrakottaplastik mit Resten der ursprünglichen Bemalung. Auch sie dürfte Demeter, die Göttin der Fruchtbarkeit, darstellen. Auffallend ist das verhaltene Lächeln, ist die beherrschte Sitzhaltung und die archaische Stilisierung von Gewand und Haar.
Interessant ist der Vergleich des archaischen Kuros, eines Jünglingstorsos [erste Hälfte 6. Jh. v. Chr., gefunden in Megara Hyblaea], mit den bekannten Epheben von Selinunt [etwa 460 v. Chr.] und von Agrigent [etwa 490 v. Chr.]. Zeigen die Epheben schon ausgeprägte, individualisierte Formen, so ist das Körperliche des syrakusanischen Kuros noch archaisch streng und verhalten gebildet. Sind die Arme der Epheben schon vom Körper gelöst, so betont der eng anliegende Arm des Kuros die Geschlossenheit der bildnerischen Frühstufe. Ein Meisterwerk der frühen sikeliotischen Kunst.
Noch eines der früheren Kunstwerke sei hervorgehoben, da es typisch ist für die Neigung der sikeliotischen Kunst zum Grotesken. Ein rechteckiges Terrakottarelief, das bunt bemalt war und einst einen syrakusanischen Tempelgiebel schmückte, zeigt

die Gorgo. Groß und fratzenhaft ruht der Gorgokopf auf dem kleinen, zusammengeschobenen Körper, während der rechte Arm den winzigen geflügelten Pegasus an den Leib hält.
Das Prunkstück des Nationalmuseums stammt aus jüngerer Zeit, aus dem zweiten vorchristlichen Jahrhundert. Es ist der bewundernswerte Marmortorso der Aphrodite Anadyomene, auch Venus Landolina genannt, nach dem Grafen Landolina, der die Statue 1804 in den Trümmern eines Nymphäums in Akradina fand. Sein Schöpfer hielt sich an das Vorbild der knidischen Aphrodite des Praxiteles, zeigt aber in der weicheren und sinnlicheren Modellierung, in der schimmernden Glättung des Materials seine eigene Meisterschaft. Aphrodite, dem Meer entstiegen, rafft mit der linken Hand das über die Schenkel herabfallende und unten windgebauschte Gewand zusammen. Der sanft bewegte weibliche Körper ist von ungewöhnlichem Liebreiz, aber schon ein ganz irdisch anmutvolles Bild der Göttin, wie es der Vorstellung der hellenistischen Zeit entsprach. Allein das herabwogende, zu einer faltenreichen Schale gebauschte Gewand und der Delphin deuten die Szenerie an.
Der Delphin, Symbol des Meeres, war auch das Wahrzeichen der syrakusanischen Gold- und Silbermünzen. Ihre Randprägung zeigt vorzugsweise Delphine, die den Kopf einer Göttin, der Artemis, Arethusa, Aphrodite, umspielen, während Akragas den Adler oder Krebs, Gela den menschenköpfigen Stier und Selinus das Sellerieblatt als Münzzeichen hatten. Die sikeliotischen Münzen gehören zu den schönsten der Welt. In der Prägestätte von Syrakus wirkten die berühmtesten Münzenschneider ihrer Zeit, Euainetos, Kimon, Eumenes, Eukleides, deren kleine Kunst den großen Kunstwerken ihrer Zeitgenossen nicht nachstand.
Wir verlassen die antike Welt des archäologischen Museums und besuchen das kleinere zweite Museum im *Palazzo Bellomo*, das – wie der Palazzo Abbatelli in Palermo – mittelalterliche und

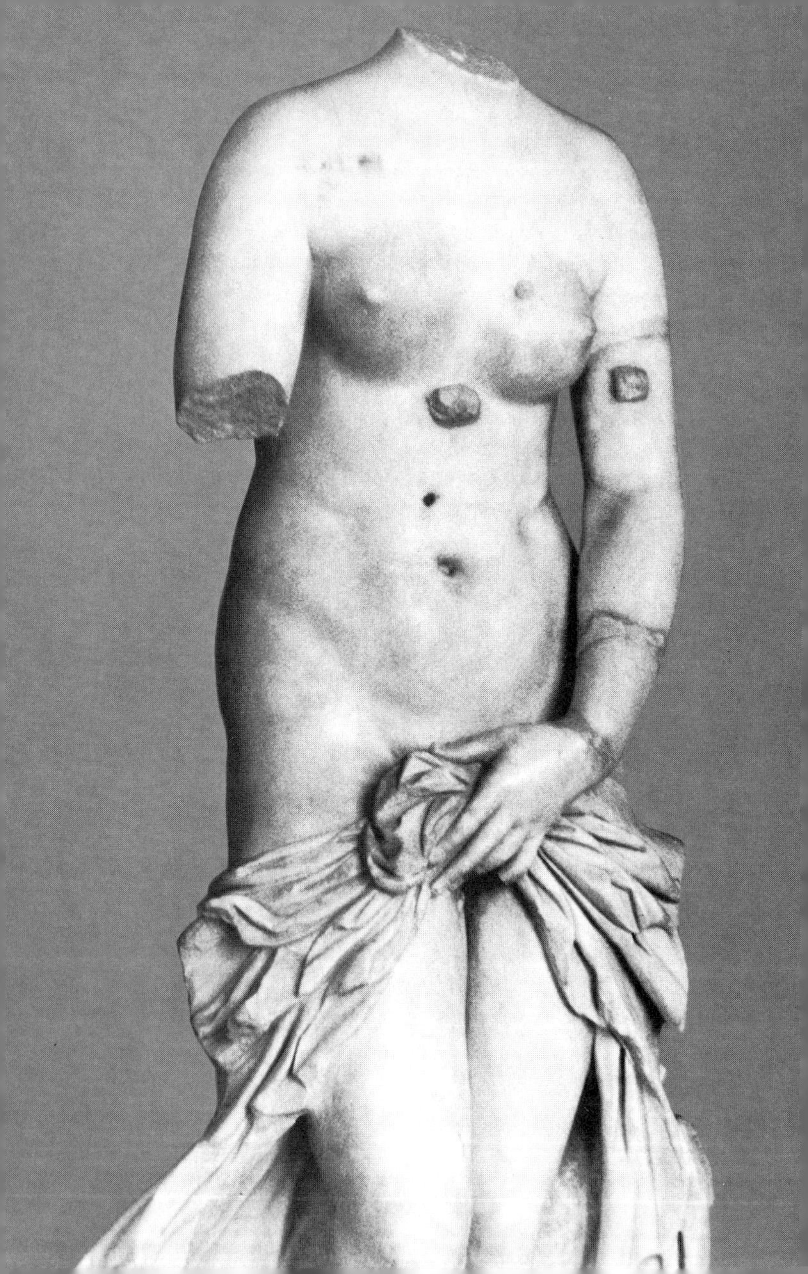

neuere Kunstwerke, vor allem Gemälde, aufbewahrt. Der kurze Weg führt zunächst durch die Verlängerung des Domplatzes hinab zum Fonte Aretusa, der legendären Süßwasserquelle dicht am Meer. Es tut gut, hier einen Augenblick zu verweilen. Der Meerwind erfrischt, das Auge schweift ungehindert über die weite blauschimmernde Wasserfläche.

Nur wenige Schritte von hier, die Via Capodieci ein Stück aufwärts, liegt an der linken Straßenseite der Palazzo Bellomo. Die hohe Außenfront erinnert an spanische Palastfassaden. Der herrliche, nicht große Innenhof mit flachbogigen Arkaden und einer Freitreppe mit längslaufendem Sägefries zeigt katalanisch-gotischen Stil. Der aus der späten Stauferzeit stammende Palast wurde im fünfzehnten Jahrhundert umgebaut, als Sizilien unter spanischer Herrschaft stand. Die im Hof und Erdgeschoß aufgestellten Skulpturen und die beiden Rokokokaleschen sind Zugaben. Bemerkenswert ist ein frühchristlicher Basaltadler zu einem Ambo aus der Krypta San Marciano.

Die Pinakothek, Hauptteil des Museums, befindet sich im Obergeschoß. Die «Verkündigung», eines der vollkommensten Werke Antonello da Messinas [1474 für Palazzolo Acréide gemalt], zeigt eine sehr schöne, fein lächelnde Maria mit ausdrucksvollen, auf der Brust gekreuzten Händen. Ein etwas lieblicheres Gegenstück zu Antonellos berühmter Verkündigungsmadonna in der Nationalgalerie von Palermo. Neben diesem leider beschädigten Bild vermittelt die «Madonna mit Kind» aus der Scuola Siracusana [15. Jh.] den stärksten Eindruck. Ein eigener Raum ist Ikonen vorbehalten, darunter ein kostbares Triptychon aus der russischen Stroganow-Schule [1570] und zwei italo-byzantinische Werke, eine «Natività» und ein «San Giorgio», aus dem sieb-

266 Die vielgerühmte Venus Anadiomene im Archäologischen Museum

zehnten Jahrhundert. Es ist merkwürdig und reizvoll, diese Werke in einer Umgebung zu finden, die so stark von der griechischen Antike, von katalanischer Gotik und spanischem Barock geprägt ist.

Arethusaquelle und Kyanefluß

Sicherlich wissen die Geologen das Aufsprudeln einer Quelle am Ufer der Ortygiainsel, ein paar Schritte vom Meer entfernt, plausibel zu erklären. Die ersten Griechen, die hier landeten, sahen in der Süßwasserquelle die Spende der Götter im fremden Land, Glück und Verheißung des Anfangs. Nicht die rationale Erklärung, nur die mythische Beziehung konnte das Wunderbare erhellen. So entstand die Sage von der Nymphe Arethusa, die zugleich ein Band zwischen Kolonie und Mutterland knüpft.

Arethusa, die Nymphe im Dienste der Artemis, war in den Wäldern von Elis im Peloponnes heimisch. Die Sage erzählt, der Flußgott Alpheios habe sich eines Tages in sie verliebt. Alpheios verfolgte die Nymphe, bis sie in wirrer Flucht ans Meer kam und sich verloren glaubte. Schon sah sie den Schatten des Gottes nahen, als sie verzweifelt ihre Herrin um Schutz bat. Artemis verwandelte die Nymphe in eine Quelle und öffnete ihr das Meer. Arethusa sprang in die Fluten und strömte ungehindert unter dem Ionischen Meer dahin, bis sie auf Ortygia wieder hervortrat, als Quelle süßen Wassers.

Noch Ovid nannte die Quelle geheiligt, und noch am Ende des achtzehnten Jahrhunderts gab sie klares, süßes Wasser. Horatio

269 *Die Quelle des Flusses Ciane [Kyane] mit den sattgrünen Papyrusstauden*

Nelson ließ 1798 die englische Kriegsflotte im Großen Hafen ankern und Lebensmittel und Trinkwasser übernehmen, ehe die Schiffe zur Seeschlacht bei Abukir ausliefen. Der Admiral schrieb an Sir William Hamilton, er werde siegen, habe er doch das Frischwasser aus der Quelle der Arethusa schöpfen lassen.
Heute dringt salziges Meerwasser in den Quellteich der Arethusa. Vielleicht ist die felsige Trennwand zwischen Meer und Quelle gebrochen.
Noch immer flattern die Tiere der Artemis, unzählige grauweiße Tauben über der Fonte Aretusa. Die jungen Paare, die sich über die Randbrüstung beugen, erkennen im Wasser ihr eigenes Bild. Sie sehen die langstengeligen Papyrusstauden mit dem Gespinst der Dolden, sehen die Tauben und Enten und vielleicht eine Katze, die den Fischen auflauert, die sich zu nahe an den Beckenrand wagen. Allein im Namen der Quelle lebt das mythische Geschehen weiter.
Eine andere Quelle, die südwestlich von Syrakus im einstigen Sumpfland entspringt, trägt den Namen der Nymphe Kyane [italienisch Ciane]. Ihre Wasser sammeln sich zu einem Flüßchen, das schon nach wenigen Kilometern neben dem aus den Hybläerbergen kommenden Anapo in den Porto Grande mündet. Kyane gehörte zu den Gespielinnen Persephones. Sie war zugegen, als Pluto das Mädchen Persephone raubte, und suchte die Entführung zu verhindern. Der erzürnte Gott der Unterwelt verwandelte Kyane in eine Quelle.
Es ist, als ob noch immer Verzauberung über dem Quellteich des Fonte Ciane läge. Wer hierher kommt, betritt verwunschenes Land und wird eines selten schönen Erlebnisses teilhaftig. Mit dem Wagen oder einer Carrozza fährt man von Syrakus die Viale Ermocrate stadtauswärts, biegt nach der Straßenkreuzung halblinks in die breite Autorennstrecke ein und folgt der ersten links abzweigenden Straße, die bezeichnet ist. Auf diesem Weg ver-

säumt man allerdings das Schönste, die Bootsfahrt auf dem Kyanefluß. Im Fischerhafen oder am Kai von Ortygia liegt fast immer ein Boot bereit mit einem Rudermann, dem die Fahrt zur Quelle vertraut ist.

Es geht quer über den Porto Grande, dann flußaufwärts, an Zitrusgärten vorbei, zwischen immergrünen Eukalyptusbäumen und Erlen. Im Frühjahr ist die Fahrt besonders reizvoll, wenn die wechselnden Grünfarben des Landes im milderen Licht aufleuchten. Jede Windung des Flüßchens bringt neue Motive. Bald lassen die Ufer mit den weichen Graspolstern und Büschen nur noch eine schmale Rinne frei. Dann säumen Schilf und Papyrusstauden die Ufer. Ein Wald grüner, blattloser Stengel, deren feinsträhnige Kronen leicht geneigt sind.

Die einheimischen Bootsleute finden immer wieder dankbare Zuschauer, wenn sie die Papyrusschäfte zu halbmeterlangen Fasern zerschneiden und diese über Kreuz zu einem lückenlosen Flechtwerk verbinden. Sie nehmen den unteren, vom Wasser aufgeweichten Stengelteil und nur die weiße Substanz. Das fertige Gewebe wird gepreßt und getrocknet, dann erst entsteht das vortreffliche elfenbeinfarbene Papier der Ägypter. Ein kleiner Betrieb in Syrakus soll die alte Methode der Herstellung noch kennen und das Fabrikationsgeheimnis sorgsam hüten. Die Araber haben den Papyrus aus Unterägypten mitgebracht und auf der Insel angepflanzt. Wir sahen ihn vereinzelt in palermitanischen Gärten, selbst in Agrigento, und größere Stauden an der Arethusaquelle. Aber nur noch am Fluß der Kyane wächst Papyrus frei und in größeren Mengen, und der klare Quellteich ist ganz von dem zarten hellgrünen Gespinst der Papyrusstauden umsäumt.

Von der weltlichen Macht und von ihrer Vergänglichkeit sprechen die beiden Festungswerke, die antike Euryalosburg und das hohenstaufische Castello Maniace. Sie liegen einander entgegengesetzt, Bastionen an den äußersten vorgeschobenen Grenzen der einstigen Stadt. Landeinwärts nach Nordwesten [9 km], auf der Hochebene, breitet sich die kolossale Trümmerstätte der Festung Euryalos aus. Bis hierher ziehen sich die Reste der antiken Stadtmauern. Aber die Häuser der Epipolis, des Stadtteils im Bereich der Festung, sind ausgelöscht. An ihrer Stelle wächst Steppengras und niederes Gebüsch. Kein Baum hindert den Blick zurück über die grüne Ebene bis zur fernen, klein gewordenen Stadt, deren Häuser zusammengerückt sind zu einer schmalen, hellen Zeile vor dem dunklen Ionischen Meer. Die Spitze von Ortygia stößt nach Süden vor, die Wasser teilend. Am äußersten Punkt der Insel, ursprünglich von Ortygia abgesondert und nur über eine Brücke erreichbar, liegt das zweite, jüngere Festungswerk *Castello Maniace.*

Was vom Euryalosberg aus als kaum auffallender Abschluß der Häuserfront Ortygias erscheint, wird – sobald man näher kommt – zu einem wuchtigen Quaderbau mit vier runden Ecktürmen. Lange galt der byzantinische Admiral Giorgios Maniace, der Syrakus 1038 für kurze Zeit der arabischen Vorherrschaft entriß und die Inselspitze befestigte, als der Bauherr. Aber der Baustil ist eindeutig staufisch, vergleichbar den Stauferkastellen in Unteritalien und Catania. Friedrich II. ließ das Kastell 1232 bis 1239, in seinen machtvollsten Jahren, errichten. Erdbeben und eine Pulverexplosion haben den alten Bau stark beschädigt. Nur Teile des Erdgeschosses und die massiven Mauern sind erhalten. Zudem wurde der ursprüngliche Quaderbau an allen Seiten durch Aufschüttungen und zusätzliche Bastionen erweitert. Die aufgeschüttete Verbindung zur Insel wurde zu einem großen Platz, auf dem heute italienisches Militär exerziert. Das Kastell wurde zur Kaserne.

Aber es lohnt, werktags den Passierschein zu besorgen oder sonntags durch die geöffneten Tore zum Kastell zu gehen. Das schöne, abgetreppte Spitzbogenportal ist erhalten, darüber ein Wappen aus spanischer Zeit. Die Konsolen links und rechts vom Portal trugen die zwei berühmten hellenischen Bronzewidder; Schmuckwerke aus dem Königspalast Hierons II., wovon der eine heute zu den Prunkstücken des Museo Nazionale in Palermo gehört. Im Innern sind nur Fragmente geblieben, gotische Bogen und Kapitelle mit stilisierten Blattgebilden, Reste des großen Säulensaales mit Kreuzgewölbe, gotische Fenstereinfassungen, marmorne und granitene Säulen, das wuchtige Mauerwerk. Noch die Reste zeigen die Kraft und Frische der jungen staufischen Bauidee, in der mathematisch-klare Zweckmäßigkeit und der strenge Kunstsinn der frühen Gotik zusammentrafen.

Solche Baureste bleiben museale Relikte, wenn nicht ihr Lebenszusammenhang, ihre Geschichte, erkennbar wird. Mehr noch als für das zeitlich näher liegende Stauferkastell gilt das für die antike *Euryalosburg*. Schon der Weg zum Festungsberg, vom Foro Siracusano den Corso Gelone stadtauswärts, dann nach Nordwesten, führt mitten durch geschichtliches Gelände. Der Höhenrücken, der das großartigste Verteidigungswerk der Griechenzeit trug, eine Anlage von fünfzehntausend Quadratmetern, ist von den Ereignissen der Geschichte getränkt. Man kann es auch dabei belassen, über die Steintrümmer zu klettern und den Ausblick zu genießen, hinab in die Ebene und das grüne Anapotal, hinüber zum Ätna oder zur Ostküste, wo Augusta liegt. Man kann die Ruinen der fünf rechteckigen, nach Westen gerichteten Türme des Hauptwerks, die fünfzehn Meter hoch waren, bewundern oder die Treppen hinabsteigen zu den unter-

irdischen Gängen, Tunnels, Kasematten mit den Ausfallstoren für Reiterei und Fußvolk. Ein odysseisches Labyrinth, tief in den Fels gehauen, mit großen Zisternen und Vorratskellern, von Wällen und Sperrgräben durchzogen.
Was heute im ruinösen Zustand verwirrend und zyklopisch erscheint, war ein vollkommenes Werk sikeliotischer Kriegsbaukunst, überaus kühn geplant und durchdacht, unvergleichlich als Muster einer beweglichen Verteidigung. Es ist nützlich, das kleine Museum am Eingang aufzusuchen, um dort an Hand des Modells der ursprünglichen Anlage einen Überblick zu bekommen.
Die Geschichte der Euryalosburg begleitet Aufstieg und Niedergang der Stadt. Dionysios I. ließ die Festung in den Jahren 402 bis 397 vor Christus erbauen. An ihren Mauern endete das Vordringen der nordafrikanischen Karthager, die jahrhundertelang versuchten, die Insel unter ihre Herrschaft zu zwingen. Von hier aus konnte Dionysios den Karthagern ein Ultimatum stellen. Er verfolgte sie bis an die ferne Westküste und zerstörte ihre Bastion Motya. Seine Erfolge bestärkten ihn in seinem Plan, die Sikelioten zu *einem* Staat zu vereinigen. Syrakus blühte auf zur Weltstadt und erlebte die Glanzzeit seiner Geschichte.
Schon vor Dionysios konnte Syrakus zwei gewaltige Triumphe feiern. Gelon, der Reiterführer aus Gela, 485 bis 478 vor Christus, Tyrann von Syrakus, brachte den Karthagern bei Himera ihre erste große Niederlage. Zwei Generationen später scheiterte die athenische Expedition am Widerstand der Syrakusaner. Der Sieg von 413 vor Christus festigte die syrakusanische Hegemonie. Sieben Jahre danach wurde Dionysios zum Herrscher ausgerufen. Er war vom Amtsschreiber zum Tyrannen aufgestiegen. Ein Kriegsmann, dessen militärischer Ruhm in endlosen Verteidigungs- und Angriffskriegen wuchs. Bald standen fünf Sechstel der Insel und Teile von Kalabrien unter seiner Tyrannis.

Dionysios war das Urbild eines Tyrannen, Emporkömmling von niederer Herkunft, rücksichtslos zur Macht drängend, gefürchtet als Kriegsmann und absoluter Herrscher. Seine eigene Grausamkeit hatte ihn argwöhnisch gemacht; er lebte in ständiger Furcht. Man sagt, er habe in seinem Schlafraum um das goldene Bett einen Graben ziehen und eine Zugbrücke anlegen lassen. Bekannt ist die Geschichte des Höflings Damokles, der den Tyrannen als glücklichsten der Sterblichen pries. Dionysios gewährte ihm, einen Tag lang zu leben wie der Tyrann. Was Damokles auch tat, bei jeder Gelegenheit, selbst während seines Schlafes, hing über seinem Scheitel ein Schwert, befestigt an einem Pferdehaar.

Viele der sikeliotischen Herrscher waren Freunde der Kunst und Wissenschaft. Philosophen und Dichter genossen höchstes Ansehen. Einer der Vorgänger des Dionysios, Hieron I., der Bruder und Nachfolger Gelons, hatte einen wahren Musenhof um sich versammelt. Seine Gäste waren Aischylos und der Chordichter Pindar, der Lyriker und Epigrammatiker Simonides und sein Neffe Bakchylides. Ihre Chorhymnen preisen Hieron, wie in Pindars dritter Pythischer Ode: «Der waltet als König in Syrakus,/Den Bürgern milde, mißgünstig nicht/Den Edlen, bewunderungswürdig/Ein Vater den Fremden –.»

Das konnte niemand guten Gewissens von Dionysios sagen, obwohl auch er den Ehrgeiz hatte, als Dichter mit den Großen seiner Zeit zu wetteifern.

Platon, der die Tyrannis mißbilligte, ehrte in Dionysios den tatkräftigen Staatslenker, der Westgriechenland vor den Karthagern schützte und die Sikelioten einte. Der Philosoph suchte Dionysios auf, um den mächtigsten Herrscher der damaligen

276/277 Der «Große Graben» der Euryalos-Festung

Welt für seine Staatstheorie zu gewinnen. Platons einziger Ausflug in die politische Wirklichkeit scheiterte. Seine Hoffnung auf den philosophischen Herrscher blieb unerfüllt.
Das Erbe des großen Dionysios, der 367 vor Christus starb, kam in die Hände schwacher Nachfolger. Das syrakusanische Reich zerfiel. Fremde Herrscher regierten in Syrakus, Timoleon von Korinth, Agathokles von Termini und König Pyrrhos von Epirus. Nach dem Abzug des Pyrrhos [276 v. Chr.] übernahm Hieron II., vom Militärführer zum König aufgestiegen, die Staatsführung. Unter seiner Regierung erlebte die Griechenstadt ihre letzte Blüte. Wie sein Vorgänger gleichen Namens, so zog auch er Künstler und Gelehrte nach Syrakus. Am Hof Hierons schrieb Theokrit seine bukolischen Dichtungen, lebte der geniale Archimedes. Hieron ließ Syrakus erweitern zu einer größeren und schöneren Stadt als je zuvor. Er erneuerte das griechische Theater aus dem fünften Jahrhundert vor Christus und gab ihm die Form, die wir noch heute bewundern.
Während Hierons sechzigjähriger Regierung war Rom zur Weltmacht geworden. Hierons geschicktes Bündnis mit Rom sicherte die Selbständigkeit und kulturelle Entwicklung von Syrakus. Jedoch Hierons Nachfolger löste das Bündnis und paktierte mit dem gegnerischen Karthago. Darauf schickte Rom den Feldherrn Marcellus mit einem Heer. Nach zweijähriger Belagerung fiel Syrakus 212 vor Christus – durch Verrat – in die Hände der Römer.
Die Euryalosfestung war das letzte Bollwerk der Syrakusaner. Hier hatte der greise Archimedes seine Erfindungsgabe in den Dienst seiner Heimatstadt gestellt. Er war ja nicht nur der Entdecker der Kreisberechnung, der kubischen Gleichungen, der Quadratwurzel und des Prinzips vom Auftrieb schwimmender Körper. Seine Entdeckungen im Bereich der Mechanik, Hebelgesetze, Flaschenzug, endlose Schraube, schiefe Ebene, wurden

angewandt und zeigten ihn als Meister der Kriegsingenieurkunst. Archimedes ließ auf Euryalos Katapultmaschinen aufstellen und konstruierte eiserne Greifarme, die den Feind vor den Mauern packten und hochschleuderten. Man sagt, Archimedes habe durch riesige Brennspiegel auf den römischen Schiffen Brände entfacht. Verrat öffnete die Tore der Euryalosburg. Archimedes wurde getötet, als ihn der römische Feldherr holen ließ und der alte Gelehrte, der geometrische Figuren in den Sand zeichnete, dem eindringenden Soldaten sein «noli turbare circulos meos» [Störe nicht meine Kreise!] zurief.
Ein Mißverständnis löschte das Leben des letzten Genies Westgriechenlands aus. Mit dem Tod des Archimedes war auch die ruhmvolle Geschichte der Griechenstadt zu Ende. Die einheimischen Bewohner verließen Syrakus. Die Stadt wurde geplündert. Römische Kolonisten siedelten sich an. Syrakus wurde römische Provinzstadt.

Beim Teatro Greco

Fahren wir den Corso Gelone stadtauswärts und verlassen die Wohnviertel der Stadt, so sehen wir zur Linken leicht gehügeltes Gelände, zur Rechten ebenes Brachland, ein paar veraltete Villen, Gärten, grünes Buschwerk, Mandel- und Ölbäume. Hier lagen vor mehr als zweitausend Jahren reiche Stadtviertel, nach Westen Neapolis, zum Meer hin Achradina [Akradina]. Links von der Straße, im Gebiet der Neapolis, sehen wir nahe beieinander die Monumente, die das antike Syrakus auf eindrucksvollste Weise bezeugen: das griechische Theater, den Opferaltar des Hieron und das römische Amphitheater.
Das Halbrund des *Teatro Greco* ist ganz in den Felshang eingeschnitten. Der Zuschauer blickt nach Sonnenaufgang, über die

Szene hinweg, auf grünes, buschiges Land und die ferne Stadt. Er sieht Ortygia und das Meer. Der heutige Besucher muß freilich Autostraßen und Industrieanlagen wegdenken, will er der ursprünglichen Faszination nahekommen. Es ist eines der ältesten Theater der Antike, nicht so gut erhalten wie das Theater von Epidauros, nicht so berühmt wie die Entstehungsstätte der attischen Tragödie in Athen, aber faszinierend durch seine Lage und Größe.

Hier wurden schon im frühen fünften Jahrhundert vor Christus Chorgesänge und Reigen aufgeführt. Wie im griechischen Mutterland feierten die Sikelioten die alten Götter und Heroen. In ältester Zeit stand mitten in der kreisrunden Orchestra [die «Tanzplatz» bedeutet] der Altar des Gottes Dionysos. Er war der gefeierte Zuschauer. Aus der Kultfeier zu Ehren des Dionysos entwickelte sich die griechische Tragödie. Ihr Schöpfer war Aischylos, der dem Chor zwei Schauspieler gegenüberstellte und das mythische Gedicht zum dramatischen Gespräch machte. Aischylos ergänzte das mythische Spiel durch seine patriotischen Geschichtsdramen. 472 vor Christus erlebte Syrakus die Erstaufführung der «Perser». Hier, auf der Szene des Theaters, stand der kahlköpfige Dichter und gab seine Anweisungen. Die Schauspieler trugen Gesichtslarven und Kothurne. Sie waren dem Menschlichen entrückte Rollenträger. Nur Männer spielten. Ihre Worte erreichten mühelos die Zuhörer in den obersten Sitzreihen.

Entstand in Athen die Tragödie, so in Syrakus die Komödie, in den Stegreifpossen und Parodien des Epicharmos aus Megara. Auch die Tragödien des Sophokles und Euripides, der jüngeren Zeitgenossen des Aischylos, fanden hier begeisterte Zuschauer. Bei Sophokles tritt schon stärker als bei Aischylos das lyrische Element des Chores zurück. Die Handlung wird konzentrierter, plastischer; ein dritter Schauspieler belebt das Spiel. Läßt der glaubensstarke Aischylos die religiös mythische Ordnung unangetastet, so lenkt Sophokles den Blick auf den Menschen. Aber erst Euripides beginnt an den Göttern zu zweifeln. Er «entmythologisiert» den Götterhimmel und macht die Heroen zu Menschen. Welch ein Schritt von Aischylos zu Euripides und weiter zum Komödiendichter Aristophanes, der sich ganz dem Menschlichen zuwendet und das Unzulängliche in der Politik, Kunst, Wissenschaft glossiert!

Wenn wir heute auf den steinernen Rängen des Teatro Greco sitzen, denken wir an den Beginn des europäischen Theaters im fünften vorchristlichen Jahrhundert. Die im gleichen Jahrhundert erbaute Anlage wurde mehrfach verändert und erweitert. Seine heutige Form erhielt das Theater in der Mitte des dritten Jahrhunderts vor Christus, in der Zeit des baufreudigen und kunstliebenden zweiten Hieron. Nach seiner Erweiterung war es mit einem Durchmesser von hundertachtunddreißig Metern das größte Theater der antiken Welt. In den einundsechzig aufsteigenden Sitzreihen [heute zählen wir noch sechsundvierzig] fanden fünfzehntausend Zuschauer Platz. Die Römer ließen die vorderen Sitzreihen wegnehmen, um die Spielfläche zu vergrößern. Links und rechts der Orchestra sehen wir noch die beiden Tunnel, die Parodoi, Zugänge für Schauspieler und Zuschauer. Jedoch blieben von den Bühnenaufbauten nur die Fundamente. Neuerdings werden im Teatro Greco alle zwei Jahre Festspiele veranstaltet und die Werke der antiken Tragödiendichter aufgeführt.

Das Theater war Kultstätte im geweihten Bezirk. Noch zu einer Zeit, als der Altar des Dionysos nicht mehr in der Orchestra

282/283 Das griechische Theater von Syrakus zählt zu den schönsten Bauten der Antike, im 5. Jh. v. Chr. aus dem Felsen gehauen

stand, saßen seine Priester auf den mit Marmor belegten vorderen Ehrenplätzen. Die Altäre und Tempel im Umkreis des Theaters sind nicht erhalten. Jedoch oberhalb der Bergrampe öffnet sich eine Schlucht zu einer griechischen Totenstätte. Unzählige Karren müssen auf der langsam ansteigenden Gräberstraße, der Via dei Sepolcri, gefahren sein. Ihre Räder bohrten tiefe Geleise in den Kalksteinboden. Neben dem Stein wachsen Gras und Kräuter. In die Felswände seitlich der Straße sind Grabkammern und Nischen gehauen. Einige verwitterte Inschriften geben Auskunft. Die Gräber sind leer, ausgeraubt schon in früher Zeit. Nur die Tiere, braungesprenkelte Eidechsen, Käfer und wilde Bienen, beleben den einsamen Ort.

Wir verlassen die Gräberstätte und gehen wieder hügelabwärts, den Seitenpfad neben dem Theater zu der unteren Straße und zur Piazza Teatro Greco. Gleich am Anfang der weiterführenden Viale Paradiso sehen wir eine langgestreckte, rechteckige Steinfläche. Es sind die Fundamente des riesigen Altars Hierons, die *Ara di Ierone*, fast zweihundert Meter lang und zweiundzwanzig Meter breit. Von dem tempelartigen Oberbau ist kein Stein erhalten; die Spanier haben die oberen Quadersteine im sechzehnten Jahrhundert abgetragen und zum Festungsbau verwendet. Der flache Steintorso liegt wie ein Ungetüm auf der Erde, noch immer eindrucksvoll. Auch diese monströse Opferstätte zeigt, wie der Zeustempel von Akragas, die eigenartige und ungriechische Vorliebe der Sikelioten für das Gigantische. Der Superlativ gehört zu den Merkwürdigkeiten Siziliens. Auf dem größten Altar, der Zeus je geweiht wurde, opferten die Sikelioten alljährlich anläßlich einer Gedenkfeier vierhundertundfünfzig Stiere. Aber es gibt auch zu denken, daß diese unvorstellbare Opferung zu einer Zeit eingeführt wurde, als der Unglaube zunahm und neue Ideen den Götterhimmel der Alten erschütterten.

So schnell uns der Weg zu dem östlich neben der Ara di Ierone

gelegenen römischen *Amphitheater* bringt, so weit ist der innere Abstand. Hier waren nicht mehr die Götter anwesend, sondern nur noch der Mensch. Das Blut, das hier geflossen ist, Blut der Sklaven und Gladiatoren und wilder Tiere, wurde der Schaulust und Sensationsgier geopfert. Als die Arena erbaut wurde, regierten die römischen Kaiser. Es war Spätzeit. Sitte und Kultur zerfielen. Die alte Religion besaß keine verbindliche Kraft mehr. Die kleine, junge Christengemeinde lebte in den Katakomben und wurde grausam verfolgt. Zu den vielen, die den Märtyrertod starben, gehört die Stadtpatronin von Syrakus: Santa Lucia, die 304 in Syrakus enthauptet wurde.
Daran sollte denken, wer heute durch die malerische, einsturzreife Ruine des Nordtors geht und die Arena betritt. Die Hybla, das rechteckige Wasserbecken in der Mitte, war mit einem Kanal verbunden, durch den die blutigen Reste der Schaukämpfe fortgeschwemmt wurden. Die dürftige Ruine des elliptischen Amphitheaters wurde im neunzehnten Jahrhundert aus dem Erdhügel des Temenites ausgegraben. Es war ein roher Zweckbau, so scheint es, der dem Vergleich mit anderen Amphitheatern, etwa dem nur wenig größeren Theater von Verona, nicht standhält.

Latomien und Katakomben

Nördlich des Amphitheaters und der Ara di Ierone, jenseits der Viale Paradiso, liegen die interessantesten der antiken Steinbrüche. Aus den in den Kalksteinboden getriebenen Schluchten und Labyrinthen holten die Syrakusaner das Material für ihre kolossalen Bauvorhaben. Abgeleitet aus dem griechischen lithotomiai, dem lateinischen lautumiae heißen sie Latomien und tragen wohlklingende Namen wie *Latomia del Paradiso* und *Lato-*

mia di Santa Venera. Zehntausende von Sklaven und Gefangenen haben die Schluchten gegraben und gehauen. Mit jedem herausgelösten Steinblock stießen sie tiefer in ihr Gefängnis. Einzelne in den Schluchten stehen gebliebene Steinpfeiler, hoch wie Domtürme, vom nagenden Wetter zu sonderbaren Formen zugerichtet, und haushohe Grotten zeigen das Ausmaß der Mühen. Deutlich tragen die Felswände Spuren von Stoßkeil und Spitzhacke oder große, rechteckige Umrisse herausgeschlagener Blöcke.
Jedoch etwas Merkwürdiges ist geschehen: Die Natur hat die Latomien in üppige Gärten verwandelt, versunkene Gärten, denn sie liegen tiefer als ihresgleichen auf der Erdoberfläche. Rings von Steilwänden umgeben, bleibt ihnen nur ein Ausschnitt des blauen Himmels. Offenbar genügt das. Die Luft ist tropisch, in manchen Gärten feucht. Kein Wind trägt den Duft von Blumen und Pflanzen fort. Wahre Stürze violettroter Bougainvillea hängen von den Wänden herab. Aronstab und Büsche von Geranien blühen in jedem Winkel. Die Humusschicht, die sich auf dem Felsboden abgelagert hat, läßt Blumen mit leuchtenden Farben, Pflanzen und Fruchtbäume üppig gedeihen. Man glaubt, in einen orientalischen Wundergarten geraten zu sein. Wie Perlen reihen sich die Schluchtgärten aneinander, wenn man von der Latomia del Paradiso zur Latomia di Santa Venera geht, oft nur durch einen schmalen Spalt verbunden.
Gegenüber dem Eingang zur Ara di Ierone, von der anderen Straßenseite aus, führt der Weg zur Latomia del Paradiso. Eine der westlichen Grotten, etwa sechzig Meter lang, hat den Grundriß eines langgestreckten S und schraubt sich spiralförmig, verjüngend und spitz auslaufend, nach oben. Die Windung gleicht dem menschlichen Gehörgang, und ungewöhnlich ist die Akustik. Diese geheimnisvolle Akustikhöhle hat die seltsamsten Theorien wachgerufen. So heißt es, Dionysios I. habe die Grotte als ein besonderes Gefängnis anlegen lassen. Er habe, an einem

Loch an der Erdoberfläche horchend, die Flüstergespräche seiner Gefangenen tief unten belauscht. Immerhin gab diese unglaubhafte Legende der Grotte ihren Namen: Ohr des Dionysios, Orecchio di Dionisio. Andere Erklärer sehen in der Grotte einen Schallverstärker für das benachbarte Theater oder sprechen von einer akustischen Experimentierhöhle des Archimedes oder von einer archaischen Kultstätte.

Weniger geheimnisvoll ist die nahe gelegene Seilergrotte, die *Grotta dei Cordari.* Seit Jahrhunderten besitzen zwei Seilerfamilien das Recht, in der langen, waagrecht in den Fels eingeschnittenen Grotte ihr Handwerk auszuüben. Zwischen niedrigen Holzständern sind die langen Schnüre gespannt. Nach alter primitiver Methode werden die Seile mit der Hand gedreht. Die Besucher dürfen zuschauen und bekommen für einen Obolus eine kleine Hanfschlinge.

Am Ende der Latomia di Santa Venera führt aus einem schattigen, verwilderten Garten ein Pfad hinauf ans Tageslicht. Auch hier sind – wie oberhalb des griechischen Theaters – Grabhöhlen in die Felsen geschlagen. Wir befinden uns in der Nekropole *Grotticelli* mit Gräbern aus der griechischen, aber auch der römischen und byzantinischen Zeit. Eine der größeren Grabkammern wird als Grab des Archimedes, als Tomba di Archimede, bezeichnet. Der Name blieb, obwohl man inzwischen weiß, daß nicht Archimedes, sondern ein angesehener Römer hier begraben lag.

Ostwärts von hier, im einstigen Stadtviertel Achradina, aber schon nahe dem Meer, liegt die größte und berüchtigtste der Latomien. Nach den Kapuzinern, die im Mittelalter nahebei ein Kloster gründeten, heißt sie *Latomia dei Cappuccini.* Von der Stadt her ist der Weg leicht zu finden. Die Straße rechts neben der Eisenbahnlinie in Küstennähe führt nach Norden zur Piazza Cappuccini.

Gleich bei der Piazza liegt der Eingang zur Latomie, eine kleine

Pforte, ein schmaler, abwärts führender Pfad. Seltsame Tierschreie empfangen den Besucher, noch bevor er sieht, daß in großen Käfigen seitlich des Weges herrliche Pfaue stolzieren. Krasser als bei den anderen Latomien empfindet man den Wechsel von der Tageswelt in die fremdartige Subregion. An Sommertagen, wenn auf der Erde die Sonne brennt, wird die Wanderung durch die schattigen und kühlen Schluchten zur Labsal. Viele der steilen Felswände sind von Efeu und Bougainvillea überwuchert. Auch hier entfalten die Blumen eine ungewöhnliche Pracht und Leuchtkraft. Scharen von Vögeln nisten in den Felswänden und Bäumen. Wir durchwandern Orangen- und Zitronenhaine, sehen Zypressen und Palmen, Oliven und Oleander, alles in frischem, sattem Grün, die Fruchtbäume mit schwellenden Früchten behangen. Was die Natur in einen üppigen Paradiesgarten verwandelt hat, war vor mehr als zweitausend Jahren kahl und leer, ein Steinbruch und zugleich ein schauriges Naturgefängnis.

Nach der Niederlage des athenischen Expeditionsheeres am 27. August 413 vor Christus schickten die Syrakusaner die überlebenden Athener in die Latomien. Siebentausend waren geblieben von der größten griechischen Streitmacht, die je von Athen auszog. In den Steinschluchten und Grotten schmachteten die Eingekerkerten zehn Monate lang, dürftig ernährt und getränkt, Kranke, Verwundete und Tote in ihrer Mitte. Wer die Gefangenschaft überstand, wurde als Sklave verkauft. Nach der Legende wurden die Athener, die Verse des in Syrakus hochverehrten Euripides auswendig vortragen konnten, vor der Frist

289 *In den Latomien der Kapuziner, dem alten Steinbruch, wo die nach der Schlacht am Asinaros geschlagenen Athener schmachteten*

290 *S. Giovanni, eine der ältesten Kirchen der frühen Christenheit*

entlassen. Nicht Ansehen oder Reichtum, allein die Worte des Dichters schlossen den Kerker auf. Darin dachte Syrakus griechisch. Nur wenige erlangten die Freiheit. Die meisten Gefangenen schlugen und glätteten die Steinblöcke zum Aufbau der Stadt, zu deren Zerstörung sie hergekommen waren.

In der Wegmitte zwischen der Latomia dei Cappuccini und der Latomia del Paradiso, an der Viale Teocrito, liegt die barocke *Villa Landolina.* Hier starb im Winter 1835 der Dichter August von Platen. Er war vor der in Neapel wütenden Cholera nach Sizilien geflohen. In Syrakus nahm der Marchese Landolina den schon todkranken vierzigjährigen Dichter auf. Aloen blühen auf seinem Grab. Zwischen verwilderten grünen Büschen steht das Denkmal mit der Büste des Dichters.

Das ganze Felsplateau von Achradina ist eine einzige riesige Begräbnisstätte. Bis ins siebte Jahrhundert haben die Christen unter den Ruinen der einstigen Griechenstadt ihre Toten bestattet. Sie nutzten das weitläufige Netz unterirdischer Wasserleitungen, vergrößerten die Gänge, schlugen Querverbindungen und trieben neue Stollen in den Kalkstein. Unzählige Nischen, über- und nebeneinander in die Felswände gehauen, nahmen die Toten auf, ohne Sarg, nur in Leinentücher gehüllt. Den Abschluß bildete eine Steinplatte, auf der ein Symbol oder der Name des Toten eingeritzt war. In den Katakomben, der Stadt unter der Erde, versammelten sich die Christen zum Gottesdienst oder suchten Zuflucht vor den römischen Verfolgern. Die Zugänge lagen bei einsamen Landsitzen oder Kapellen.

Nicht weit von der Villa Landolina, jenseits der Via Augusto von Platen, bei der Vigna Cassia und der Kirche Santa Maria di Gesù steigt man hinab zu den frühesten Katakomben aus dem zweiten und dritten Jahrhundert. Sie sind noch unerforscht und nur zum geringen Teil zugänglich. Die Grabnischen wurden schon in früher Zeit von heidnischen Seeräubern geplündert.

Auf der anderen, westlichen Seite der Villa Landolina führt von der Viale Teocrito ein Seitenweg zur Kirche *San Giovanni* und zu den einzigen freigelegten Katakomben. Die ehrwürdige Stätte ist eine der Urzellen des Christentums in Europa. Vor dem Bau der Kathedrale auf der Ortygiainsel war San Giovanni Bischofssitz. Schon 827 von den Sarazenen zerstört, von den Normannen wieder aufgebaut, brachen die Mauern noch einmal durch das große Erdbeben von 1693. Nur eine brüchige Wand mit einem schönen Radfenster und einer kleinen Pforte, beiderseits von flachen Mauerornamenten geschmückt, ist erhalten. Vielleicht war die *Krypta San Marciano*, zu der eine schmale Steintreppe hinunterführt, der erste Kirchenraum der jungen Christengemeinde.

Die Krypta gilt als Grabstätte des heiligen Marcianus, des ersten von Petrus geweihten Bischofs von Syrakus. Wir sehen Zeichen des Lebens und des Todes: den Altarstein, an dem Paulus gepredigt haben soll, und die Säule, an der Marcianus dem Martyrium erlag. Mehrfache Zerstörungen durch islamische Bilderstürmer und Räuber, wiederholte Umbauten haben die Krypta verändert. Die eingemauerten Säulen deuten darauf hin, daß die ursprüngliche Krypta größer war. Die ältesten Zeichen sind in den verwitterten Resten der Wandmalerei und im Schmuck der Kapitelle erhalten, darunter Fisch und Taube, die frühchristlichen Symbole.

Die Katakomben stammen aus jüngerer Zeit, aus dem vierten bis sechsten Jahrhundert. Im Vergleich zu den früheren Katakomben sind die Gänge übersichtlicher angelegt; sie sind breiter und höher und zum Teil mit gewölbter Decke. Die Quergänge führen sternförmig zu fünf Rotunden, den Grabkapellen. Nur spärliche Zeichen und Inschriften sind unter den Wandnischen eingeritzt. Auch wenn man berücksichtigt, daß wertvollere Beigaben, Grabplatten, vielleicht auch Sarkophage geraubt wurden,

große Kunstwerke bergen die Katakomben nicht. Ob die Christen jener Zeit ärmeren Schichten angehörten, die sich den Aufwand des gleichzeitigen römischen Grabschmucks nicht leisten konnten, mag zweifelhaft sein. Es ist anzunehmen, daß die frühen Christen das Begräbnis des Herrn vor Augen hatten, wenn sie entgegen dem heidnischen Brauch ihre in Leinentücher gehüllten Toten in rohen, schmucklosen Felskammern bestatteten.
Ein einziger kunstvoller und kostbarer Sarkophag wurde aus dem Boden der Katakombe geborgen: der Sarkophag des Valerius und seiner Gattin Adelphia aus dem vierten oder fünften Jahrhundert. Er steht heute im Museo Nazionale.
Zur gleichen Zeit, als die Christengemeinde in den Katakomben betete, erschallte nicht weit von hier, im römischen Amphitheater, das Gebrüll des Pöbels bei den blutigen Schaukämpfen von Gladiatoren und wilden Tieren. Während die Gefangenen in den Latomien Frondienste leisteten, tönte von der Bühne des griechischen Theaters der Chorhymnus der aischyleischen Tragödie. Erinnerung an Triumphe und Katastrophen, an die Verehrung der antiken Götter und das Zeugnis für den einen Gott lebt weiter in den zerbrochenen Denkmälern, in den Gärten der Latomien, in legendären Quellen, in den Tempelruinen und Katakomben. In Syrakus sind sie lebendig: der Tyrann und Karthagerbekämpfer Dionysios, der Platon einlädt; der gerechte Hieron, der den Riesenaltar errichtet; der Chorlyriker Pindar und der bukolische Dichter Theokrit; der greise Archimedes auf der Euryalosfestung; der Apostel Paulus und der Märtyrer Marcianus, der erste Bischof, und Santa Lucia, die Patronin der Stadt.

Westlich von Syrakus, im einsamen Bergland der Monti Iblei, liegt die Nekropole *Pantalica*, die größte Totenstadt der Sikuler. Ihre Felsengräber bilden das Gegenstück zu den Cave d'Ispica, die wir von Modica her erreichten. Ähnliche prähistorische Totenstädte liegen am Disueri [nördlich von Gela] und bei Cassibile [zwischen Noto und Syrakus]. Stärker als diese und andere sikulische Nekropolen im Südosten fasziniert Pantalica durch seine Größe und Lage an den Hängen der Anapo-Schlucht.

Die Nekropole liegt nur dreißig Kilometer westlich von Syrakus, jedoch verdoppelt sich die Wegstrecke, da die Straßen um das wilde, schluchtenreiche Gebiet führen und die einzige Zufahrt von der entgegengesetzten Seite her möglich ist. Die Kleinbahn Syrakus–Palazzolo Acréide hat südlich der Nekropole eine Bedarfshaltestelle, von der man nach längerer Wanderung die Schlucht erreicht. Besser und schöner ist die Fahrt mit dem Wagen, wenn man hinwärts über Sortino fährt und zurück über Cássaro.

Das erste Wegstück führt von Syrakus über die Staatsstraße 124 nach Floridia und Solarino [16 km]. Wir fahren durch fruchtbares, anmutiges Land mit Mandelgärten, Agrumen- und Olivenhainen. Das Landstädtchen Floridia wetteifert im hellen, freundlichen Verputz seiner Häuser mit den rosa, gelben und weißen Blütenfarben der Gärten. Bei Solarino wechselt das Bild. Die steinige Talmulde läßt nur noch spärlich Pflanzen gedeihen. In Solarino zweigen wir rechts von der Hauptstraße ab und fahren durch die rauhe Berglandschaft hinauf nach dem vierhundert-

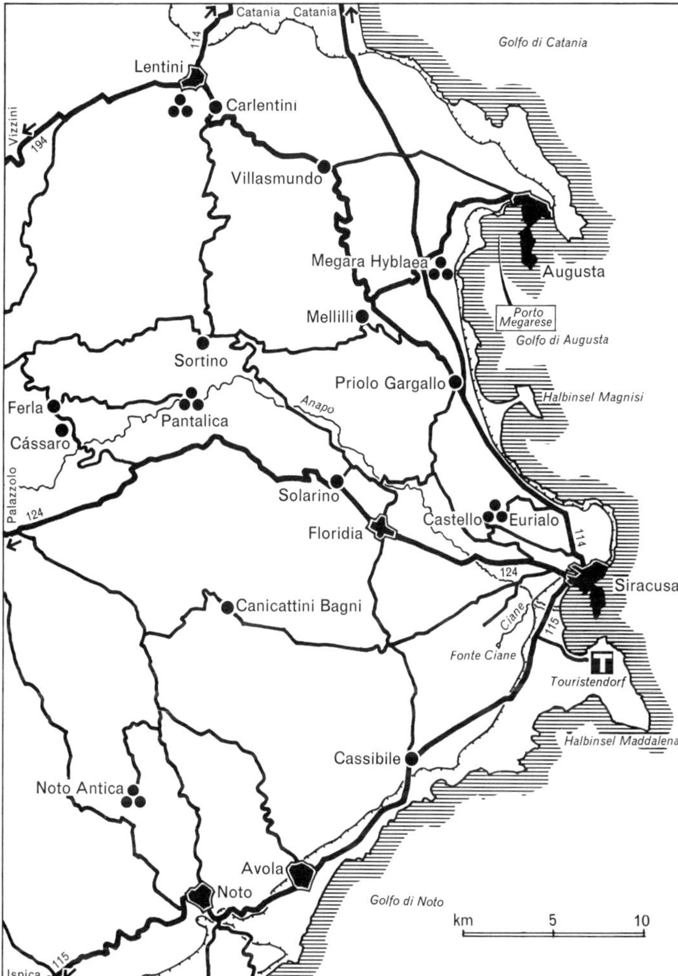
Catania
Catania
Golfo di Catania
114
Lentini
Carlentini
Vizzini
194
Villasmundo
Augusta
Megara Hyblaea
Mellilli
Porto Megarese
Golfo di Augusta
Sortino
Priolo Gargallo
Halbinsel Magnisi
Ferla
Pantalica
Anapo
Cássaro
Palazzolo
124
Solarino
Castello
Eurialo
Floridia
114
124
Siracusa
Canicattini Bagni
Ciane
115
Fonte Ciane
Touristendorf
Halbinsel Maddalena
Cassibile
Noto Antica
Avola
Noto
Golfo di Noto
km
5
10
115
Ispica

vierzig Meter hoch liegenden Sortino [15 km]. Südlich, zwei oder drei Kilometer entfernt, liegt Pantalica. Wir fragten bei unserem ersten Besuch in Sortino nach Maultieren und einem Führer. Doch die Einheimischen warnten vor drei halsbrecherischen Schluchten, die zu durchqueren seien. Sie führten uns an den Ortsrand, wo der erste Hang steil abfällt. Als sich ein Alter anbot, für fünftausend Lire den Umweg über Ferla [21 km] mitzufahren, verzichteten wir. Der Weg ist nicht zu verfehlen. Wer einen Führer mitnehmen will, findet in Ferla jederzeit Bauernburschen, denen die Felsengräber vertraut sind. Aber man kommt auch ohne Führer aus.

Eine einzige Straße, wenig befahren und in schlechtem Zustand, führt von Ferla direkt zur Nekropole [9 km]. Es geht wieder aufwärts in Serpentinen. Anfangs sehen wir noch kümmerliche Weizenfelder. Dann nimmt uns das menschenverlassene, rauhe Bergland auf. Steinbrocken liegen auf der Straße. Gras wächst in der Fahrspur. Zur Seite dehnt sich die öde, graubraune Hügelkette, kein schattenspendender Baum, nur das ausgemergelte, von einer dürren Grasnarbe überzogene Hochland. Zuletzt fahren wir am oberen Hang längs der Anaposchlucht. Auf dem Talgrund wächst grünes, buschiges Gesträuch. Die ersten Grablöcher starren uns entgegen, gespenstische schwarze Punkte auf dem hellen Kalkstein, erloschene Augen der riesigen Totenstadt. Dann sehen wir sie überall, wabenartig neben- und übereinander. Wo immer der blanke, steile Fels an den Hängen der Schlucht hervortritt, sind Grablöcher in den Stein getrieben, ein faszinierender Anblick. An die fünftausend Gräber wurden gezählt.

Wir stiegen den Hang hinab zu einzelnen Grabhöhlen, viereckige, etwa einen Meter hohe Öffnungen, die sich zunächst verengen und dann zu zwei Meter tiefen Grotten erweitern. Vereinzelte größere Felskammern dienten als Familiengrüfte. Geröll und stachelige Kleinpflanzen, Dorngestrüpp und Giftkräuter

Pantalica-Schlucht. Die Beigaben der Felsengräber befinden sich heute im Museum von Syrakus

machen den Zugang beschwerlich. Wilde Bienen summen vor den Felshöhlen; dunkelhäutige Nattern haben hier ihr Revier. Die Grabkammern sind leer. Nicht eine der mörtellos vorgesetzten Steinplatten blieb am Ort. Was nicht geplündert wurde, kam in die Museen.

Die sikulische Nekropole stammt aus dem zwölften bis achten vorchristlichen Jahrhundert. Zu den Grabbeigaben, die heute im Museum von Syrakus aufbewahrt werden, gehören bronzene Hausgeräte, Waffen, Schmuck, Halsketten aus Obsidian oder

Bronzeperlen, schöngeformte, hochfüßige Schalen und Krüge aus Ton, manche mit glänzender, korallenroter Oberfläche. Die Sikuler waren genügsame Hirten und Ackerbauern. Auch sie sind wie die Elymer und die Sikaner von außen gekommen, von Mittelitalien herüber. Im dritten Jahrtausend vor Christus besiedelten sie den Ostteil der Insel und drängten die Sikaner ins Landinnere zurück. Als die Griechen an der Ostküste ihre Kolonien gründeten, boten die Sikuler nur anfangs geringen Widerstand. Sie verbündeten sich bald mit den Griechen, nahmen ihre Einflüsse auf, zogen in die Griechenstädte und gingen in der späteren Bevölkerung der Insel unter. Anderseits übernahmen die Griechen religiöse Bräuche der Sikuler, ihre Fruchtbarkeitskulte und die Verehrung chthonischer Gottheiten: die Unterweltgöttin Hybla, nach der die Hybläerberge genannt sind; die der Demeter gleichgestellte Muttergottheit von Enna; die Paliken-Zwillinge, Zeichen der Lebenserneuerung, die am vulkanischen Palikensee [nahe Palagonia] verehrt wurden. Homer nennt die Altbevölkerung der Insel Sikeler, und die eingewanderten Griechen bezeichnen sich als Sikelioten. So kam Sizilien zu seinem Namen.

Als die Felsengräber von Pantalica angelegt wurden, lag oberhalb, auf der Hochfläche zwischen den Felsschluchten des Anapo und seines Zuflusses Calcinara, die große Sikulerstadt. Eine einzige Ruine blieb erhalten: das mörtellose Mauerfragment eines Herrscherpalastes. Die Häuser der Stadt, rechteckige Holzhütten, wurden schon im siebten Jahrhundert vor Christus von den Syrakusanern zerstört, die nicht weit von hier südwestlich im Jahre 663 ihre erste Tochterstadt Akrai gründeten.

Wie die anderen Felsnekropolen, so war auch Pantalica noch in byzantinischer und sarazenischer Zeit gelegentlich bewohnt. Dennoch ist die eigentliche Geschichte Pantalicas schon im siebten vorchristlichen Jahrhundert beendet.

Für die Rückfahrt nehmen wir die kürzere südliche Straße, die von Ferla über Cássaro in zahlreichen Kehren talabwärts führt und nach dreizehn Kilometern die Staatsstraße 124 erreicht. Nach Osten fahrend stoßen wir in Solarino wieder auf die von der Herfahrt bekannte Strecke, die über Floridia nach Syrakus führt. Wir wenden uns jedoch in entgegengesetzter Richtung und folgen der Straße 124 nach Südwesten. Nur dreizehn Kilometer entfernt liegt *Palazzolo Acréide*, das antike Akrai. Das freundliche Landstädtchen mit zwölftausend Einwohnern liegt auf einer von fruchtbaren Hängen umgebenen Hochebene [700 m]. Der Abstecher ist recht geschaffen zu kurzer Rast. Wer kein Freund des etwas schweren Landweins ist, der nehme in der kleinen Bar an der Piazza ein Glas kühler Mandelmilch und probiere das typische Mandelgebäck. Wie die meisten Städte im Südosten fiel der alte Ort der Erdbebenkatastrophe von 1693 zum Opfer. Der heutige Name stammt aus dem achtzehnten Jahrhundert, als das Städtchen im spanisch beeinflußten Barock wiedererstand.

Der archäologische Bezirk mit den Resten des antiken Akrai liegt ein paar Schritte vor Palazzolo. Zu unserem Erstaunen entdecken wir hier ein Miniatur-Syrakus, das heißt: ein gut erhaltenes, graziös geschwungenes griechisches Theater [3. Jh. v. Chr.] für sechshundert Zuschauer; nahebei die Reste eines kleineren Bouleuterions, wo sich der Senat versammelte; zwei Latomien mit Felswohnungen; eine antike Gräberstraße und frühchristliche Katakomben. Die verkleinerten Wiedergaben der syrakusanischen Vorbilder. Merkwürdig sind die Templi ferali, die Totentempel aus römisch-byzantinischer Zeit; zwei weite Felshöhlen mit Grabkammern und Nischen für Weihegaben. Primitiv in die Felswände geritzte Zeichen deuten darauf hin, daß die Höhlen schon in griechischer Zeit Kultstätten waren. Man erschrickt vor den vielen Zeichen des Todes im Umkreis des kleinen Akrai: byzantinische, frühchristliche, römische, griechische und sikulische Gräber. Die sizilischen Felsnekropolen, heidnische wie christliche, bezeugen ein unkompliziertes Verhältnis zwischen Lebenden und Toten. Die Toten gehörten zur Familie, blieben nahe und vertraut wie die chthonischen Mächte. So ist es nicht verwunderlich, wenn die Lebenden ungeniert in den Felsenkammern der Toten Wohnung nehmen.

Auf der Hügelkuppe von Akrai errichteten die Griechen der Aphrodite, der Göttin der Liebe und Schönheit, einen Tempel. Die Fundamente wurden erst vor einigen Jahren wiederentdeckt. Die Sarazenen sollen die Tempelsäulen gestürzt haben. Auf dieser, den frischen Winden und der Sonne ausgesetzten Höhe, die der menschenbeglückenden Aphrodite geweiht war, nehmen wir Abschied von Akrai.

ZWISCHEN SYRAKUS UND CATANIA

Auch der eilig Durchfahrende nimmt wahr, daß Sizilien zwischen Syrakus und Catania eine Schauseite zeigt, die völlig anders ist als alles bisher Gesehene. Wir befinden uns im größten und üppigsten Fruchtgarten der Insel. Vor allem die weite Ebene zwischen Lentini und Catania und die Gürtellinie rund um den Ätna strotzen von Fruchtbarkeit. Bei Lentini und Paternò gedeihen die besten und saftigsten Orangen Siziliens. Die blühenden Gärten lassen ahnen, wie sehr Sizilien einmal als märchenhaft reiches Land galt und die alten Völker anlockte. Waren doch zu ihrer Zeit alle Täler und Hänge der Insel eine solche paradiesische Landschaft. Heute ist das fruchtbare Land an der ionischen Küste Ausnahme. Darum wird, wer nur die ionische Küste besucht, schwerlich die tragischen Aspekte der Insel begreifen. Elend, Hunger, sozial bedingte Krankheiten, Aberglauben, Mafia, im Westen und Landinnern zum Lebensalltag gehörend, berühren die Bewohner der Ostküste nicht.

Sie zeigen sich heiter, gelöst, lebenstüchtig. Das Glück ist nicht ungetrübt, denkt man an die bedrohliche Nähe des Ätna, an Erdstöße und winterliche Überschwemmungen der Flüsse. Wer hier lebt, richtet sich auf das Nächstliegende ein. Die Lebensbedingungen sind nirgendwo in Sizilien günstiger als hier. Eine neue Einnahmequelle erschloß der Tourismus. In die Zukunft weist die industrielle Entwicklung, vor allem am Golf von Augusta, wo im letzten Jahrzehnt das größte sizilische Industriegebiet entstand.

Unser Weg führt, sobald wir die Höhen im Rücken von Syrakus

verlassen haben, am Golf von Augusta entlang. Kurz vor Priolo Gargallo liegt zur Rechten die kleine Halbinsel *Magnisi*, zu der nur ein schmaler Landstreifen hinüberführt. Ein paar weiße Fischerhäuser stehen auf der flachen grasbewachsenen Insel. Ein Bild, das wir von Trapani her kennen: Salzteiche und ziegelbedeckte Salzpyramiden. Nach alter Methode wird auf Magnisi wie auch bei Augusta Meersalz gewonnen. Das Festland seitlich der Hauptstraße wird von einem anderen Bild beherrscht. Wir sehen die ersten riesigen Tankkessel der Raffinerien und Industrieanlagen. Bis Augusta zieht sich mit nur geringen Unterbrechungen das Industriegelände. Die modernsten Ölraffinerien Italiens befinden sich hier.

Bei Priolo Gargallo folgen wir der neuen Schnellstraße und zweigen nach sieben Kilometern rechts ab nach Augusta. Bei dem Flüßchen Cantera in der Ebene zum Meer hin lag das antike *Megara Hyblaea*. Die Stadt gehörte zu den frühesten griechischen Kolonien. Sie wurde schon 728 vor Christus von Megarern auf sikulischem Boden gegründet. Hundert Jahre später konnte Megara die Tochterstadt Selinus [Selinunte] gründen. Aber die Megarer kamen bald unter die Herrschaft von Syrakus, wurden umgesiedelt; ihre Stadt blieb verwüstet zurück. Nach dem Wiederaufbau zerstörten schließlich die Römer Megara; die Stadt verfiel und sank in den Erdboden. Erhalten sind kaum erkennbare Reste. Jedoch verdanken wir der Stadt und ihren Nekropolen die Funde aus dem sechsten vorchristlichen Jahrhundert, die wir im Museum von Syrakus bewunderten: die sitzende Erdmutter mit den Zwillingen, die Terrakottabüste der Demeter, den archaischen Jünglingstorso.

Im großen Bogen nähern wir uns *Augusta* und fahren von Norden in die Stadt, die – ähnlich Ortygia – auf einer spitz nach Süden auslaufenden Landzunge liegt. Augusta ist italienischer Kriegshafen. Matrosen beleben das Stadtbild, und im Porto Megarese ankern Kriegsschiffe. Neben der Salzgewinnung bringt nun die wachsende Industrie der Stadt neuen Auftrieb. Aber die Gärten und Parkanlagen sind gut zum Verweilen. Augusta ist jung. Die Stadt wurde von Friedrich II. gegründet, der hier die aufständischen Einwohner von Centuripe ansiedelte und der Gründung als Namen seinen Kaisertitel gab. Das Stauferkastell hinter der spanischen Porta di Terra ließ Friedrich 1239 an der Stelle einer Normannenburg bauen. Es ist heute infolge häufiger Veränderungen bedeutungslos und dient als Gefängnis. Auch Augusta fiel dem Erdbeben 1693 fast vollständig zum Opfer und wurde im achtzehnten Jahrhundert wieder aufgebaut. Sehenswert ist das nur wenige Jahre nach der Katastrophe errichtete Rathaus mit dem Stauferadler, dem Wappen der Stadt.

Die Straße von Augusta nach *Lentini* [27 km] überquert die neue Schnellstraße nach Catania und stößt in Villasmundo wieder auf die Staatsstraße 114. Die geringen Höhenunterschiede sind schnell überwunden. Noch einmal geht es aufwärts nach Carlentini, dann blicken wir schon über die fruchtbare Niederung und fahren hinab nach Lentini. Das Landstädtchen ist Handelszentrum für die Agrumenpflanzungen der Umgebung. Mitten in dieser bäuerlichen Handelswelt entdecken wir in der Chiesa Madre ein byzantinisches Tafelbild aus dem dreizehnten Jahrhundert und eine frühchristliche Krypta mit Fresken aus dem fünften Jahrhundert. Die Geschichte der Stadt ist alt. Wer den Spuren der antiken Stadt – sie hieß Leontinoi – nachgehen will, der findet südlich vor Lentini zum Teil noch unerschlossene Bezirke. Am Fuß des Hügels von San Mauro wurden Reste eines Tores und gewaltiger Mauern aus dem sechsten und fünften Jahrhundert vor Christus und hellenistische Nekropolen freigelegt. Man fand die Fundamente eines Tempels und auf dem Nachbarhügel Metapiccola Reste eines älteren Dorfes aus dem neunten oder achten vorchristlichen Jahrhundert.

Leontinoi wurde ein Jahr vor Megara Hyblaea, 729 vor Christus, von Naxos aus gegründet. Die Stadt war stets bedroht vom benachbarten Syrakus, unterwarf sich und empörte sich gegen die Belagerer. Leontinoi rief wie das ferne elymische Segesta die Athener zu ihrer bekannten Kriegsexpedition gegen Syrakus auf. An der Spitze der Gesandtschaft Leontinois, die Athen aufsuchte, stand Gorgias, der Naturphilosoph und Schüler des Empedokles. Gorgias, der von 483 bis 375 vor Christus lebte, ist Leontinois berühmtester Sohn. Der Begründer der griechischen Rhetorik und glänzende Dialektiker kam zu hohen Ehren. Gegen seine allesverneinende Sophistik richtet sich Platons Gorgias-Dialog. Vielleicht ist es bezeichnend, daß Gorgias' Sophistik, die das Sein und das Nichts in Frage stellt, auf dem unsicheren, schwankenden Boden Siziliens entstand. Gorgias ging später nach Athen, während Leontinoi noch zu seinen Lebzeiten erst von den Karthagern, dann von den Syrakusern entvölkert wurde. Timoleon siedelte hier Kataner an, Agathokles ließ einen Teil der Einwohner hinrichten. Leontinoi verlor seine Bedeutung, blieb aber als Provinzstädtchen erhalten und scheint in den recht zähen, wachen Einwohnern von Lentini würdige Nachkommen zu haben.

VITALES CATANIA

Catania ist das Energiezentrum Siziliens. Wer vor Catania den Westen und Süden sah, könnte meinen, alle Aktivität, Lebenstüchtigkeit und zielstrebige Planung und aller praktische Erwerbssinn konzentriere sich in dieser zweitgrößten Stadt der Insel. Der Agrarreichtum des umliegenden Landes bot günstigere Voraussetzungen als an allen anderen Orten. Aber erst die intensive Bewirtschaftung des fruchtbaren Bodens, die Aufbesserung und Regulierung etwa der weiten Simeto-Ebene, vermehrte den Ertrag. Die eigene Initiative der Catanesen setzte lange vor der staatlich gelenkten Bodenreform ein. Bis hinauf zu den Ätnahängen ist jeder Garten kultiviert, trägt seine Früchte. Die Aufteilung des Großgrundbesitzes hat hier keine Schwierigkeiten bereitet. Praktisches Denken veranlaßte die Catanesen zum großzügigen Aufbau einer modernen Industrie. Der Hafen, bisher dem Export von Agrumen, Wein, Getreide, Öl vorbehalten, wurde zum Industriehafen. Wer heute durch die Via Etnea geht, entdeckt dort Luxusgeschäfte, deren Auslagen an Mailand und Rom erinnern.

Catania hatte nie Gelegenheit, lange von der Vergangenheit zu träumen. Neunmal wurde die Stadt neu aufgebaut, auf älteren Schichten, die unter den Lavaströmen des Ätna begraben liegen. Drei feststellbare vorgeschichtliche und sechs geschichtliche Lavaflüsse gaben der heutigen Stadt ihre Fundamente. Im Südwesten der Stadt liegen noch zäh aufeinandergeschobene mächtige Wülste des erstarrten Lavaflusses. Überall in der Stadt stoßen wir auf Lavagrund. Mauern und Hafenmolen, das antike Theater und das römische Amphitheater sind aus Lava erbaut. An Palästen, Toren, Kirchen, Turmfragmenten und Wohnbauten sieht man den schwarzen Stein, Zeichen eines zudiktierten Schicksals. Daran sollte denken, wer in Catania die Denkmäler einer großen Vergangenheit vermißt.

Charakteristisch für Catanias Verhältnis zu seiner Vergangenheit ist der schwarze Lavaelefant auf dem Domplatz, das Wahrzeichen der Stadt. Der antike Elefant steht heute auf dem Sockel eines barocken Rundbrunnens. Edrisi nennt den Elefanten einen Talisman. Aber niemand weiß, was er bedeutet, warum er auf dem Rücken einen ägyptischen Obelisken trägt.

Catania ist – abgesehen von seinen modernen Bauten und Wohnvierteln vor allem im Norden – eine Stadt des barocken achtzehnten Jahrhunderts. Das vulkanische Erdbeben, das Anfang 1693 die meisten Städte des Südostens in Trümmer legte, vernichtete die alte Stadt fast vollständig und brachte zwei Dritteln ihrer Einwohner den Tod. Im zügigen Wiederaufbau entstand nach Plänen des genialen Architekten Giovan Battista Vaccarini [1702–1768] die Stadt, wie wir sie heute sehen. Im Zweiten Weltkrieg fügten Luft- und Seebombardements der Stadt schwere Zerstörungen zu, wobei Wohnviertel vernichtet, achtundzwanzig Kirchen und die meisten der barocken Paläste beschädigt wurden. Die Schäden sind heute behoben.

Die Piazza Duomo mit dem Elefantenbrunnen und der prachtvollen Domfassade Vaccarinis bildet noch heute den Mittelpunkt der Stadt. Hier kreuzen sich die Hauptadern Catanias: die schnurgerade nach Norden, zum Ätna ziehende Via Etnea, die zwei Kilometer lange Hauptstraße, und die querlaufende Via Vittorio Emanuele. Der Straßenverkehr entspricht der tempera-

307 Elefantenbrunnen vor dem Dom von Catania

Plätze		
	A	Castello Ursino
	B	Palazzo Biscari
1 Piazza del Duomo	C	Universität
2 Piazza Cutelli	D	Teatro Greco und Odeon
3 Piazza Maiorana	E	Römisches Amphitheater
4 Piazza G. Borio	F	Piazza Stesicoro, Vincenzo-Bellini-Denkmal
5 Piazza Iolanda		
6 Piazza G. Verga	G	Tomba di Stesicoro
7 Piazza S. Maria del Gesù	H	Tomba Romana

mentvollen Handelsstadt. Siziliens eleganteste Polizisten, ganz in Weiß mit Tropenhelm, regeln den Verkehr, aber er verläuft äußerst rasant und weniger rücksichtsvoll als etwa in Palermo. Der Fremde tut gut daran, schnell ein Hotel aufzusuchen. Catania hat keinen Mangel an Quartieren jeder Art.

Ein Gang über die Via Etnea bis zur Höhe des Giardino Bellini bringt in Erinnerung, daß Catania nicht nur eine vitale Handels- und Industriestadt ist, die ihren Reichtum in Luxusgeschäften zur Schau stellt. Vom Domplatz ausgehend passieren wir eine Reihe kunstvoller Barockbauten und überschreiten zwei Platzausbuchtungen der Via Etnea, die bestimmte Akzente des geistigen und künstlerischen Lebens betonen. An der Piazza Università liegt die Universität, im neunzehnten Jahrhundert wiedererrichtet, jedoch als erste Universität Siziliens 1445 gegründet, ein bedeutendes Zentrum wissenschaftlicher Forschung. Der zweite Platz trägt den Namen des Dichters Stesichoros aus Himera, des Begründers der griechischen Chorlyrik und der bukolischen Poesie. Der vom Tyrannenhaß verfolgte Dichter fand im sechsten vorchristlichen Jahrhundert in Catania Zuflucht und starb hier um 555. Die rechts von der Piazza abzweigende Via San Gaetano

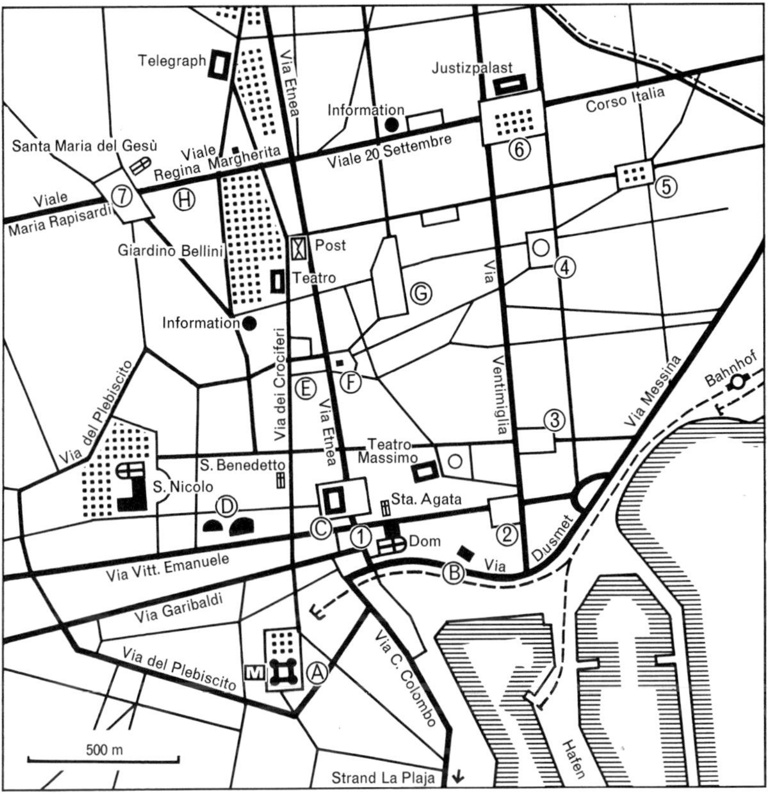
Telegraph
Via Etnea
Justizpalast
Information
Corso Italia
Santa Maria del Gesù
Viale Regina Margherita
Viale 20 Settembre
Viale Maria Rapisardi
Post
Giardino Bellini
Teatro
Via
Information
Via dei Crociferi
Ventimiglia
Via del Plebiscito
Via Etnea
Via Messina
Bahnhof
Teatro Massimo
S. Benedetto
S. Nicolo
Sta. Agata
Dom
Via Dusmet
Via Vitt. Emanuele
Via Garibaldi
Via C. Colombo
Via del Plebiscito
500 m
Hafen
Strand La Plaja

führt zur sogenannten *Tomba di Stesicoro.* Links von der Piazza wurden Reste des *römischen Amphitheaters* aus dem zweiten Jahrhundert freigelegt. Der größte Teil der riesigen Anlage, deren Ausmaße nur vom Kolosseum in Rom übertroffen wurden, liegt noch unter den Häusern und Straßenzügen. Ein paar Schritte hinter der Ruine das brüchige Gemäuer des *Carcere di S. Agata*, wo nach der Legende um das Jahr zweihundertfünfzig die heilige Agatha, die Patronin der Stadt, eingekerkert war und den Märtyrertod starb.

Auf der von regem Verkehr umbrandeten Piazza Stesicoro steht das Denkmal des Opernkomponisten Bellini. Keinem seiner berühmten Söhne schenkt Catania so viel Verehrung wie Vincenzo Bellini, dem frühvollendeten Komponisten der «Norma» und der «Sonnambula», der 1835 dreiunddreißigjährig in Paris starb. Bellinis Asche wurde nach Catania überführt und im Dom beigesetzt. Bronzereliefs seiner Operngestalten schmücken das Grabmal. Bellinis Namen begegnet man überall in der Stadt. Sein Geburtshaus an der Piazza San Francesco birgt das Museo Belliniano. Catanias Teatro Massimo an der Piazza Bellini, eine Stätte hervorragender Opernaufführungen, ist Bellini ebenso gewidmet wie der große Park der Stadt. Wir erreichen den *Giardino Bellini*, auch Villa Bellini genannt, wenn wir die Via Etnea nach der Piazza Stesicoro noch ein Stück aufwärts gehen und bei der Hauptpost links einbiegen. Wer der betriebsamen Stadt entfliehen will, findet hier unter tropischen Bäumen und Pflanzen, zwischen Springbrunnen, Teichen und Käfigen mit exotischen Tieren einen erholsamen Ort.

Ein nicht minder berühmter Catanese ist der Erzähler Giovanni Verga. Er lebte von 1840 bis 1922. Was Pirandello für Agrigent bedeutet, das ist Verga für Catania, ein großartiger realistischer Schilderer seiner Heimat, vor allem des Lebens an der Küste nördlich von Catania. Vergas Erzählkunst war bestimmend für

den italienischen Verismo. Er gilt als der größte italienische Erzähler seit Manzoni. Es ist nicht mehr die Welt Vergas, die uns im modernen Catania entgegentritt. Paradoxerweise steht an der Piazza, die den Namen des sozialkritischen Schilderers der einfachen, geplagten Lebensverhältnisse trägt, das luxuriöseste Hotel der Stadt.
Unterhalb der Piazza Duomo beginnt die parallel zur Via Vittorio Emanuele nach Westen ziehende Via Garibaldi, an deren Ende die Porta Garibaldi steht, aus weißem Kalkstein und schwarzer Lava gefügt. Südlich der Via Garibaldi zwischen dem Domplatz und der Piazza Mazzini und im Umkreis dieses Platzes liegt das Einkaufszentrum der kleinen Leute. Ungeachtet der zweiunddreißig Marmorsäulen an der Piazza Mazzini, die wahrscheinlich vom alten Forum stammen, werden hier Korbwaren und Geschirre, Schuhe, Kleidungsstücke und Lebensmittel feilgeboten. In den anschließenden engen Sträßchen breitet sich der Reichtum des Landes aus, der Markt mit der «Pescheria» und dem Obst- und Gemüsemarkt. Kein Wunder, daß die Catanesen gerne und gut essen. Ihre Küche ist abwechslungsreich wie nirgendwo sonst in Sizilien. Auf die delikateste Art wird Gemüse zubereitet, so die vielgerühmte «caponatina», wobei verschiedene Gemüse wie Auberginen, Sellerie, Pfefferschoten, Tomaten, Zwiebeln in Öl geschmort und mit Zucker und Essig versetzt werden. Gut schmecken die «cannelloni alla catanese», kleine mit faschiertem Fleisch gefüllte Teigröllchen, die mit einer Käseschicht überzogen geschmort und dann schwimmend in dicker Tomatentunke serviert werden. Aber auch Fischgerichte oder die begehrte «zuppa di cozze e vongole» werden in Catania vortrefflich zubereitet. Solche Speisen nebst dem dazugehörenden Ätnawein [angenehm und mittelstark der weiße, während der rote Ätnawein meist sehr feurig ist] bekommt man in jeder kleinen Trattoria. Auch die Eßgewohnheiten spiegeln das Ver-

langen der Catanesen, das Heute auszukosten und den Launen der Natur mit einem vitalen Lebenswillen zu begegnen.

Geschichtliche Denkmäler

Ich erinnere mich noch gut, wie ich bei meinem ersten Aufenthalt die Via Vittorio Emanuele aufwärts ging und nicht weit vom Domplatz ahnungslos durch ein offenes Haustor der rechten Häuserfront blickte. Kinder spielten auf dem verwahrlosten Innenhof; man hörte das Klappern aus einer Werkstatt. Im Hintergrund lagen, von der Sonne beschienen, einige ruinöse Steinhaufen, die einen kleinen abschließenden Hang hinaufführten. Es waren die Ruinen des *Teatro Greco*, eingezwängt zwischen überholungsbedürftigen Häuserrückwänden, aus deren Fenstern Wäsche zum Trocknen hing. Neuerdings sorgt ein Kustode für Ordnung. Der eigentliche Zugang liegt oberhalb der Ruine, auf der parallel zur Via Vittorio Emanuele laufenden Via Teatro Greco.

Der größte Teil des antiken Theaters und des nebenstehenden kleineren Odeons ist verschüttet. Die Reste von einundzwanzig Stufen sind erkennbar, die einzigen Reste aus griechischer Zeit. Die Umgebung macht es schwer, daran zu denken, daß auf der Bühne einmal der Dichter Stesichoros und Xenophanes und Empedokles, der Naturphilosoph und Wunderarzt, gesprochen haben sollen. Alkibiades suchte hier in wohlgesetzter Rede die Kataner für den athenischen Kriegszug gegen Syrakus zu gewinnen.

Katane hieß die Stadt, die um 729 vor Christus zugleich mit Leontinoi vom nahen Naxos aus gegründet wurde. Berühmt waren ihre Tempel, die musischen und gymnastischen Pflegestätten und Akademien, ihre Bäder und Aquädukte. Katanes sittlich hochstehende Gesetze, im sechsten Jahrhundert vor Christus von Charondas geschaffen, übernahmen die meisten Städte der Magna Graecia. Hieron I. von Syrakus eroberte 475 vor Christus Katane und verschickte die Einwohner nach Leontinoi. Er bevölkerte Katane mit Dorern und nannte die Neugründung, die zu Hierons Lieblingsplatz und Sterbeort wurde, Aitne. Unter diesem Namen haben Pindar und Aischylos die Stadt besungen. Catania war immer eine mehr eroberte als erobernde Stadt. Naturgewalt und Menschengewalt diktierten ihr Schicksal. Syrakusaner, Karthager, Römer, Goten, Byzantiner, Sarazenen und Normannen bemächtigten sich der Stadt und zogen plündernd durch die Straßen. Heinrich VI. ließ Catania schleifen und Blutgerichte abhalten, weil die Einwohner den Aufstand Tancreds unterstützten. Heinrichs Sohn Friedrich II. veranlaßte den Wiederaufbau und ließ auf einem Hügel am Hafen das «castrum Cataniae» errichten. Das Kastell, 1239 bis 1250 erbaut, steht würdig in der Reihe machtvoller Stauferburgen in Apulien, in Syrakus und Augusta. Wie in Syrakus erheben sich auf quadratischem Grundriß vier starke einfache Außenmauern, flankiert von vier Rundtürmen. Zusätzlich war in der Mitte jeder Außenwand ein kleiner halbrunder Turm vorgesetzt, wovon jedoch nur zwei Türme erhalten sind. Seit 1255 ist der Name *Castello Ursino* überliefert. Das Kastell ist neben dem Dom das repräsentativste Bauwerk Catanias. Eindrucksvoll steht es auf der weiten Piazza Federico di Svevia. Die in den Festungsgräben erstarrte Lava erinnert an einen der größten Vulkanausbrüche, die Catania je bedrohten. Im Jahre 1669, ein Vierteljahrhundert vor der Erdbebenkatastrophe, ergoß sich aus den Kratern oberhalb Nikolosis ein gewaltiger Lavastrom, der fast eine Milliarde Kubikmeter Feuergestein zu Tal wälzte, der Ortschaften und Wälder überrollte und Hügel einebnete. In einer Breite von einem Kilometer, einer Höhe von acht bis zwölf Metern näherte sich der tödliche Strom der Stadt. Es heißt, der Schleier der heiligen Agatha, der in einer Bittprozession dem Feuerstrom entgegengetragen wurde, zwang diesen, vor dem Benediktinerkloster in eine andere, westliche Bahn, so daß er die Innenstadt verschonte, nur die südwestlichen Außenbezirke wegfraß und im Meer verzischte. Der Strom umbrandete das Kastell und kam erst – nachdem er den alten Hafen teilweise auffüllte – tausend Meter hinter dem Kastell zur Ruhe, vier Monate nach dem Vulkanausbruch. Das Kastell trotzte dem Ansturm der Lavamassen, aber rundum stieg der Boden um acht bis zehn Meter, und das Meer wich zurück.

Heute beherbergt das Castello Ursino, in dem die aragonesischen Könige residierten und zeitweise das Parlament tagte, das städtische Museum, das *Museo Civico*. Die Erneuerung im sechzehnten Jahrhundert, wobei die Fenster der Ost- und Südseite eingesetzt wurden, und die Herrichtung für die Museumszwecke haben dem alten Bau nicht geschadet. Bemerkenswert ist der hoheitsvolle staufische Adler, rechts über dem Haupteingang, unter dessen Fängen ein Hase liegt, als Sinnbild der Feigheit.

Dom und Barockkirchen

Wie planvoll und großzügig Catania nach den Katastrophen von 1669 und 1693 wiedererstand, sehen wir daran, daß die städtebauliche Anlage zweieinhalb Jahrhunderte dem wachsenden Verkehr standhielt und die Ausweitung um die Innenstadt nahtlos anschließen konnte. Einzig die im neunzehnten Jahrhundert angelegte Bahnlinie war ein arger Mißgriff. Sie zerreißt die

315 Staufer-Adler Friedrichs II. am Kastell Ursino

Innenstadt südlich des Domes und setzt zwischen Stadt und Meer einen Mauerriegel, der nur an wenigen Stellen durchbrochen ist.

Die Anlage Catanias ist die des achtzehnten Jahrhunderts. Aber die Stadt ist viel zu sehr modern, beweglich, Neuerungen aufgeschlossen, als daß sie in der einmal angenommenen Gestalt beharren würde. Nur in einem tritt das barocke Jahrhundert geschlossen in Erscheinung, in den catanesischen Kirchen. Jeder Freund des Barock wird entzückt sein über den Reigen schönster Barockkirchen. Sie sind das Festkleid Catanias, dessen Schauseite alles andere als steif und förmlich ist, sondern gern den Launen der Phantasie nachgibt. Auch in den Kirchenbauten spiegelt sich eine vitale Lebensfreude.

Links und rechts neben dem Domportal und auf den Konsolen der bis zum Straßenrand vorgezogenen Balustrade zeigen sich die Heiligen dem Volk. Sie sind aus dem *Dom* herausgetreten, eine liebenswerte Demonstration der Aufklärungszeit. Wer in den ersten Februartagen zum Fest der heiligen Agatha [3. bis 5. Februar] nach Catania kommt, wird erleben, mit welchem Jubel die Catanesen ihr größtes Volksfest feiern. Wenn sich das Domportal öffnet und der Silberschrein mit den Reliquien der Heiligen herausgetragen wird, hebt ein spektakuläres Feuerwerk an, und über den Platz schallt es laut «Vivat Sant'Agata!» In der «Processione delle Cannalore» tragen die alten Zünfte meterhohe geschnitzte, bemalte, reich verzierte Holztürme durch die Straßen. Santa Agata ist die Schutzheilige der Stadt, in der sie – da sie sich als Christin weigerte, einen heidnischen Römer zu heiraten – in ein Dirnenhaus gesteckt wurde. Man hat ihr die Brüste abgeschnitten und sie zu Tode gemartert.

Ihr zu Ehren wurde in der Normannenzeit der Dom errichtet [1092]. Jedoch nur drei Apsiden und Teile des Querschiffs überstanden das Erdbeben von 1693. Das barocke Bauwerk stammt

aus der ersten Hälfte des achtzehnten Jahrhunderts. In dem dreischiffigen Innern befindet sich die reich ausgestattete Gnadenkapelle der heiligen Agatha. Im Chor sind aragonesische Könige beigesetzt; das Grabmal Vincenzo Bellinis steht rechts vom Hauptschiff. Den architektonisch und künstlerisch stärksten Eindruck vermittelt die von Giovan Battista Vaccarini geschaffene Fassade mit den granitenen Säulen aus dem antiken Theater. Neben der Domfassade schuf Vaccarini 1736 den für barocke Verhältnisse sehr einfachen, harmonischen Unterbau des Elefantenbrunnens. Sechs Jahre später entstand dem Dom gegenüber, auf der anderen Straßenseite der Via Vittorio Emanuele, Vaccarinis Meisterwerk, die kleinere, einem Kloster zugehörende Kirche *Santa Agata*. Sie steht im Schatten des Doms, verdient aber wegen ihrer belebten Architektur unsere Aufmerksamkeit.
Auf dem Weg zur Via dei Crociferí gehen wir zunächst die Via Etnea ein Stück aufwärts. Gleich hinter dem Universitätsplatz liegt die Stiftskirche *Collegiata* mit schön geschwungener Barockfassade und breitem Treppenaufgang. Im Innern ist sie, die Regia Cappella Aragonesi, mit einer Reihe kostbarer Gemälde sizilischer Meister geschmückt. Die Seitenstraße neben der Kirche führt direkt zur *Via dei Crociferí*, die parallel der Via Etnea bis zu den Ruinen des römischen Amphitheaters verläuft. In dieser schmalen, sehr belebten Straße liegen nahe beieinander drei Kirchen, jede für sich ein Juwel barocker Kirchenbaukunst. Erstaunlich ist, daß die catanesischen Kirchen in nur kurzen Zeitabständen im achtzehnten Jahrhundert entstanden sind. Es muß eine für Catania glanzvolle, ideenreiche Epoche gewesen sein. Die enge Nachbarschaft so vieler Kirchen kommt daher, daß Catania wie Palermo eine Stadt großer und reicher Klöster war. Die meisten wurden im neunzehnten Jahrhundert säkularisiert. Zu den wenigen gebliebenen Ordensgemeinschaften gehören die Benediktinerinnen von *San Benedetto*, der schönsten Kirche

der Via dei Crociferí. Durch eine kleine Vorhalle betreten wir den ansehnlichen Kirchenraum, der im Glanz der Gold- und Silberarbeiten festlich leuchtet. Die beiden Nachbarkirchen sind *San Giuliano* mit vorgewölbter Fassade und die *Chiesa dei Gesuiti*, wieder mit repräsentativer Säulenfassade und einem herrlichen Innenhof des ehemaligen Klosters.

Die links abzweigende Via Gesuiti führt zur Piazza Dante, an deren Rückseite die eigenartigste Kirche Catanias liegt: *San Nicolò*. Ihre wuchtige unvollendete Fassade mit den sechs nur zur halben Höhe gediehenen Säulen zeigt, daß den Erbauern der Atem ausgegangen ist. Ein merkwürdiger Torso! San Nicolò ist die geräumigste Kirche Siziliens, aber die überreizt große Halle mit der hohen Decke und der mächtigen Kuppel wirkt kalt. Durch das Querschiff führt ein kunstvoll gelegter Meridian, auf dem die einfallenden Sonnenstrahlen die Daten anzeigen. Freilich interessanter als die monströse Kirche sind die anschließenden Bauten des ehemaligen Benediktinerklosters, 1094 von dem normannischen Roger I. gegründet als größte Klosteranlage Siziliens. Auch nach dem Wiederaufbau im achtzehnten Jahrhundert war das Kloster eines der größten in Europa. Heute beherbergen die Gebäudetrakte Schulen und eine Kunstakademie. Prächtig sind die Innenhöfe mit den Gärten und einem Baldachin, der auf arabisch-ornamentalen Mosaiksäulen ruht.

Staunend gehen wir durch die Höfe und über die Treppengänge und denken daran, daß vor dieser einstigen Mönchsburg im Jahre 1669 die heranrollenden Lavamassen abgelenkt wurden.

319 Portal der Kirche S. Giuliano mit Durchblick auf das alte Jesuitenkolleg und die Kirchen S. Ignazio und S. Benedetto an der Via dei Crociferi

An der nordöstlichen Ausfahrt von Catania liegt zur Rechten die hufeisenförmige Bucht von Ognina mit dem Porto Ulisse, wo nach der Legende Odysseus mit seinen Gefährten an Land ging. Hier beginnt die vielgerühmte Riviera dei Ciclopi. Wie bei Ognina, so ist der ganze Küstensaum von Lavaströmen geformt. Der grauschwarze Stein, bald glattgewaschen, bald rauh aufgetürmt, beherrscht die gezackte und zerklüftete Küste mit ihren Höckern, Klippen und Grotten. Sciara nennen die Einheimischen das Lavageröll, das in tellurischer Unordnung die Ufer säumt. Sandstrände gibt es hier nicht [die kann man südlich von Catania am Lido Plaja haben], aber vorzügliche Schwimmgelegenheiten und die besten Plätze für die Unterwasserjagd. Den schützenden Ätnahängen im Westen verdankt die Küste ein einzigartig mildes Klima. Üppige Fruchtgärten und Ölbaumhaine ziehen die Hänge hinauf. Der von Aschenregen und Lava gedüngte schwarze Boden ist äußerst ergiebig. Kein Wunder, daß wir uns hier bis hinauf nach Nicolosi in dem am dichtesten bevölkerten Gebiet Siziliens befinden.

An der Küste folgt ein Fischerdorf dem anderen. Hin und wieder sehen wir noch stille Buchten, wo die an Land gezogenen Barken nebeneinander liegen, bunt bemalt und mit seltsamen Aufschriften und Sprüchen versehen. Auf den Steinen sitzen die Fischer und flicken ihre von den bloßen Füßen gehaltenen Netze. Aber die Idylle täuscht. Ferienhäuser und Hotels belegen jeden brauchbaren Fleck.

Zunächst erreichen wir *Aci Castello* mit seinem dunklen Normannenkastell. Als Bauwerk ist das Kastell infolge häufiger Veränderungen unbedeutend; aber es thront malerisch auf einem klotzigen Basaltfelsen, der einst frei aus dem Meer ragte und heute durch Lavaaufschüttungen mit dem Land verbunden ist. Auf der Weiterfahrt sehen wir die nahe Aci Trezza aus dem Meer stoßenden schwarzen Felsbrocken, das Wahrzeichen der Küste. Der größte dieser Basaltfelsen steigt zu siebzig Meter Höhe empor. Sie heißen Faraglioni; das Volk nennt sie Scogli dei Ciclopi, die Zyklopenfelsen. Die Legende verknüpft sie mit einer Erzählung Homers aus dem neunten Buch der Odyssee.

Schon der Porto Ulisse erinnert an Odysseus, der auf seiner Irrfahrt mit den Gefährten an die Zyklopenküste verschlagen wird. Die Freunde kamen in die weite Höhle des einäugigen Zyklopen Polyphem und sahen, daß sie in die Fänge des gewaltsamsten der gesetzlos lebenden und menschenfressenden Riesen geraten waren. Der Zyklop verschlang einige der Gefährten. Da Polyphem die Höhle durch einen überschweren Steinkoloß verriegelt hielt, konnte nur List helfen. Odysseus machte Polyphem trunken und stieß dem Eingeschlummerten einen glühenden Balken in das Einaug. Als anderntags die Schafherde aus der Höhle drängte und der geblendete Polyphem die Schafrücken abtastete, hatten sich die Freunde unter den Tierbäuchen festgekrallt und entkamen. Vom Schiff aus verhöhnte Odysseus den überlisteten Zyklopen. In seinem Zorn riß Polyphem gewaltige Felsbrocken aus dem Berg und schleuderte sie den Entfliehenden nach. Die Felsstücke schlugen ins Meer – eben jene monolithischen Scogli dei Ciclopi, die aus dem Wasser vor der Küste aufragen.

322 Das Normannenkastell Aci Castello an der Zyklopenküste

323 Noch sitzen die Alten auf der Hafentreppe vor der Kirche, wie Giovanni Verga sie beschrieben hat

14

Merkwürdigerweise bleibt in Homers Erzählung der Ätna ungenannt. Oder gibt Homer die poetische Umschreibung eines Ätnaausbruchs? Personifiziert er den Ätna in der Gestalt des Polyphem? Man hat das vermutet. Das Einaug, das Hausen in der Berghöhle, das zerstörerische, gesetzlose, menschenfressende Wesen des Riesen und das Herausbrechen und Nachschleudern der Gesteinsbrocken, das alles entspricht ebenso den Eigenschaften des Vulkans.

In *Aci Trezza* sollten wir verweilen. Sehr lohnt eine Bootsfahrt zu den Zyklopenfelsen oder zu dem nahen Inselchen Lachea mit seinen paradiesisch schönen Buchten. Ein vorzügliches Revier für die Freunde des Unterwassersports. Das Wasser ist glasklar und sehr fischreich. Nicht nur wegen dieser Möglichkeiten ist Aci Trezza einer der schönsten Plätze der Küste. Wer nicht gerade in der Saison herkommt, wird noch etwas von der Welt entdecken, die Giovanni Verga in seinem Roman «I Malavoglia» schildert. Die Familienchronik der Malavoglia mit ihren Plackereien und kleinen Vergnügen, mit ihrem Boot Provvidenza und dem Mispelbaum vor dem Haus hat Aci Trezza berühmt gemacht. Das Fischerdorf hat einen kleinen, aber lebhaften Hafen und einen freundlichen Strand, den Lido Galatea. Der Name erinnert an die Nymphe Galatea, die am Fuß des Ätna lebte. Auch in ihrer Legende tritt Polyphem auf. Galatea liebt den Hirten Akis. Der eifersüchtige Polyphem erschlägt Akis mit einem Felsbrocken. Galatea verwandelt den Sterbenden in den Fluß Akis und erhält ihn der Landschaft, die er noch heute durchfließt. Heute heißt er wegen seines besonders kalten Wassers Fiume Freddo. Den Namen des Akis tragen viele Städte und Dör-

324 Die berühmte Fassade mit den Putten von S. Sebastiano in Acireale

fer im Küstenstreifen, so Aci Castello, Aci Trezza, Aci Catena, Aci Sant'Antonio und Acireale.

Am Capo Mulini vorbeifahrend erreichen wir nach wenigen Kilometern *Acireale*, den Hauptort der Küste. Acireale, auf einer Lavaterrasse über dem Meer gelegen und von Fruchtgärten umgeben, ist ein beliebter Badeort mit Strand und Thermalbad. Bis hierher drangen im Jahre 1693 die Ausläufer des Erdbebens, dessen Ursprung in den Hybläerbergen lag. So trägt auch Acireale ein barockes Kleid. Zu den sehenswerten Palästen gehören der barocke Palazzo Comunale und der kleinere Palazzo Pennisi. Unser Entzücken gehört der Kirche *San Sebastiano*, ein bewundernswertes Beispiel sizilischer Barockkunst. Auf der vorgezogenen Balustrade, die einen kleinen, nur wenig erhöhten Vorplatz umsäumt, stehen zehn kräftig bewegte Gestalten des Alten Testaments. Eindrucksvoll ragen sie vor der prächtigen, harmonisch gegliederten Kirchenfassade auf. In der Mitte der Portalfront schweben Putten, eine recht seltene Zugabe. Aber Späße und Narreteien haben in dem wohlhabenden Städtchen Tradition. Acireale feiert alljährlich Siziliens schönsten und maskenfreudigsten Karneval.

Hinter Acireale, mit dem kleinen Fischerhafen S. Maria La Scala, idyllisch am schmalen Ufersaum zu Füßen eines grünbewachsenen Hügels gelegen, endet die Riviera dei Ciclopi.

Wer weiter möchte nach Taormina, hat noch fünfunddreißig Kilometer zu fahren. Die Strecke führt ein wenig landeinwärts durch eine blühende Gartenlandschaft, in der Orangen, Zitronen und Wein gedeihen. Dunkle Lavafelder oder jüngere Lavaschübe unterbrechen das üppige Wachstum. So bei Giarre, einem Städtchen mit mächtigem Zweitürme-Dom. Nach der Überquerung des Flusses Macchia, der Lavageröll mit sich führt, erreichen wir das Dorf *Máscali*, das 1928 durch einen Lavastrom zerstört wurde. Unsere Straße wendet sich nach dem Fluß

Alcantara, der sein Bett durch Lavaschichten gewühlt hat, wieder dem Meer zu. Rechts liegt das Capo Schisò, wo die Griechen ihre erste sizilische Kolonie gründeten. Das blumenfreudige Städtchen Giardini durchfahrend, nähern wir uns Taormina. Ein bezaubernder Anblick, wie die Häuser Taorminas die Hänge des Monte Tauro besetzen, wie seitwärts der Schneegipfel des Ätna aufsteigt.

DER ÄTNA – MONGIBELLO

Von Enna aus sahen wir den Ätna zum erstenmal. Ein Anblick, der sich einprägt: Fern und von leichten Dunstschleiern besänftigt, ruhte das breit abfallende weiße Gipfeldreieck auf den Wolkenbänken. Dann schlugen wir einen großen Bogen nach Süden und Südosten, sahen von den Hybläerbergen und vom Euryalosberg bei Syrakus den Ätna und kamen in Catania, an der Zyklopenküste, in seinen unmittelbaren Bereich. Den schönsten [und am häufigsten fotografierten] Ätnablick gewährt Taormina. Bezaubernd im Frühjahr, wenn das frische Grün des vorgelagerten Tals und der Hänge von weißen und rosafarbenen Blüten übersät ist, wenn das Schneedach des Berges blendend weiß unter dem klaren Himmel liegt. Jedem Sizilienfahrer ist der Ausblick von Taormina vertraut. Die meisten sehen von hier aus zum erstenmal in der Dunkelheit die Feuerkrone, die Glutfäden, die oberhalb des Gipfels auf und nieder steigen, Zeichen kleinerer Ausstöße, die in den Kraterschlund zurückfallen. Er ist immer in Bewegung, der größte tätige Vulkan Europas, der die dreifache Höhe des Vesuv hat.
Die Schönheit seines Anblicks kann nicht über sein zwiespältiges Wesen hinwegtäuschen. Er ist Segenspender und Todbringer, der despotisch die Insel beherrscht. Verschwenderisch schenkt er dem umliegenden Land eine strotzende Fruchtbarkeit. Dann reißt er die Erde auf und schickt mit seinen Feuerströmen Vernichtung. Aus eigener Macht hat er sich im Quartär von einem Inselvulkan zu einem landfesten, 3263 Meter hohen Riesen aufgetürmt; wahrhaft der Berg der Berge, der Mongibello [die abgeschliffene Zu-

sammensetzung von «monte» und dem arabischen «djebel»], wie der Vulkan genannt wird.
Ohne Zusammenhang mit den anderen Gebirgen, von den Flußtälern des Simeto und Alcántara umzogen, ragt das kreisrunde gigantische Bergmassiv aus der meernahen Ebene. Aber die weite Basis von rund zweihundert Kilometer Umfang, eine Fläche von etwa tausendfünfhundert Quadratkilometern bedeckend, läßt die Hänge sanft ansteigen und gibt dem Berg weiche, harmonische Konturen. Erst wer hinaufkommt, sieht ein anderes Bild, ein ganzes System größerer oder kleinerer Kraterkegel, die meist in Gruppen zusammenstehen. An die zweihundert solcher Gruppen wurden gezählt. Es sind die Wunden des Berges, aufgebrochene und wieder verkrustete Geschwüre, aus denen irgendwann einmal Feuergestein ausbrach oder glühende Lava herausquoll. Die unteren Kegel sind überwachsene, freundlich ländliche Hügel. Oberhalb der Vegetationsgrenze stehen die Krater in der trostlosen Mondlandschaft von Asche und Lava. Ab zweitausend Meter Höhe haben wir die bewohnbare, bewachsene Erde verlassen und sind einer formlosen, öden grauschwarzen Urwüste ausgesetzt. Jedoch liegt über dem Gipfelbereich während acht Monaten des Jahres eine Schneedecke. Die Region ab tausendsechshundert Metern hat in der Regel von Dezember bis Mai Schnee.
Der Hauptkrater bildet eine riesige unregelmäßige Schale mit einem Umfang von mehr als zwei Kilometern, deren Sohle von kleineren Kegeln besetzt ist. Ständig bewegt die kochende Lava den Grund, steigen Rauchmassen auf und wallen über den Kraterrand. Heftige Böen, die am Gipfel bis zu hundertfünfzig Stundenkilometer erreichen, drücken die Rauchmassen nieder und zwingen ihnen die Richtung auf. Die Kraterränder verändern sich, je nach der eruptiven Tätigkeit. So wechselte die Gipfelhöhe seit 1900 zwischen 3200 und 3350 Metern.

Trotz seiner ruhelosen Tätigkeit ist der Hauptkrater relativ ungefährlich. Die großen Eruptionen brachen aus den Ätnaflanken hervor und spalteten unter ungeheurem Druck die Erddecke. So mag vor Urzeiten das gewaltige Einbruchstal der Valle del Bove entstanden sein, das sich östlich unterhalb des Gipfels erstreckt. Ein vulkanisches Urtal mit Steilwänden von sechshundert bis tausendzweihundert Metern. [Im Frühjahr als Skigebiet beliebt, mit Schutzhütte, Talhöhe 1685 Meter.]
Die größeren geschichtlichen Ausbrüche, deren Lavaströme das Meer erreichten, setzten in verhältnismäßig geringer Höhe ein. Der Ausbruch von 1381 trat nicht weit von Mascalucia in 450 Meter Höhe hervor. In 800 Meter Höhe liegen die Monti Rossi oberhalb Nicolosi, die Krater des geschilderten Ausbruchs von 1669. Fast eine Milliarde Kubikmeter Lava und Feuergestein quollen aus der aufgerissenen Erde und kamen erst nach vier Monaten zur Ruhe. Der verheerendste Ausbruch unseres Jahrhunderts, der 1928 das Städtchen Máscali zerstörte, ergoß sich aus den nordöstlichen Ätnaflanken in tausendzweihundert Meter Höhe. Im zwanzigsten Jahrhundert wurden bisher dreizehn Ausbrüche registriert. Der jüngste, 1971, stieß in zwei Monaten rund 150 Millionen Kubikmeter Lava aus. Dabei wurden das 2940 Meter hoch gelegene Ätnaobservatorium und die oberen Stützen der Seilbahn weggedrückt. Die teilweise zehn Meter hohen und tausend Grad heißen Lavaströme schoben sich in die Schluchten der Ostflanke, zerstörten rund dreihundert Hektar fruchtbaren Landes, verschonten jedoch die Dörfer.

Aufstieg, Gärten und Krater

Aufstieg und Besteigung des Ätna machen heute keine Beschwernis. Von Catania führt die angenehme asphaltierte Strada dell'Etnea mit mäßigen Steigungen [sieben bis neun Prozent] bis zur Casa Cantoniera in 1881 Meter Höhe [35 km]. Dort kann man sich der 1958 gebauten Seilbahn anvertrauen, die bis zu einer Höhe von 2900 Metern emporfährt. [Mai bis September in Betrieb.] Ein Fußmarsch von einer knappen Stunde führt zum dreihundert Meter höher gelegenen Hauptkrater.

Der rasche Wechsel von der sommerwarmen Meeresküste zu der vulkanischen Urlandschaft, zu den Schneefeldern am Gipfel und den schwarzen Kraterwänden ist ungemein reizvoll. Die schnelle, bequeme Anfahrt sollte jedoch nicht dazu verführen, auf warme, wetterfeste Kleidung und kräftige Schuhe zu verzichten. Dem Unkundigen – zumal bei unsicheren Wetterverhältnissen – empfehle ich die Auskunftsstelle der *Sezione Etna del Club Alpino Italiano* in Catania, Via Bicocca 8. Dem Club Alpino Italiano [C.A.I.] gehören die Schutzhütten am Ätna. Er vermittelt auch Bergführer, die aber für den normalen Anstieg nicht unbedingt nötig sind.

Auf der ersten Wegstrecke passieren wir Dörfer und Gärten, kommen durch *Gravina di Catania*, *Mascalucia* [420 m] und erreichen *Nicolosi* in 689 Meter Höhe. Nicolosi, das letzte Städtchen, ist ein Wendepunkt. Hier endete vor noch gar nicht langer Zeit die Fahrstraße; man zog weiter auf Maultieren, reichlich versorgt mit Decken und Mundvorrat, ein mühsames Unternehmen. Für uns ist Nicolosi interessant, da hier die Vegetation wechselt. Bis hierher ziehen sich die üppigen Fruchtgärten, gedeihen Orangen und Zitronen, entfaltet die Blumenflora ihre farbige Pracht. Zahlreich sind die Rebgärten, die aus dem phosphat- und mineralhaltigen Boden den aromatisch rassigen Ätnawein ziehen. Auch oberhalb von Nicolosi bis tausendzweihundert Meter wächst noch Wein, gedeihen Mandeln und die begehrten ätneischen Haselnüsse. Aber hier wechselt das Bild. Im Übergang bis zu tausendsechshundert Metern sehen wir noch Obst-

bäume, Kirsche, Birne, Apfel. Dann folgt die Waldregion mit mächtigen Kastanien und Eichen, den hochgelegenen Buchen und Schwarzföhren.
Hinter Nicolosi beginnt die eigentliche Auffahrt. Zur Linken liegen die Zwillingskrater der Monti Rossi, friedliche Denkmäler des Ausbruchs von 1669. Hügelabwärts ziehen sich die Lavaströme, erheben sich grünbewachsene Nebenkrater. Weit unten liegt Catania, schäumt das Meer an die Küste.
Sobald die Straße die ersten Lavahalden durchschneidet, zeigt die Bergzone ihren eigentümlichen und schönsten Schmuck. Auf dem schwarzen Boden erstarrter Lava, auf aschengrauem Geröll blüht goldgelb der Ätnaginster. Oft bedecken die wetterfesten Büsche ganze Hänge und Kuppen. Ginster wächst noch oberhalb der Waldregion. Hier treffen wir auch noch den rosafarbenen Astragalus, ein kugelig-dorniges Gesträuch, das die Sizilianer Spino santo nennen. Die oberen Pflanzenzonen, die spärlich bewachsenen Halden zwischen den Bergwäldern, sind das Revier der Ätnahirten. Sie leben mit ihren Schafen und Ziegen oft wochenlang in der Einöde. Man sieht sie selten. Aber mitunter wechseln sie die Plätze und folgen ein Stück der Straße. Ich sah die Berghirten einmal an einem Regentag. Wolkenschleier trieben über die Hänge. An einer Kehre tauchten sie auf, wetterharte Burschen mit dunklen, schwarzbärtigen Gesichtern, derbe, unverarbeitete Schaffelle und Decken über den Schultern. Mit ihnen zogen die zu Boden geduckten Schafe, struppige Hunde und ein Maulesel, der einen großen, verrußten Kessel und Geräte trug.
Noch unterhalb der Casa Cantoniera biegt nach links eine Straße ab, die nach einem Kilometer zum Grande Albergo Etna führt [1715 m]. Das Berghotel liegt in der Pineta di Serra di Nave; herrliche Ausblicke nach Süden und zum Golf von Catania! Das Hotel ist geöffnet von Januar bis März und von Mitte Juni

bis Mitte September. Auch am Ende der Fahrstraße, etwas oberhalb der Casa Cantoniera, liegt eine bewirtschaftete Schutzhütte, der Rifugio Sapienza [1910 m]. Wer nicht zum Gipfel möchte, kann von hier aus kleinere Wanderungen unternehmen und in die ersten Kraterschlünde blicken. Der Blick umfaßt die gesamte Ostküste. Talwärts ziehen die erstarrten Flüsse der Lavamassen. Deutlich sieht man, wie ein Lavastrom einen Hügel erreicht hat, sich teilte und nur einen kleinen grünen Helm übrigließ, während er das Leben ringsum erstickte.
Ein überwältigendes Erlebnis ist der Aufstieg zum Hauptkrater. Für den Fußweg benötigt man vier Stunden. Auf gut halber Höhe liegt der Piccolo Rifugio [2644 m], die kleine Schutzhütte des C.A.I. Oft umlagern Wolkenbänke den Berg, während die Gipfelzone frei liegt.
Bis an den Fuß des Hauptkraters erstreckt sich das Hochplateau, der Piano del Lago, nur von kleineren Erhebungen durchbrochen. Wir stapfen über Asche und Lava oder über glitzernden Schnee. Alles Leben, alle Farben sind erloschen, es sei denn, der Vulkan rührt sich und schleudert Glutfontänen empor, die bis zu dreihundert Metern hochsteigen. Am oberen Kraterrand stehend, während aus der schwarzen bodenlosen Tiefe ungefüge Rauchmassen hochquillen, sind wir dem Ungeheuren der Erdgewalt ausgesetzt. Ein Augenblick, der etwas Erschreckendes und Reinigendes hat. Rundum liegt ein grandioses Panorama ausgebreitet. Bei gutem Wetter ist die ganze Insel überschaubar: der Girlandensaum der Ostküste; im Süden das krause Bergland der Monti Iblei, der Hybläerberge; im Nordosten beginnen die Bergzüge der Peloritani, die nach Westen in die Nebrodi und

334/335 Gravina am Hang des Ätna, des Mongibello, wie er früher genannt wurde

schließlich in die Madonie übergehen. Sehr gut zu erkennen ist die kalabrische Küste mit Reggio und den Bergrippen des Aspromonte. Im Norden steigen die Vulkanberge der Äolischen Inseln aus dem Meer. Bei klarem Frühlicht sehen wir die äußersten Punkte Siziliens, ganz fern im Westen den Monte Erice, an der Südostspitze das Kap Passero.

Rund um den Ätna

Eine Fahrt rund um das Bergmassiv [von und bis Catania 140 km] soll unseren Aufenthalt im Ätnagebiet abschließen. Die Rundfahrt, ob mit der Kleinbahn, der Circum-Etnea, oder dem Wagen, lohnt in jeder Hinsicht. Es ist interessant, den Berg, der aus eigener Kraft aus der Meerestiefe stieg, in ganzer Gestalt zu erfassen, seine Formationen, die wechselnde Eigenart seiner Hänge. An keiner Seite mischt sich der Ätna mit dem benachbarten Bergland. Ein breiter fruchtbarer Talgürtel umschließt den Vulkanberg. Da unsere Straße [wie auch die Bahnlinie] an den Hängen bis zu siebenhundert und achthundert Metern, an der Nordwestseite bis zu tausend Metern ansteigt, überblicken wir die anmutigen Flußtäler des Simeto und des Alcántara.
Die erste Wegstrecke führt auf der Staatsstraße 121 über *Misterbianco* nach Paternó. Der Name Misterbianco ist keine englisch-italienische Mischung, sondern entstand aus « monastero bianco », dem Weißen Kloster der Benediktiner, das 1669 unter den Lavamassen begraben wurde. Wo vor dreihundert Jahren der Schrekken wütete, breiten sich heute die lieblichsten Agrumengärten aus. Im Zentrum der Pflanzungen liegt *Paternó*, weltbekannt durch seine Orangen und Blutorangen, die besten und süßesten ihrer Art. Nicht minder genießen die Augen den Anblick der Gärten, deren grünes Blattwerk, deren rote und gelbe Früchte

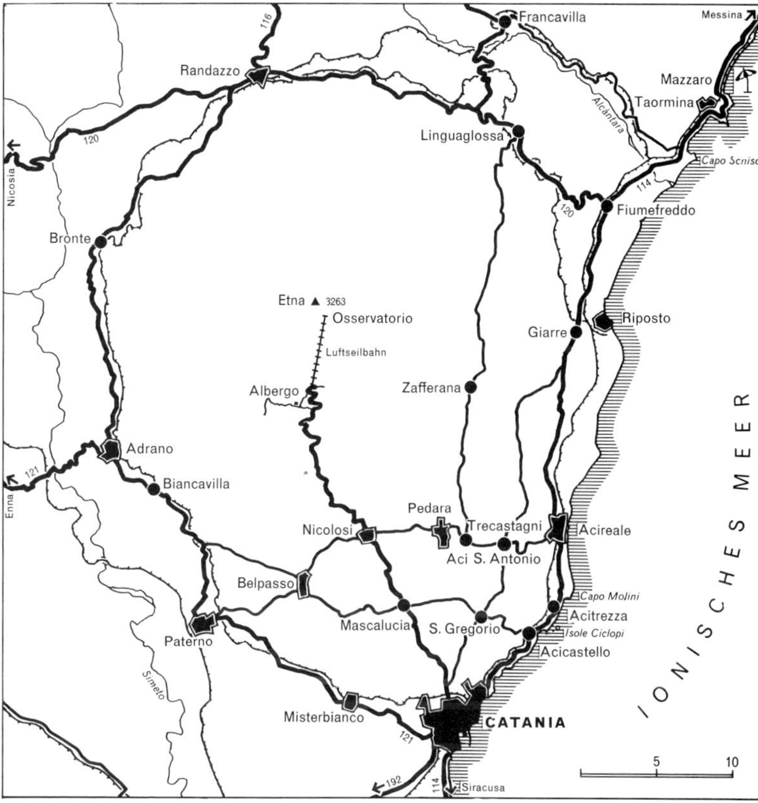

Rund um den Ätna

vor dem dunklen Hintergrund eine ungewöhnliche Leuchtkraft entfalten. In Paternò sehen wir erhöht ein kleines Normannenkastell, das Roger I. 1073 anlegen ließ. Staufische Ministerialen bewohnten den rechteckigen Turm, der im vierzehnten Jahrhundert umgebaut wurde und gotische Fenster erhielt.

Weiterfahrend haben wir das freundliche Simetotal zur Linken und erreichen auf der ansteigenden Straße über Biancavilla das Städtchen *Adrano* [562 m]. Auch hier sehen wir an der Piazza ein von Roger I. gegründetes Normannenkastell. Es wurde im vierzehnten Jahrhundert umgebaut. Eine Roger-Enkelin stiftete 1158 das gegenüberliegende Kloster, das jedoch im vierzehnten und fünfzehnten Jahrhundert neu errichtet wurde. Auf das antike Adrano verweisen Säulenreste eines Tempels aus dem vierten Jahrhundert v. Chr. und Mauerreste aus römischer Zeit. Sie sind heute von Gärten und Feigenkakteen umwuchert.

Sehr lohnend ist es, auf einem Abstecher nach Westen, der Staatsstraße 121 folgend, das siebzehn Kilometer entfernte Städtchen *Centúripe* zu besuchen. Centúripe, siebenhundert Meter hoch gelegen, bietet herrliche Ausblicke, zumal auf den Ätna. Es ist einer der ältesten Orte der Insel, eine gräzisierte Sikulerstadt, die Kentoripa hieß. Viele kleinere Fundstücke, die wir in den Museen von Syrakus und Palermo bewunderten, stammen aus Kentoripa. Nur unbedeutende Baureste erinnern an die antike Stadt. Nach einem Aufstand ließ Friedrich II. 1233 die Stadt zerstören und siedelte ihre Einwohner in Augusta an. Centúripe wurde im sechzehnten Jahrhundert neu aufgebaut. Neuerdings hat Centúripe ein kleines, sehenswertes Museum.

Wir kehren zurück nach Adrano und erreichen nach der Überquerung gewaltiger Lavafelder, die von Ginsterbüschen bewachsen sind, das Städtchen *Bronte* [794 m]. Schöne Ausblicke ins Tal! Fortan klettert die Straße bis zu tausend Metern empor, und auch die nordwestlichen Nachbarberge steigen mächtig auf. Ein wildes, schönes Panorama. Der spanische Bourbone Ferdinand IV., den Napoleon aus Neapel vertrieb und der sich in Sizilien unter dem Schutz der englischen Flotte behaupten konnte, belehnte 1799 Admiral Nelson mit dem Gebiet und verlieh ihm den Titel eines Herzogs von Bronte. Etwa sechs Kilometer hinter Bronte biegt links eine Straße ab, die über Maletto zum Stammsitz der Herzöge führt. Noch heute gehören die umliegenden Ländereien den Erben Nelsons.

Auf der aussichtsreichen Höhenstraße kommen wir nach *Randazzo* [754 m], schon oberhalb des Alcántara gelegen. Randazzo ist kleiner als Paternò, Adrano und Bronte, aber der interessanteste Ort unserer Rundfahrt. Von allen Städten im Ätnagebiet liegt Randazzo dem Vulkan am nächsten, wurde jedoch nie zerstört. So blieb das mittelalterliche Stadtbild erhalten. Erst der unsinnige Widerstand deutscher Truppen am Ende des Zweiten Weltkriegs brachte der Innenstadt arge Schäden. Was uns an Randazzo so sehr fasziniert, das ist die spürbare Gegenwart des Vulkans. Er liegt nicht nur greifbar nahe und hat nicht nur seine Lavaarme um die Stadt gelegt, in jedem Winkel nistete er sich ein. Die Stadt ist ganz aus Lava erbaut, überall dringt der schwarzgraue Stein durch den Kalkbewurf. Das gibt Randazzo eine faszinierende Düsternis. Dunkel überragt der Rechteckturm des ehemaligen Herzogspalastes die Häuser. Ernst und düster sind die mittelalterlichen Gassen. Randazzo muß im Mittelalter und bis ins sechzehnte Jahrhundert eine bedeutende Stadt gewesen sein. Das bezeugen die repräsentativen Kirchen: an der Einfahrt *San Martino*, im achtzehnten Jahrhundert erneuert, jedoch mit dem wuchtigen, zinnengekrönten Campanile aus dem vierzehnten Jahrhundert; *San Nicolò* aus dem sechzehnten Jahrhundert mit beachtlichen Statuen und Reliefs der Antonello und Giacomo Gagini; der Dom *Santa Maria* mit gotisch-katalanischen Portalen, mit dunklen Lavasäulen und Apsiden aus dem dreizehnten Jahrhundert.

Unsere Straße wendet sich nach Osten, überwindet mächtige, spärlich bewachsene Lavahalden und erreicht *Linguaglossa*

[525 m]. Riesige Pinienwälder steigen am Nordhang des Ätna auf. Beliebte, abwechslungsreiche Reviere für Wanderungen. In der Pineta von Linguaglossa liegt ein freundliches Touristendorf. Schon bald hinter Linguaglossa überblicken wir die weite grüne Ebene vor der Ostküste und fahren hinunter nach Fiumefreddo.

TAORMINA, GESCHENK DER NATUR

Taormina versammelt allen Liebreiz Siziliens. Gewiß ist Taormina der anmutigste Platz der Insel und einer der schönsten Orte der Welt. Kein Sizilienfahrer wird den Besuch versäumen. Vielen bedeutet der Aufenthalt auf der Terrasse des Monte Tauro, der unvergleichliche Blick vom Teatro Greco über das grüne Alcántaratal, hinauf zum Schneegipfel des Ätna, hinab zur sanft gebuchteten Küste, die Erfüllung ihrer Südlandsehnsucht. Selbst nüchternen Sizilienfahrern verschlägt es die Sprache. Es wäre müßig, die Stimmen zu zählen, die Taormina preisen.

Die Lage in zweihundertfünfundzwanzig Meter Höhe am Hang des Monte Tauro ist einzigartig. Im Rücken des Städtchens steigen die südlichen Ausläufer der Peloritani sanft an. Die nächsten Berge bleiben unter tausend Metern. Taormina ist ganz in Gärten eingebettet, die mit ihren Blüten, Früchten und einem immerwährenden Grün das wechselvolle Gelände mild überspielen. Oliven und Zypressen, Oleander und Feigenkakteen, die Agrumen, die Gärten mit kletternder Bougainvillea, mit Geranien, Nelken und Rosen beleben das Bild, geben Kontur und Farbe. Der Ätna verliert seine Schrecken. Seine Lavaarme werden Taormina nie erreichen. Ein besänftigter Riese, dessen weiße Haube, dessen Glutpunkte, die in der Nacht zu sehen sind, nichts anderes als Krönung und Schmuck der Landschaft sein wollen.

342/343 Die Isolabella und der Badestrand

Taorminas größter Reichtum ist der Ausblick, den man von jedem Punkt mühelos genießen kann. Aber nicht minder verlockt die abwechslungsreiche nähere und weitere Umgebung zu Wanderungen. Das ausgeglichene mediterrane Klima macht den Aufenthalt während des ganzen Jahres angenehm, auch im Winter, der sehr mild und eher frühlingshaft ist. Doch die schönste Zeit bietet der Frühling, wenn die Fruchtbäume, die Mandeln, die Mimosen in voller Blüte stehen und der Blumenflor seine Pracht entfaltet.

Wer Erholung sucht in einer bezaubernden Landschaft [und die Vor- und Nachteile eines touristischen Zentrums in Kauf nimmt], kann keinen besseren Ort finden. Jedoch – wer Sizilien, die sizilische Wirklichkeit, sucht, wird sie in Taormina schwerlich entdecken. Der Tourismus hat das Städtchen überfremdet und dienstbar gemacht. Alles ist den Bedürfnissen der Touristen angepaßt. Die folkloristischen Bräuche, Mandelblütenfest und Blumenkorso im Februar, das Fest der Trachten und Carretti in der letzten Aprilwoche sind Attraktionen des Fremdenverkehrs. Die Auffahrtsstraße vom Meer her, Taorminas obere Längsstraße, die Via Circonvallazione, und die untere, zum Meer hin gelegene Via Roma, sind selten frei von Auto- und Motorenlärm. Die Hauptstraße, der Corso Umberto, zu dessen beiden Seiten sich das Städtchen ausdehnt, wurde zum Basar für Geschenkartikel und Tand, vielfach nichtsizilischer Herkunft. Kaum ein Haus ohne Fremdenheim. Hotels, Pensionen, Speisehäuser, Bars, Nachtclubs bestimmen das Stadtbild. Man sieht mehr Fremde als Einheimische.

Freilich, die Landschaft bleibt davon unberührt. Nur eine Viertelstunde außerhalb Taorminas, auf den Wanderwegen und Maultierpfaden, auch in der Blumenoase des Giardino Pubblico und manchmal auch auf der Höhe des Teatro Greco bleiben Lärm und Andrang des massierten Tourismus zurück. Schön ist

Das griechisch-römische Theater von Taormina, des zweitgrößten Siziliens

der Aufstieg zum *Castel Taormina* auf dem Monte Tauro. Hier lag die Akropolis der Griechenstadt, die Tauromenion hieß. Sie wurde 396 vor Christus gegründet und nahm die Einwohner des nahen zerstörten Naxos auf. Syrakusaner, Römer, Byzantiner, Sarazenen, Normannen erstürmten die Bergfeste. Die große Geschichte streifte Taormina, ließ der Stadt jedoch nur eine unbedeutende Rolle. Weiter oberhalb der Kastellruine, auf der vierhundertfünfzig Meter hohen Bergkuppe, liegt das Dorf Castelmola mit dem Kastell. Herrliche Ausblicke rundum, insbesondere über die Höhenzüge der Peloritani! Hinter Mola steigt aus dem Tal der *Monte Venere* zu fast neunhundert Metern auf. Auch sein Gipfel ein lohnendes Wanderziel, in gut zwei Stunden zu erreichen. Etwas kürzer ist der Weg auf den sechshundertfünfzig Meter hohen *Monte Ziretto*, der nördlich von Taormina liegt. Auf solchen Wegen, die sich beliebig verlängern lassen und die wenig begangen werden, kommt man Sizilien näher als in Taormina.

Die Stadt in ihrer spätmittelalterlichen Anlage ist sehr schön. Sie hat sehenswerte Paläste und Kirchen, und sie besitzt ein Juwel: eines der schönsten Theater der Antike. Das *Teatro Greco* liegt etwas meerwärts abgesetzt von Taormina auf einem Sporn des Monte Tauro. Die halbrund ansteigenden Zuschauerränge sind in den Berg hineingetrieben. Den oberen Abschluß bildete ein rundum geführter Doppelportikus. Der Name Teatro Greco bezieht sich auf das ursprüngliche, im dritten vorchristlichen Jahrhundert erbaute Theater. Von ihm ist eigentlich nur die unvergleichliche Lage übriggeblieben. Was wir sehen, stammt aus römischer Zeit, wie die rotbraunen Flachziegel der Bühnenaufbauten. Ein Teil des zweistöckigen Bühnengebäudes ist eingestürzt, so daß der Blick ungehindert über die grandiose Landschaft schweift. Dieser vielbeschriebene Ausblick auf das Meer und das spitz auslaufende Capo Schisò, auf den Ätna, dessen nach Südosten sanft abfallende Horizontlinie von den Erhebungen der Monti Rossi unterbrochen wird, ist Taorminas schönster Teil. Im Vordergrund rechts und halbrechts liegt die Stadt, ganz in Grün gebettet, markant vorgezogen das ehemalige Dominikanerkloster. Von der Terrasse oberhalb des Theaters sieht man nach rückwärts die nördlich ziehende Küste und Kalabrien.

Am Eingang der links von der Auffahrt beginnenden Stadt liegt die Piazza Vittorio Emanuele. Nach links führt der Weg zum Teatro Greco. Rechts steht der zinnengekrönte viereckige *Palazzo Corvaia* [14./15. Jh.] mit gotisch-katalanischem Portal und sehr schönem Innenhof. Ein paar Schritte seitlich, hinter der Kirche S. Caterina, liegen die Reste des kleinen *Odeons*, einer römischen Probebühne. Der Corso Umberto beginnt an der Piazza Vittorio Emanuele und zieht in großem Bogen nach Südwesten. Wenn nicht gerade allzu viele Menschen während der täglichen Passeggiata die Hauptstraße bevölkern, ist es reizvoll, bis zum Dom und zur Piazza Sant'Antonio am unteren Ende zu gehen. Ein Stück aufwärts führt nach links ein Gäßchen zur sogenannten *Naumachia*, angeblich Reste römischer Bäder. Im mittleren Teil des Corso öffnet sich die Straße zu der Aussichtsterrasse der Piazza IX Aprile. Diesen immer belebten Stadtmittelpunkt umsäumen Straßencafés und die kleine ehemalige Kirche S. Agostino, die heute als Stadtbibliothek dient. Noch einmal weitet sich der Corso zu einem Platz vor dem *Dom*. Der ursprüngliche Bau stammt aus dem dreizehnten Jahrhundert, wurde jedoch mehrfach stark verändert und erhielt 1636 das Portal der Westfassade. Interessant ist der vor der Fassade stehende zweischalige Brunnen [1635 erbaut], den eine Art Zentaurin, auf den Hinterbeinen stehend, krönt. Am Ende des Corso, vor der Post nach links gehend, sehen wir den *Palazzo De Spuches* der Herzöge von Santo Stefano [auch Palazzo Santostefano genannt]. Wie der Palazzo Corvaia ein viereckiger Turmbau aus dem vierzehnten Jahrhundert, mit zweiteiligen gotischen Fenstern, deren obere Ränder wie auch die Mauerkrönung mit Lavasteinen geschmückt sind. Weiter hinauf, nahe der Straße nach Castelmola, liegt Taorminas wohl schönstes gotisches Bauwerk, die Ruine der *Badia Vecchia*, mit zinnengekröntem, dekora-

348 Das schöne Portal des Corvaja-Palastes aus dem 15. Jahrhundert
349 Seepferdchen am Kentauren-Brunnen vor der Kathedrale von Taormina

tiv von Lava und Kalkstein geschmücktem Ziergiebel und großen spätgotischen Fenstern an der Schmalseite.

Beim Gang durch die Stadt entdecken wir noch manchen schönen Winkel, manche Merkwürdigkeit. Auf der südlich vorgezogenen Terrasse etwas unterhalb des Doms stehen die Gebäude des ehemaligen Klosters *San Domenico*. Das reich ausgestattete Kloster mit seinen prächtigen Sälen, Korridoren mit Chorgestühl, Renaissancehöfen, Kreuzgängen hat sich in eines der luxuriösesten Hotels Italiens verwandelt. Die Mönchszellen wurden zu komfortablen Gästezimmern. Von allen Gärten Taorminas hat San Domenico den schönsten. Es ist bezaubernd, in seiner Blumen- und Blütenpracht zu wandeln und den Ausblick hinab zur Küste zu genießen, wo auf der spitz vorspringenden Landzunge des Capo Schisò das alte Naxos lag.

Wege zur Küste

Regelmäßig fahrende Autobusse und eine Seilbahn verbinden Taormina mit der Küste. Vom Belvedere führt ein romantischer Fußweg zum Strand. Vor einer bezaubernden Landschaftskulisse liegen die Buchten von Mazzarò, Spisone und der Isola Bella, mit verlockenden Badeplätzen. Bei der felsigen Isola Bella und dem Felsvorsprung des Capo S. Andrea mit seinen Grotten tummeln sich die Unterwassersportler. Von April bis Oktober herrscht reges Strandleben, im Sommer oft Massenbetrieb.

Wir folgen indes der Küste nach Süden, nach *Giardini* und zum *Capo Schisò*. Die flach und spitz auslaufende Landzunge von Schisò mit ihren Orangen- und Zitronenhainen liegt still und unberührt. Nur selten kommen Fremde hierher. Dabei ist der Weg von der Giardinibucht zum Kap wunderschön. Ein vorgeschichtlicher Lavastrom, der einem Krater am Fuß des Ätna entquoll und einen knappen Kilometer ins Meer vordrang, bildet den Grund der Halbinsel. Sie muß schon bewachsen gewesen sein, als im achten vorchristlichen Jahrhundert Chalkidier aus Euböa hier landeten und *Naxos*, die erste Griechenkolonie auf sizilischem Boden, gründeten. Die Erinnerung an diese Keimzelle gibt dem Ort einen besonderen Reiz. Man kann bis Giardini mit dem Wagen fahren und von hier den Fußpfad gehen. Aber empfehlenswerter ist eine Wanderung von Taormina zum Capo Schisò [etwa 4 km], vom Ende des Corso Umberto in das Tal hinab zwischen Taormina und dem Monte Petraro und dann zur Küste.

Von Naxos ist nicht viel mehr als die Erinnerung geblieben. Nahe dem Bach S. Venera stand der Altar des Apollo Archegetes, dem jeder abreisende Grieche opferte. Längs des Baches ragt aus dem Boden ein Stück der grob verkeilten archaischen Basaltmauer, die Naxos umgab. Unter den Bäumen liegen einige flache griechische Gräber. Man fand Keramiken und Vasen mit Münzen, die auf das fruchtbare, weinreiche Land verweisen. Als Gründungsjahr gilt 735 vor Christus. Sechs oder sieben Jahre danach gründeten die Chalkidier von Naxos aus Katane und Leontinoi. Aber ihre Kolonie war zu schwach, um dem Herrschaftsanspruch des dorischen Syrakus zu widerstehen. Schon Hieron I. beherrschte die Ostküste und machte Naxos untertan. Da sich Naxos während der athenischen Kriegsexpedition mit den Athenern verbündet hatte, beschlossen die Syrakusaner, den Ort zu vernichten. Dionysios der Ältere zerstörte Naxos im Jahre 403 vor Christus vollständig und verkaufte viele der Einwohner als Sklaven. Ein Teil der Bevölkerung konnte fliehen und wurde später von Tauromenion aufgenommen. An der Stelle des alten Naxos entstand ein unbedeutendes Dorf. Auch davon ist nichts geblieben.

Nach alter Überlieferung glauben die Einheimischen daran,

daß jeder einmal von glühender Lava überschüttete Flecken in Zukunft verschont bleibe. So entstanden oft auf erkalteten Lavaschüben oder in ihrer Nähe neue Dörfer. Nur hier am Capo Schisò blieb eine freundliche Wildnis.
Bis zur flachen Kapspitze, wo das Meer ein paar kleinere Lavablöcke blankgeschliffen hat, ziehen sich grüne verwilderte Gärten mit Fruchtbäumen.

VON TAORMINA NACH TINDARI

Unsere Sizilienreise nähert sich den letzten Stationen. Die nächsten Ziele liegen im Ostteil der nördlichen Küste: Tindari, Milazzo und die Äolischen Inseln. Wer zum Ausgangspunkt unserer Reise, nach Palermo, zurückfahren möchte, wird den Weg über Messina wählen, um dann auf der Rückfahrt entlang der Nordküste die genannten Orte und Inseln aufzusuchen. Von Taormina nach Messina sind es gut vierzig Kilometer auf der neuen Autostrada. Wer es weniger eilig hat und die Fahrt auf der alten Küstenstraße vorzieht, passiert eine Reihe anmutiger Städtchen. Von der Taormina-Auffahrt rund zehn Kilometer entfernt sehen wir das *Capo S. Alessio* mit der auf einem Fels steil über dem Meer thronenden Kastellruine. Gleich danach biegt links eine Straße ab, die vier Kilometer hinaufführt nach *Forza d'Agrò*, einem sehenswerten mittelalterlichen Bergdorf mit Normannenkastell. Jenseits der fiumara d'Agrò, auf der Höhe nahe Casalvecchio, liegt die ehemalige Klosterkirche der Basilianer *S. Pietro e Paolo*. [Zufahrt von der Hauptstraße, wenn man hinter S. Alessio, bei der fiumara d'Agrò der links abzweigenden Nebenstraße folgt, 6 km.] Die orientalischen Mönche gründeten im achten Jahrhundert an der sizilischen Ostküste mehrere Klöster. Sie zogen im neunten Jahrhundert auf das italienische Festland. Unter den Normannen konnten sie sich zwischen Ätna und Messina erneut ausbreiten. S. Pietro e Paolo stammt aus den Jahren 1171/72, erbaut von Meister Gerhard dem Franken. Ein wuchtiges Bauwerk, dessen Außenwände ganz von Blendarkaden überzogen sind. Aus schwarzer Lava und hellem Kalkstein dekorativ gefügt, bilden sie den schönen, intensiven Schmuck der einfachen Ziegelmauern.

Da Messina den Abschluß unserer Sizilienfahrt bilden soll, fahren wir von Taormina zunächst die kürzere Straße nach Tindari [rund 85 km], die von der Ost- zur Nordküste das Land durchquert und die nordöstliche Inselspitze rechts liegen läßt. Es ist eine der landschaftlich interessantesten Strecken Siziliens.

Wir verlassen Taormina in Richtung Giardini und fahren kurz hinter dem Ort nach rechts in das *Alcântaratal.* Im Frühjahr ist das Tal ein einziger Blütengarten. Aber in jeder Jahreszeit erfreut die Gartenlandschaft zwischen dem Ätna und den Monti Peloritani. Drei Kilometer hinter *Francavilla,* nach zweiundzwanzig Kilometer Talfahrt, wendet sich die Straße nach Norden. Nun beginnt eine muntere, kurvenreiche Bergfahrt. Die Straße steigt bis zu knapp tausend Metern. Sie bildet etwa die Nahtstelle zwischen den Peloritani im Osten und den Nebrodi, dem nach Westen ziehenden sizilischen Zentralgebirge. Einsames, karges Bergland im Wechsel von schroffen, nicht allzu hohen Kalkfelsen, grünbraunen Bergsteppen und kleinen, verwunschenen Tälern. Besonders reizvoll ist die Fahrt vor *Novara di Sicilia* [675 m], dem einzigen Ort etwa in der Mitte der Bergstrecke. Schon bald fallen die Berge zur Küste ab. Wir sehen weit vor uns das Tyrrhenische Meer, die Äolischen Inseln. Den Weg hinab zur Küste begleitet ein Schaustück eigener Art: Unter uns und dann zur Seite zieht sich ein breites steiniges Flußtal. Mitten im ausgetrockneten Flußbett ein schwaches Rinnsal, dessen Mißverhältnis zu dem breiten, ausgeschürften und mit Geröllbrocken übersäten Tal auffällt. Solche «fiumare» sind für die Nordküste, partienweise auch für die Ostküste, charakteristisch. Im Winter und Frühjahr schwellen die Bergbäche zu reißenden Flüssen an und schwemmen Gestein und Kies zu Tal.

An der Küste wenden wir uns nach links und überqueren das

mächtige Wildtal. Westlich vor uns erhebt sich der ans Meer vorstoßende Berg des *Capo Tindari* mit der Wallfahrtskirche der Schwarzen Madonna. Die Straße steigt bis zum Sattel empor, der das Kap mit den Ausläufern der Nebrodi verbindet. Auf der Sattelhöhe zweigt rechts eine Nebenstraße ab, die in einigen Kurven zur mäßig hohen Bergkuppe von Tindari [280 m] hinaufführt. Ölbäume, Feigenkakteen und Oleander wachsen am Berg. Eine wohltuende ländliche Anmut und Stille umfängt den Hinauffahrenden. Links neben dem letzten Straßenstück liegen grün umwachsene Reste der antiken Stadtmauer. Unmittelbar vor der Auffahrt zur Piazza liegt die Ruine des Stadttors, das einst von Türmen flankiert war. Rechts von der Piazza, an der Stelle der Akropolis der antiken Stadt, steht die neue Wallfahrtskirche mit der mächtigen Kuppel. Sie wurde in den letzten Jahren erbaut, eine wuchtige Basilika in farblosem neuromanischem Stil, die Tindari belastet, aber nicht krönt.
Neben dem Monte Pellegrino [S. Rosalia] und Syrakus [Madonna delle Lacrime] ist *Tindari* der meistbesuchte Wallfahrtsort der Insel. Aus ganz Sizilien und Kalabrien pilgern die Gläubigen zur *Schwarzen Madonna* von Tindari, deren Hauptfest am 8. September gefeiert wird. Die Verehrung der wundertätigen Madonna ist seit dem Mittelalter belegt. Nach der Legende kam die Statue der schwarzen Muttergottes mit dem Kind zur Zeit des oströmischen Bilderstreits nach Tindari. Ein Schiff mit der kostbaren Statue wurde durch einen Sturm in den Hafen getrieben. Es heißt, erst nach der Ausladung der gesamten Fracht und der Statue sei die Weiterfahrt gelungen. Die Einwohner von Tindari sahen darin ein Zeichen. Sie errichteten der Schwarzen Madonna eine Kapelle. Die religiöse Verehrung sieht im allgemeinen nicht auf die künstlerische Schönheit eines verehrungswürdigen Gegenstandes. Aber diese ernste, hoheitsvolle byzantinische Madonna ist sehr schön. Unter der Statue lesen wir eine Zeile aus dem

Hohenlied: «nigra sum sed formosa» – «schwarz bin ich, doch schön». Kein besseres Wort wäre denkbar.
Das Dorf ist wenig einladend. Doch die nähere und weitere Umgebung ist von nahezu klassischer Schönheit. Landeinwärts, hinter dem fruchtbaren Tal, steigen die Berge der Nebrodi an, im Osten die Felszacken der Peloritani. Märchenhaft schön liegen die Äolischen Inseln auf dem Wasser. Sehr nah und groß Vulcano und Lipari, die für den Blick zu einer Insel verschmelzen. Deutlich erkennbar ist der Doppelgipfel von Salina. Die anderen Inseln zeigen sich je nach den Launen des Wetters, links Filicudi und ganz im Westen Alicudi, ein winziger Punkt. Rechts von Vulcano-Lipari liegt Panarea und weit zurück der Vulkankegel des Stromboli. Schön ist der Blick nach Nordosten auf die weite Bucht, die von der schmal und spitz ins Meer vorstoßenden Halbinsel Milazzo begrenzt wird.

Das griechisch-römische Tyndaris

Auf dem schmalen Plateau an der Meerseite, etwas unterhalb des heutigen Dorfes, entdeckten die Archäologen im neunzehnten Jahrhundert einige hellenistisch-römische Bauten. Viel mag noch unter den Häusern des Dorfes begraben liegen. Ein Teil sank durch Erdrutsche ins Meer. Spuren eines solchen Bergabrutsches sind hinter der Wallfahrtskirche zu sehen.
Tyndaris hieß die griechische Stadt, die im Jahre 396 vor Christus durch Dionysios I. von Syrakus gegründet und mit Messenern besiedelt wurde. Aus der frühesten Zeit stammen die massiven Stadtmauern, die wir bei der Auffahrt und links vom Dorf sahen. Sie geben eine Vorstellung von der Größe der antiken Stadt. Dionysios gab der Gründung den Namen des Spartanerkönigs Tyndareos und weihte sie den tapferen Dioskuren Kastor und

Die Arkaden des sogenannten Gymnasiums von Tindari

Polydeukes. Nach der Sage war Leda die Mutter des Zwillingspaares, Tyndareos der Vater des sterblichen Kastor und Zeus der Vater des göttlichen Polydeukes. Die Münzen der antiken Stadt zeigen die Dioskuren oder ihr Sternbild.

Am Eingang des Ausgrabungsbezirks liegt ein kleines Museum mit wenigen neueren Funden. Zur Linken, umstanden von Ölbäumen und Feigenkakteen, die Reste des *griechischen Theaters;* ein kleines, in den Hügel eingebuchtetes Theater aus dem vierten vorchristlichen Jahrhundert, jedoch in römischer Zeit völlig umgebaut und erweitert für Gladiatoren- und Tierkämpfe.

Eine gepflasterte Straße führte vom Theater zur *Agora*, zum Marktplatz [rechts vom Eingang]. Etwas unterhalb der Agora sehen wir die Grundmauern römischer Wohnhäuser, gut erkenntlich die Räume einer Villa mit schönem Mosaikboden. Andere Mosaike liegen unter der Grasnarbe. Wenn es der Kustos erlaubt, wird man nur wenig abschürfen müssen, um weitere Stücke freizulegen. Das interessanteste Bauwerk steht an der Agora; es war die Vorhalle des Platzes. Erhalten sind mächtige, aus Sandsteinblöcken grob verkeilte Torbögen, die wohl das Dach der Halle trugen und den breiten Hallengang unterteilten. Neun dieser Steinbögen standen hintereinander. Eine Seitenmauer, die eingestürzt war, wurde in den letzten Jahren teilweise aufgerichtet. Bisher galt die Halle als sogenanntes Gymnasion. Doch wurde der Bau erst in römischer Zeit errichtet, wahrscheinlich als Versammlungs- oder Gerichtsort.

Die Bezeichnung Gymnasion stützt sich auf einen Hinweis Ciceros. In seiner Anklagerede gegen Verres spricht Cicero von der griechischen Wettkampfstätte. Auch Tyndaris wurde von Verres, der in den Jahren 73 bis 71 vor Christus römischer Statthalter von Sizilien war, geplündert. Dieser Römer, der die Tempel und Heiligtümer von Syrakus, Enna, Erice und vielen anderen Orten ausrauben ließ, war wohl der rüdeste Kunsträuber aller Zeiten. Der Prozeß, in dem Cicero im Namen der sizilischen Städte Anklage erhob, brachte Verres die Verbannung und Verurteilung auf Schadenersatz. Heute interessieren uns Ciceros Verrinische Reden mehr darum, weil sie genaue Angaben über viele nicht mehr auffindbare Kunstschätze Siziliens enthalten. Die Einwohner von Tindari haben den Mann, der vor zweitausend Jahren ihre Sache vertrat, nicht vergessen und ihre Dorfstraße Via Cicerone genannt.

MILAZZO, STADT UND HALBINSEL

Milazzo liegt am Anfang der gleichnamigen Halbinsel, noch in der Ebene. Eine kleine freundliche, handeltreibende Stadt, Umschlagplatz für die Weine, Früchte und Gemüse des Vorlandes, auch Ausgangspunkt für den Thunfischfang mit eigener Tonnara. Kleinere chemische Industrien haben sich angesiedelt. An der Ausfahrt nach Messina stehen die hohen Türme von Petroleumraffinerien, ähnliche Anlagen wie vor Augusta und Gela. Nachts ist die Vergasungsflamme weithin sichtbar.

Nördlich hinter Milazzo beginnt der bergige Teil der Halbinsel, die sich bis zum Capo di Milazzo etwa sechs Kilometer erstreckt. Schon die Altstadt liegt erhöht. Sie wird überragt von einem mächtigen Kastell aus dem dreizehnten Jahrhundert, das in spanischer Zeit ausgebaut wurde und heute als Zuchthaus dient. Sehr schön ist die Fahrt oder Wanderung durch die Olivenhaine und Rebgärten bis zur Spitze der Halbinsel. Man kann zum Leuchtturm wandern oder zur Grotta Gamba di donna. An der Westseite der schmalen Spitze liegt ein kleines Kloster und das Santuario, das Antonius von Padua geweiht ist. Ich kenne kein Land, das auf verhältnismäßig engem Raum so viele Heiligtümer und Wallfahrtsstätten versammelt wie Sizilien. Das Santuario S. Antonio gehört zu den kleineren Heiligtümern der Insel, die nicht den Ruf bedeutender Wallfahrtsorte wie Tindari genießen. Als ich einmal am 13. Juni in Milazzo war, begegneten mir viele Frauen und Kinder, die Franziskanerkutten trugen. Ich fragte, ob sie einem Orden angehören. Nein, sagte mir eine Mutter, die Fürbitte des Heiligen habe ihr Kind von schwerer

Krankheit geheilt, und nun hätten sie für ein Jahr die Kutte angelegt und seien hergepilgert, um zu danken. Damit löste sich für uns die Frage nach den Frauen und Kindern in Mönchskutten, die wir in manchen Orten Siziliens sahen.

In den letzten Jahren entdeckte man unter dem Kastell eine sikulische Nekropole und nördlich der Stadt Gräber von etruskischen Seeräubern, die hier in vorgriechischer Zeit einen Stützpunkt hatten. Die überschaubare Geschichte der Stadt begann um 716 vor Christus, als von Zankle aus [wie Messina in der frühesten Zeit hieß] die Tochterstadt Mylai gegründet wurde. Mylai blieb von Zankle abhängig, gab aber den Anstoß für die Besiedlung der Nordküste und konnte 648 vor Christus Himera als Vorposten gegen die Karthager gründen. Mylai war ein oft umkämpfter, strategisch wichtiger Punkt. Die Athener und Agathokles von Syrakus eroberten die Stadt. Die Römer besiegten 264 vor Christus in den Gewässern vor Mylai die punische Kriegsflotte. Diese erste Seeschlacht der Römer begründet ihre Vormacht im Mittelmeer. Zweitausend Jahre später ist Milazzo die letzte Bastion der Bourbonen. Am 20. Juli 1860 nimmt Garibaldi mit seinen Rothemden Stadt und Kastell. Mit der Kapitulation der bourbonischen Truppen endet Garibaldis Siegeszug durch Sizilien und schließt die kriegerische Geschichte Milazzos. Aus griechisch-römischer Zeit sind keine Denkmäler erhalten. Auch aus jüngerer Zeit hat Milazzo keine bedeutenden Sehenswürdigkeiten. Aber es ist angenehm, ohne besonderen Plan den freundlichen Straßen zu folgen oder über die gepflegte Uferpromenade zu gehen. Wir saßen in einem der kleinen Straßenrestaurants am Kai oder schauten dem Hafentreiben und dem Verladen von Früchten und Wein zu. Es gibt hier vorzügliche Fischgerichte und einen gut mundenden Vino comune. Im Hafen legen die Schiffe von und nach den Äolischen Inseln an, auch die größeren Schiffe, die von Neapel über Lipari nach Messina fahren. Von hier aus lassen sich die Inseln Lipari und Vulcano in einem Tag besuchen. Die Schiffe fahren täglich und kehren spät nachmittags zurück. Wer nicht auf Lipari oder Vulcano Quartier nehmen will, findet in Milazzo mehrere günstige Hotels in Hafennähe und ein weiteres, reizvoll gelegenes [mit eigenem Badestrand und hübschen Bungalows] links von der Ausfahrt nach Messina.

ZU DEN INSELN DES ÄOLUS

Wie sich der Gebirgszug des Apennin in der nordsizilischen Bergkette fortsetzt, so besteht zwischen Vesuv und Ätna und dem Monte Láuro in den Hybläerbergen ein geologischer Zusammenhang. Vom Vesuv zum Ätna führt die Vulkanzone in etwa zweitausend Meter Meerestiefe durch einen breiten unterseeischen Graben, aus dem nahe der sizilischen Küste die Äolischen Inseln aufragen. In fast gerader Linie liegen die noch tätigen europäischen Vulkane: Vesuv, Stromboli, Vulcano [bereits nachlassend] und Ätna.

Die Äolischen oder Liparischen [nach der Hauptinsel Lipari genannten] Inseln sind die kleineren Geschwister des Ätna. Gleich diesem stiegen sie aus eigener vulkanischer Kraft empor, wohl vor dem Ätna, im Tertiär. Die meisten Vulkane sind erloschen und haben sich seit Menschengedenken nicht mehr gerührt. Die letzten Ausbrüche auf Vulcano waren in den Jahren 1888 bis 1890, während der Stromboli ununterbrochen eruptiert und seine Rauchfahne am Tag, sein Feuerschein in der Nacht weithin sichtbar sind. Im Vergleich zum Ätna fehlen den Inseln ganz die fruchtbaren, üppigen Gärten. Sie sind rauhe, ungepflegte Geschwister des Mongibello, meist kahl und unfruchtbar, ohne nennenswerten Baumbestand. Wie sie das Meer ausgeworfen hat, stehen sie da mit ihren bizarren Formen und Vulkanbergen. Geologisch bestehen die Inseln aus Lava und Asche, aus Lapilli, Bimsstein, Basalt, Obsidian, vulkanischem Gestein also, und Vulkansand in Niederungen und Buchtungen.

Frischwasser ist rar auf den Inseln. Sie haben nur heiße Quellen.

Daher die kubischen Häuser mit den Terrassen und Flachdächern zum Auffangen des Regenwassers. Aber es regnet selten, und oft fegt der warme, trockene Scirocco über die Inseln. Im Sommer muß Trinkwasser oft vom Festland herübergeholt werden. Entsprechend dürftig ist die Vegetation. Agrumen fehlen ganz. Man sieht spärlich verstreut Oliven, Kapernsträucher und Ginster. Auf den größeren Inseln werden Reben angebaut. Der warme Vulkanboden läßt einen vorzüglichen Wein gedeihen, den weißen, süßen Malvasia oder den feurigen Wein von Stromboli. An Tieren halten sich auf den Inseln Bergschafe, Ziegen und wilde Kaninchen. Die Einwohner leben dürftig von Fischfang und Weinbau, von Schafzucht und als Arbeiter bei der Bimsgewinnung auf Lipari. Das unergiebige Leben zwang viele Inselbewohner, in die Fremde auszuwandern. Die Einwohnerzahl verringert sich ständig, während der Zustrom von Feriengästen wächst.

Die Inseln sind von einer wunderbaren Licht- und Farbenharmonie überstrahlt, die ihre naturhafte, wilde Schönheit hervorhebt. Das mediterrane Klima, die würzige Luft sind äußerst wohltuend. Überall kann man schwimmen. Das Wasser, selbst in den Hafenbuchten, ist glasklar. Wer den Unterwassersport liebt, entdeckt ungeahnte Landschaften in der Meerestiefe. Man kann sich ebenso der heilsamen Thermalbäder oder der schwefelhaltigen heißen Naturquellen erfreuen. Es gibt Naturschönheiten zu bewundern: bezaubernde Grotten, Klippen, Basalttürme, Obsidianströme, weiße Bimshänge und schwarze Kraterschlünde und die Farbpalette, die niedergeschlagene Schwefeldämpfe auf den Steinen zurückließen.

Von alters her tragen die Inseln den Namen des Äolus [griechisch Aiolos], des mythischen Beherrschers der Winde, von dem Homer im zehnten Gesang der Odyssee erzählt. Auf einer der «schwimmenden Inseln», auf Lipari oder Stromboli, residierte König

Aiolos. Homer läßt Odysseus nach seinem gefährlichen Abenteuer mit den Zyklopen zur Aiolos-Insel gelangen. Odysseus wird gut aufgenommen und bewirtet. Zur Weiterfahrt bestimmt Aiolos einen günstigen Westwind. Die widrigen Winde sperrt er in einen Schlauch aus Rindshaut und übergibt ihn Odysseus. Am zehnten Reisetag, als Odysseus schläft, packt die Gefährten die Neugier. Sie öffnen den Schlauch. Alle Winde fahren heraus; ein heulender Wirbelsturm treibt sie zurück zur Aiolos-Insel. Vergebens bittet Odysseus zum zweitenmal um die Gunst des Windbeherrschers. Die Gabe wird nur einmal gewährt. Aiolos schickt den Mann, der offensichtlich «den Göttern verhaßt ist», unter Schmähungen hinweg.
Wie real die Griechen den Mythos nahmen, zeigt der Bericht von der ersten griechischen Besiedlung der Insel. Im Jahre 580 vor Christus legten Seefahrer aus Knidos auf Lipari eine Kolonie an. Sie sahen in den Insulanern die Nachkommen des Aiolos und einigten sich friedlich mit ihnen. Bereits zwei und drei Jahrtausende vor der Ankunft der Griechen, in der jüngeren Steinzeit, waren die Inseln bewohnt. Zwischen 3500 und 2500 vor Christus erlebten sie als führendes Handelszentrum des westlichen Mittelmeers einen anhaltenden wirtschaftlichen Aufstieg. Ihr Reichtum gründete auf der Ausfuhr von Obsidian, von Handwaffen, Werkzeugen, schneidendscharfen Messern, die aus dem schwarzen, glasigen Vulkanstein gespellt und geschliffen wurden. Aus neolithischer Zeit stammen herrliche Keramiken, zweifarbig die ältesten, einfarbig die jüngeren Gefäße, in leuchtendem Korallenrot. Naturgemäß verlor der Obsidian in der Bronzezeit, mit dem Aufkommen der Bronzewaffen und -geräte, seinen hohen Wert. Aber auch in dieser Zeit waren die Inseln wohlhabend. Das zeigen wiederum kostbare, auf Lipari und Filicudi gefundene Keramiken, die im Museum von Lipari zu sehen sind. Nach der Besiedlung durch die Griechen bauten die Inseln ihre

Seemacht aus. Ihre Kriegsflotte behauptete sich in Kämpfen mit karthagischen und etruskischen Schiffen. Wahrscheinlich entwickelte sich aus diesen Kriegsfahrten der Seeraub, der schließlich jedem Handelsschiff drohte, das die Meerenge zwischen Messina und dem Festland passierte. Die äolischen Freibeuter organisierten sich zu einem geradezu militärischen Raubstaat. Land, Schiffe und die Beute galten als Gemeinbesitz. Zeitweise war es so, daß die Männer wechselweise zum Piratendienst oder zur Bewirtschaftung des Bodens eingeteilt wurden. Die Römer, die 252 vor Christus die Inseln besetzten, brachten friedliche Absichten mit. Sie erfreuten sich der heißen Quellen und richteten Heilbäder ein. Auch in späteren Jahrhunderten, noch am Ende des achtzehnten Jahrhunderts, war das Inselgebiet unsicher. Jedoch nicht mehr die Einheimischen, sondern fremde Piraten, meist Nordafrikaner, die sich auf den Inseln eingenistet hatten, zogen auf Raub aus.

Gelegentlich verbannten italienische Machthaber Sträflinge und politisch unbequeme Leute auf die Inseln. Sie waren ideale Verbannungsorte. Die heutigen Bewohner der Inseln sind einfache, friedliche Menschen, weniger lebhaft und leutselig als die Sizilianer sonst, aber überaus hilfsbereit und gastfreundlich.

Es lohnt sehr, ein paar Tage auf Lipari zu bleiben oder die Insel, auch Stromboli oder Vulcano, als Ferienort zu wählen. Lipari hat einige gute Hotels und ein Touristendorf. Auch Vulcano bietet gute Quartiere, ebenso Stromboli. Einfache Unterkünfte findet man auch auf den anderen der sieben Äolischen Inseln: Panarea, Salina, Filicudi und Alicudi. Die für einen Aufenthalt interessantesten Inseln sind Lipari, Vulcano und Stromboli. Allerdings liegt Stromboli sehr weit außerhalb, von Lipari über dreißig Kilometer nordöstlich, der äußerste Vorposten Siziliens nach Norden.

Das von Milazzo auslaufende Schiff erreicht Lipari in gut zwei

Stunden. Unmittelbar vor Lipari liegt an der Backbordseite des Schiffs die im Sonnenlicht rotbraun schimmernde südlichste Insel Vulcano. Eine sechshundert Meter breite Meeresstraße trennt sie von der Hauptinsel. Im Hafen von Lipari findet man jederzeit Boote, die nach Vulcano hinüberfahren. Günstig ist Lipari auch darum, weil die zentral gelegene Hauptinsel den Ausgangspunkt für Fahrten zu den anderen Inseln bildet. Fünfzehn Kilometer nordöstlich [etwa auf halbem Weg nach Stromboli] liegt *Panarea*, die kleinste, aber sehr reizvolle Insel des Archipels. An der von Reben und Oliven bewachsenen Ostseite liegen drei kleine Dörfer. Nördlich sehen wir Fumarolen und andere postvulkanische Erscheinungen. Interessant ist der Weg zum bizarr geformten Capo Milazzese, auf dem die Steinreste von ovalen bronzezeitlichen Hütten liegen. Malerisch umlagern Panarea Klippen und kleinere Inseln, darunter Basiluzzo. Ausgrabungen lassen vermuten, daß dieser Inselkranz in vorgeschichtlicher Zeit zu Panarea gehörte und durch Erdstöße abgesprengt wurde.

Nordwestlich von Lipari liegt *Salina*, die zweitgrößte der Inseln, mit den charakteristischen zwei Gipfeln erloschener Vulkane. Die Fossa delle Felci ist mit 962 Metern der höchste Berg des Archipels. Vier Dörfer liegen idyllisch an den Buchten. Auch hier ist zu beobachten, wie bei Windstille unterseeische Fumarolen die Küstengewässer aufsprudeln lassen. Salina hat die fruchtbarsten Küstenstreifen und Hänge mit Weingärten und Kapernpflanzungen, wirkt jedoch neben den anderen Inseln eintöniger und zahmer.

Weiter westlich von Salina liegt Filicudi und endlich der westlichste Außenseiter *Alicudi*. Das konische Inselchen mit dem 675 Meter hohen erloschenen Vulkanberg, mit verstreuten Häusern an der Nordseite, auf schmalen Terrassen wachsenden Oliven und Kapern und der öden, düsteren Westseite muß man nicht unbedingt sehen. Alicudi ist eine Robinsoninsel, von Milazzo wöchentlich einmal, von Lipari dreimal zu erreichen. Reizvoll und interessant ist *Filicudi.* Vor allem lohnt eine Bootsfahrt um die 9,5 Quadratkilometer große Insel. Sie hat bezaubernde Uferränder, Klippen, Grotten und Terrassen. Wer an der Westseite in die Grotte Bue Marino einfährt, wird märchenhafte Lichtreflexe bewundern und das ungewöhnliche Naturkonzert der Meeresgeräusche hören. Nicht weit von der Grotte ragen Basaltklötze aus dem Meer, darunter der majestätisch aufgetürmte, fünfundachtzig Meter hohe Scoglio La Canna. Filicudi hat drei winzige Dörfer. Von der Anlegestelle führt ein kurzer Weg zum südöstlichen Inselschnabel mit dem Vorberg des Capo Graziano, auf dem die Hüttenreste eines Dorfes aus der Bronzezeit freigelegt wurden.

Lipari, Schatzinsel der Archäologie

Lipari empfängt seine Besucher freundlich. Wenn das Schiff am Morgen in die Hafenbucht der größten Insel [37,6 Quadratkilometer] einläuft, liegen die weißen, kubischen Häuser der Stadt sonnenüberstrahlt. Ein heiterer Anblick, wie sie dichtgeschachtelt den Uferbogen besetzen, wie hinter der Häuserzeile hügelaufwärts Reben und Oliven wachsen. Allein die flankierenden Vulkanberge mit ihren schroffen Hängen setzen etwas Düsternis in das Bild. Aber die Drohung zählt nicht. Die Vulkane der Insel sind friedlich. In der Buchtmitte schiebt sich ein breites, fünfzig Meter hohes Felsplateau steil abfallend bis ans Meer vor, Castello genannt. Rechts von ihm, in der Bucht Marina Lunga, fahren die größeren Schiffe ein. Links liegt der Fischerhafen Marina Corta mit der idyllisch auf einer winzigen Halbinsel gelegenen Kapelle *Anime del Purgatorio.*

SPETTO

Die Stadt Lipari, Sitz eines Bischofs und der Inselbehörden, hat gegen fünftausend Einwohner. Lebhaft geht es nur zu, wenn ein Schiff anlegt, das Waren und Post und Gäste bringt. Dann drängen Einheimische, Kinder, Fremde und Hoteldiener an die Hafenmole. Für eine halbe Stunde gerät das insulare Leben in den aufregenden Sog der großen Welt. Aber schon bald kehrt die Stille zurück. Gelassen und heiter schwimmt die Wohnstatt des Aiolos auf dem Meer, dessen Ufergewässer kristallklar sind. Tatsächlich könnte der *Kastellberg* die Aiolos-Residenz sein, wie Homer sie schildert. Aber die Festungsmauern, die den Berg umklammern, haben die Spanier im sechzehnten Jahrhundert errichtet. Nur wenige Mauerreste stammen aus griechischer Zeit, als auf dem Felsplateau die Akropolis stand.

Vor hundert Jahren war der Burgberg noch das Stadtzentrum. So krönt ihn die *Kathedrale*, ein ursprünglich normannischer Bau, der im Barock umgebaut und neu ausgestattet wurde. Die heutige Stadt breitet sich zu Füßen des Castello aus. Jedoch die eigentlichen Sehenswürdigkeiten liegen nahe beieinander auf dem Kastellplateau. Die Ausgrabungen haben aus Schichten bis zu neun Meter Tiefe wahre Schätze zutage gefördert. Gegenüber der Kathedrale liegen unter römischen und griechischen Schichten Mauerreste von ovalen Wohnbauten aus der Eisenzeit und Bronzezeit, wie sie ähnlich auf Panarea und Filicudi entdeckt wurden. Die Ausgrabungen sind vortrefflich beschriftet. Ein paar Schritte weiter, an der Kathedrale vorbei, beginnt bei der Kirche Madonna delle Grazie der *Parco Archeologico*. Dort stehen zwischen Oleanderbüschen sehr schön gruppiert griechische und römische Steinsarkophage, die aus der Nekropole des Vorortes Diana stammen.

368 Beim Anlegen auf der Insel Lipari hilft der Barcaiuolo Lo Nardo Domenico

Unmittelbar neben der Kathedrale, im alten Bischofspalast, befindet sich das *Museo Eoliano.* Dieses vorbildliche Museum birgt außergewöhnliche Funde, vor allem aus vorgeschichtlicher Zeit. Allen Lobes würdig ist die einführende und übersichtliche Anlage, Aufteilung und Beschriftung der Fundstücke. Ganze Gräberfelder aus der ersten Eisenzeit wurden rekonstruiert, die anschaulich den Übergang von der Totenbestattung in großen Tonkrügen zu den Aschenurnen der Feuerbestattung zeigen. Einzigartig ist die Sammlung prähistorischer Keramik, die meist von den Inseln Lipari, auch von Panarea, Filicudi, Salina und Stromboli stammt. Sie gehört zu den bedeutendsten Sammlungen der Welt. Die Ähnlichkeit mit der süditalienischen und griechischen Keramik bestätigt, daß schon zwei Jahrtausende vor der Gründung der ersten sizilischen Griechenkolonie ein reger Kultur- und Handelsaustausch zwischen den Ländern und Inseln des Mittelmeers herrschte. Die neolithischen Gefäße zeigen ein feines Dekor von Flammenmustern, Streifenornamenten und Mäandern, zweifarbig, dreifarbig und später korallenrot [3500 bis 2500 v. Chr]. Etwas plumper als die frühesten Gefäße sind die mit Kerbmustern versehenen bronzezeitlichen Keramiken, auch sie mit mykenischen und kretischen Funden verwandt.
Nicht versäumen wollen wir einen Gang zur Meerseite des Kastellbergs. Von der südöstlichen Terrasse haben wir einen bezaubernden Blick hinab auf den Bootshafen und die Inselkapelle Anime del Purgatorio. Das moderne Lipari ist angenehm und freundlich, hat aber, zumal für einen Tagesbesuch, wenig Sehenswertes. Wer etwas länger in Lipari verweilt, kann herrliche Landausflüge unternehmen. Empfehlenswert ist eine Fahrt mit dem Autobus nach Westen und zur Inselmitte, über die Ortschaft *Quattrocchi* [prächtig gelegen, mit schönen Ausblicken zur südlichen Vulcanoinsel] hinauf nach *Piano Conte.* Von diesem zwischen Weinbergen gelegenen Ort führen die schönsten Wan-

Die Fischerkirche «Anime del Purgatorio» und der kleine Hafen

derwege auf den erloschenen Vulkan Monte Sant'Angelo [593 m]. Westlich von Piano Conte liegt das Thermalbad San Calogero, dessen schwefel- und alkalihaltige Heißquellen seit drei Jahrtausenden genutzt werden.

Ein völlig anderes, eigenartiges Erlebnis vermittelt die Fahrt [Autobus, Taxi oder Motorboot] von Lipari nach Norden, nach *Canneto* [6 km]. Hier beginnen die grauweißen Bimssteinhänge, die dem Nordostteil der Insel sein charakteristisches Aussehen geben. Weiter nördlich von Canneto erstarrten zwei riesige Obsidianströme, die sich aus dem Monte Pelato meerwärts schoben, die Rocce Rosse mit etwa zwei Kilometer Länge und einem Kilometer Breite, die Forgia Vecchia, etwa halb so lang und breit.

Die ehemals berüchtigte weiße Hölle der Bimssteinbrüche auf Lipari

Das vulkanische Glas, durch zu schnelle Lavaerstarrung entstanden, verwitterte an der Oberfläche stumpfrot und zeigt an den Bruchstellen seine eigentliche schwarzgrüne, glasige Substanz. Der Obsidian erinnert an Liparis Vorzugsstellung und Reichtum in der Steinzeit. Heute sind die erstarrten Ströme Schaustücke für Geologen und Besucher. Im Gegensatz zum nutzlos gewordenen Obsidian wird der Bimsstein eifrig abgebaut. Auch der Bimsstein entstand durch schnelles Erkalten und Verglasen der Trachyte. In der glasigen Masse blieben Rückstände von Gasen, die sich durch Gaseruptionen während des Ergusses gebildet hatten. Daher die poröse, schwammige Struktur in der

Art von verhärtetem Schaum. In unserer Zeit der Leichtbauweise gewinnt der leichte, isolierfähige und wetterfeste Bimsstein an Bedeutung. Er wird ebenso als Schleif- und Poliermittel genutzt oder feingemahlen der industriellen oder kosmetischen Verarbeitung zugeführt. In der bis nach Porticello und Aquacalda an der Nordküste reichenden Bimsindustrie sind an die zwölfhundert Arbeiter beschäftigt. Aus der Zeit, als Sträflinge und Verbannte unter mörderischen Bedingungen an den grauweißen Hängen arbeiteten, stammt der Name l'inferno bianco, die weiße Hölle.

Vulcano und Stromboli

Nach Lipari ist *Vulcano* die meistbesuchte Insel des Archipels, ein Stück wilder, merkwürdig ausgeformter Natur, fast kahl und nur am schmalen, flachen Hals, der den kleinen nördlichen Vorberg Vulcanello mit dem Hauptkörper der Insel verbindet, dürftig bewachsen. An dieser schmalsten Stelle der Insel liegt im Osten der Porto di Levante, im Westen der Porto di Ponente [zur Bootsfahrt nach Lipari]. In beiden Häfen können nur kleinere Boote anlegen. Wer mit dem Passagierdampfer ankommt, wird ausgebootet. Nur ein paar hundert Menschen wohnen auf der Insel, die kaum den Lebensunterhalt gewährt. Seit einigen Jahren wird Vulcano als Seebad und wegen der prächtigen Möglichkeiten für den Unterwassersport viel aufgesucht.
Von den drei Vulkanbergen des größeren Inselteils ist der südliche Monte Aria mit 499 Metern der höchste. Der nördlich abgesonderte kleinere Vulcanello [123 m] ist ein Nachkömmling. Er stieg erst im Jahre 183 vor Christus aus dem Meer. Auf dem Weg zu ihm, an der Ostseite nicht weit vom Porto di Levante, sehen wir interessante postvulkanische Erscheinungen: aufspringende

Fumarolen, die das Wasser in den Schlammkuhlen erhitzen und glucksend hochtreiben. Auch das Meerwasser an der Ostküste sprudelt auf, von kleinen unterseeischen Fumarolen bis zu fünfundvierzig Grad erhitzt. Das schwefelhaltige und radioaktive Heißwasser wird zu Heilbädern genutzt. Schwefelgeruch liegt in der Luft, jedoch nicht unangenehm, und den heißen Felsboden hat der Schwefel mit Farbkränzen gezeichnet. Der felsige, ausgehöhlte Faraglione della fabbrica an der Ostbucht erinnert an die Schwefel- und Alaungewinnung im neunzehnten Jahrhundert, zu der Sträflinge und Verbannte herangezogen wurden. Die letzten großen Ausbrüche des Gran Cratere, 1888 bis 1890, setzten dem Unternehmen ein Ende. Damals verlor der Berg seine ebenmäßige Kegelhaube. Noch eindrucksvoller als an der Ostbucht entquellen den Erdspalten am Nordhang des Berges Fumarolen mit schwefelhaltigen Dünsten. An den Fumarolen und einem Obsidianstrom vorbei führt der Weg hinauf zur 386 Meter hohen Fossa Grande. Wer den einstündigen Weg nicht scheut, den erwartet ein faszinierender Blick in die Schmiede des Vulkans. Die aus dem Kraterboden aufsteigenden Fumarolen haben an den Kraterwänden herrliche Farbsprenkel angesetzt.

Stromboli, die abgelegenste Insel des Archipels [über dreißig Kilometer nordöstlich von Lipari], hat nur die Drittelgröße von Lipari und ist mit 12,6 Quadratkilometern wesentlich kleiner als Vulcano. Aber Stromboli ist der Titan unter den Inseln, eines der gewaltigsten Schaustücke der Natur. Ununterbrochen stößt der Vulkan seine Rauch- und Feuersignale aus. Die ganze Insel besteht aus einem einzigen, wunderbar ebenmäßig ansteigenden Kraterkegel [926 m], während ein paar Dörfer mit nur vierhundert Einwohnern an die schmalen Küstenränder gedrängt

375 Fröhliches Volk auf den Äolischen Inseln

sind. Die weißgetünchten Häuserkuben steigen anmutig hinter den schwarzsandigen Stränden und Basaltklippen auf. Nahe den Dörfern kultivierten die Inselbewohner seit Jahrhunderten den Vulkanboden und verdanken ihren zähen Versuchen Wein und Oliven, Palmen, Kapern und sogar Zitronen und Orangen. In ländlicher Stille liegen die Häuser an der Nordostseite; der Feuerberg ist fern. Das ändert sich erst, wenn man nach Nordwesten geht. Hier beginnt die Lavazone, anfangs noch von Strandflechten bewachsen, schließlich immer mehr in eine kahle, schaurige, von Lavabrocken übertürmte Urlandschaft übergehend.

Über die Sciara del Fuoco an der Nordwestseite, einen etwa siebenhundert Meter hohen Steilhang, stürzen nach den Eruptionen die glühenden Blöcke und Schlacken in die Tiefe und verzischen im Meer. Ein faszinierender und erschreckender Anblick, vor allem in der Nacht [nur vom Boot aus zu beobachten], wenn die Feuermassen den Berg hinabfließen. Kein Gast versäumt den Aufstieg zum Krater [gut drei Stunden], besonders eindrucksvoll in der Nacht, aber nicht ungefährlich. Darum ist ein Führer notwendig.

In Stromboli bieten einige Hotels und Pensionen, außerdem ein Studentendorf angenehme Unterkunft. Man kann schwimmen und sich den Unterwasserjägern anschließen, die hier fischreiche Gewässer und prächtige submarine Landschaften finden. Gegenüber dem Dorf Stromboli ragt der kleine, mit einer schönen Zakkenkrone versehene Steilfels des *Strombolicchio* aus dem Meer. Es lohnt sehr, mit dem Boot hinüberzufahren. Der nur dreiundvierzig Meter hohe Basaltklotz trägt einen Leuchtturm. Von der oberen Terrasse, zu der eine in den Fels gehauene Treppe hinaufführt, blicken wir weit über das Tyrrhenische Meer, hinüber zum italienischen Festland, nach Süden zur sizilischen Küste und zum fernen Ätna.

MODERNES MESSINA

Die Fahrt von Milazzo nach Messina [rund vierzig Kilometer] führt zunächst über die Uferstraße. Zur Linken schwimmen die sanft gebuckelten Inselberge auf dem Tyrrhenischen Meer. Zur Landseite des schmalen fruchtbaren Küstensaums steigen die Tausender der Peloritani an. Die Straße überquert einige «fiumare», verwilderte Flußtäler, ausgetrocknet im Sommer, reißend überströmt nach herbstlichen Regengüssen. Hinter Villafranca führt die Straße nach rechts bergaufwärts über die Wasserscheide der Peloritani. [Man kann auch die Küste entlang weiterfahren, ein Umweg von fünfzehn zusätzlichen Kilometern, während zudem die Bergfahrt schöner ist.] Mäßig steigend geht es hinauf nach San Rizzo. Wir fahren durch die Pineta del Camaro. Dann beginnt eine herrliche Fahrt durch reich bewachsenes und blühendes Land hinunter nach Messina. Weiß und Rot, die Blütenfarben von Oleander, Geranien, Nelken, Rosen und ein kräftiges sattes Buschgrün bestimmen die Landschaft. Einzigartig ist der Blick auf Messina. Königlich ruht die helle Stadt vor dem sichelförmigen Hafen. Die Meerenge und die jenseitigen kalabrischen Berge werden sichtbar.

Es heißt, *Messina* sei die europäischste Stadt der Insel. Aber sie besitzt einen mediterranen Charme und eine Anmut wie nur selten eine große, gewerbetüchtige und handelsfreudige Stadt. Zu Unrecht gilt Messina als schnell und hastig zu überwindende Anfangs- oder Endstation einer Sizilienreise. Wer der Stadt nur ein wenig Aufmerksamkeit schenkt, wird sie und das umliegende Land als äußerst liebenswert erfahren. In ihrer heiteren, offenen

Freundlichkeit stehen die Messinesen den Syrakusanern nicht nach. Dabei ist es nahezu ein Wunder, daß Messina nach allen verheerenden Natur- und Kriegskatastrophen den Besucher heil und blühender als je zuvor empfängt.

Oft wurden die Messinesen von Seuchen und Erdbeben heimgesucht, um immer wieder unter unsäglichen Mühen neu zu beginnen. 1743 raffte die Pest vierzigtausend Einwohner hinweg; 1854 brachte die Cholera fünfzehntausend Menschen den Tod. Zwischen den Seuchenjahren zerstörte das Erdbeben von 1783 die Stadt. Vierzig Jahre nach der Choleraepidemie erschütterte ein neues großes Erdbeben die Stadt. Kaum waren die ersten Wunden verheilt, als 1908 die letzte und für Messina furchtbarste Naturkatastrophe hereinbrach. Am 28. Dezember 1908, morgens gegen fünf Uhr dreißig, riß die Erde auf, und das Meer sprang über die Ufer. Erdstöße und Flutwellen machten die Stadt zu einer ungeheuren Trümmerstätte. Vierundachtzigtausend Menschen, fast drei Viertel der Bevölkerung, fanden den Tod. Noch viele Jahre nach diesem Katastrophentag lebte die Restbevölkerung kümmerlich in Notbaracken. Zwanzig Jahre später stand auf der Trümmerstätte die neue Stadt, aus Sicherheitsgründen weit verstreut, in doppelter Ausdehnung, mit niedrigen Häusern und breiten Straßen. Aber mit der Naturkatastrophe war die Zerstörungsgeschichte noch nicht zu Ende geschrieben. Im Zweiten Weltkrieg, nach siebenmonatigen Luft- und Seeangriffen, sanken wiederum sechzig Prozent der Häuser in Trümmer. Neunhundert Einwohner wurden getötet und einige tausend verletzt.

Von alldem merkt der Besucher nichts, der heute durch die helle, moderne Stadt geht, der das Leben im betriebsamen Hafenviertel oder auf den großstädtisch breiten Straßen, der Viale San Martino, der Via Garibaldi, beobachtet. Die weitgebaute Stadt läßt viel Raum für Grünflächen, Blumen, Bäume, und um Messina

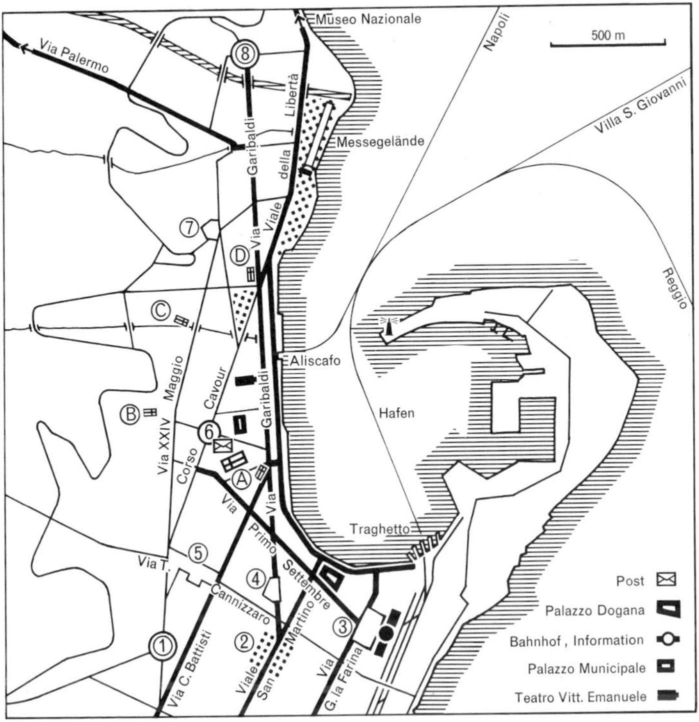

MESSINA

Kirchen

A Dom/Chiesa Annunziata dei Catalani
B Santuario Madonna di Montalto
C Chiesa S. Francesco d'Assisi
D Chiesa S. Giovanni di Malta

Plätze

1 Piazza del Popolo
2 Piazza Cairoli
3 Piazza Stazione
4 Piazza S. Caterina Valverde
5 Piazza F. Maurolico
6 Piazza Antonello
7 Piazza S. Vincenzo
8 Piazza 21 Aprile

ziehen sich die anmutigsten Gärten. Jedoch eines erinnert beharrlich an die Zerstörungen: Eine Stadt unseres Jahrhunderts steht an der Stelle einer fast dreitausendjährigen Stadt, von deren antiken und normannischen Bauwerken, von deren barocken Kirchen und Palästen sogut wie nichts erhalten blieb. Nur drei bedeutende Sehenswürdigkeiten geben eine Vorstellung von dem, was Messina einmal war, der Dom, die Kirche Sant'Annunziata dei Catalani und das Museo Nazionale.

Wer stadtunkundig ist, folgt am besten der vom Bahnhofplatz am Hafen ausgehenden Via Primo Settembre, die bald nach der Überquerung der breiten Via Garibaldi in die Piazza Duomo einmündet. Der normannische *Dom* wurde 1908 zerstört, originalgetreu wieder aufgebaut, im Krieg 1943 durch einen dreitägigen Brand verwüstet und abermals aufgerichtet. Die Rekonstruktion gelang so vortrefflich, daß man bei aller Problematik einer solchen Kopie bewundernd vor dem Werk der Baumeister und Künstler steht. Wenige erhaltene Bruchstücke und Schmuckwerke wurden wiederverwendet. So sind die schönen figurenreichen Originalportale aus dem fünfzehnten und sechzehnten Jahrhundert erhalten. Bewundernswert ist die Nachbildung jedes Details im Innern des Doms, der Statuen, der Kapitelle, der Apsiden und der byzantinischen Mosaike. Der Dom ist der Madonna geweiht. Das Bild der Madonna della Lettera am Hochaltar bezieht sich auf eine Legende, nach der die Mutter Jesu in Nazareth messinesischen Abgesandten einen Brief mit einer Grußbotschaft übergab. «Wir segnen Euch und Eure Stadt.» Die gleichen Worte [Vos et ipsam civitatem benedicimus] stehen auf dem Sockel der Mariensäule, die an der Spitze der sichelförmigen Hafenhalbinsel fünfundvierzig Meter hoch aufragt, den Ankommenden und Abfahrenden zum Gruß.

Der neu errichtete Campanile neben dem Dom birgt die größte mechanische Spieluhr der Welt, eine kunstvolle Arbeit der Gebrüder Ungerer aus Straßburg, 1933 eingeweiht. Am Mittag setzt sich das komplizierte Räderwerk in Bewegung und läßt unzählige Figuren hervortreten, darunter die Madonna della Lettera. Die barocke *Fontana d'Orione* vor dem Dom stammt von dem Florentiner und Michelangelo-Schüler Giovanni Montòrsoli [1553]. Nach der Sage soll der mythische Jäger Orion, dessen Sternbild, verfolgt vom Skorpion, unseren Winterhimmel schmückt, den Sichelhafen von Messina angelegt haben.

Messinas Juwel ist die kleine normannische Kirche *Sant'Annunziata dei Catalani*, nicht weit vom Dom, seitlich der Via Garibaldi. Das anmutige Bauwerk hat Erdbeben und Bombenwürfe heil überstanden und zeigt bis auf Teilverbesserungen seine ursprüngliche Gestalt aus der zweiten Hälfte des zwölften Jahrhunderts. Fassade und Portale stammen aus dem dreizehnten Jahrhundert. Besonders eindrucksvoll ist der von einer flachen Vierungskuppel gekrönte Ostbau, dessen Außenwände von schmalen, rundbogigen, auf kleinen Säulen ruhenden Blendarkaden überzogen sind. Wie der Orionbrunnen, so stammt auch das imposante bronzene *Standbild des Don Juan d'Austria* vor dem Portal der Katalanenkirche von einem toskanischen Bildhauer, von Andrea Calamecca, 1572 errichtet. In Don Juan d'Austria ehrte Messina den Sieger von Lepanto, der 1571 mit der spanischen Flotte von Messina auslief und die Türken besiegte.

Das *Museo Nazionale* liegt etwas außerhalb der Stadt, an der Via della Libertà, die nach Norden zum Capo Peloro führt. Wir gehen

382 Der Orion-Brunnen mit den Sinnbildern der großen Ströme und der Dom von Messina, der nach dem Erdbeben von 1908 im normannischen Stil wieder erbaut worden ist

383 Die reiche Marmordekoration am Hauptportal des Doms stammt aus dem 14. Jahrhundert

über die prächtige Uferpromenade Corso Emanuele II ein Stück nach Norden. Am Ende des Corso, auf der Piazza del Governo, steht der *Neptunbrunnen*, von Montòrsoli vier Jahre nach dem Orionbrunnen geschaffen. Hier zweigt halbrechts die Via della Libertà ab. Jedoch empfiehlt es sich, den weiten Weg entlang der Fiera di Messina [Messegelände] und der Strandbäder zu fahren.

Das Museo Nazionale, sehr schön in einem Garten in Meeresnähe gelegen, bewahrt die Kunstwerke, die nach den Erdbeben- und Kriegskatastrophen aus den Trümmern der Kirchen und Paläste gerettet wurden. Es ist gut geordnet und übersichtlich angelegt. Das Museum zeigt ein bedeutendes Werk von Antonello da Messina, der als einziger und größter Maler Siziliens Weltruhm erlangte. Antonello wurde 1430 in Messina geboren. Von seinen Reisen und Aufenthalten in Neapel, Venedig, Urbino und anderen Kunstzentren der Frührenaissance kehrte er immer wieder nach Sizilien zurück und starb fünfzigjährig 1479 in seiner Vaterstadt. In der Schule des Colantonio in Neapel wurde Antonello mit der realistischen Malweise der Niederländer vertraut. Von dorther rührt ein flämischer Zug auf Antonellos frühen und mittleren Bildnissen, etwa dem Porträt eines sizilischen Mannes, das wir im Museo Mandralisca in Cefalù sahen. Die berühmten sizilischen Madonnenbildnisse, die anmutvolle, würdige Annunziata von Palermo und die etwas lieblichere Verkündigungsmadonna von Syrakus sind Spätwerke, Ausdruck eines reifen, verhaltenen Stilgefühls. Das Bildnis von Messina, durch das Erdbeben von 1908 beschädigt, entstand ein Jahr vor der syrakusanischen Verkündigung. Es ist ein auf Holz gemaltes Polypty-

385 Apsis der Normannenkirche Annunziata dei Catalani, 12. Jahrhundert

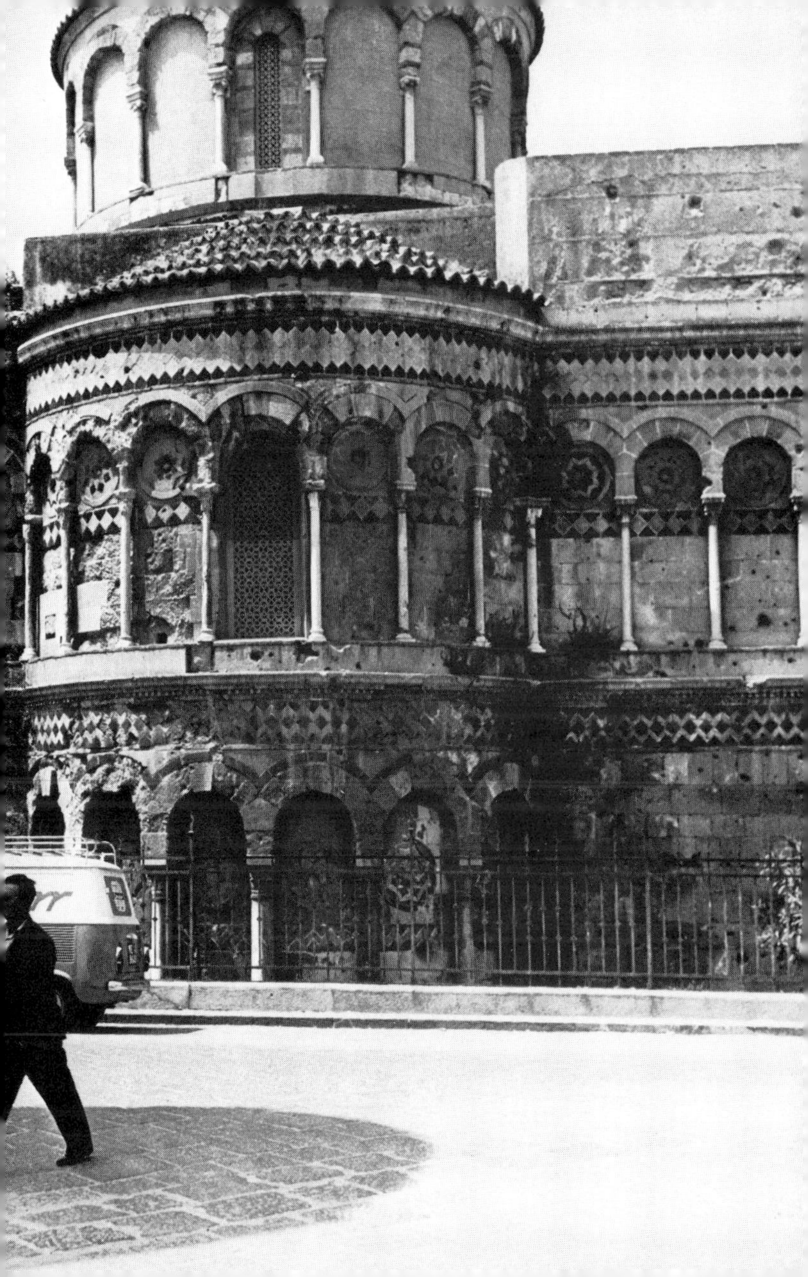

chon, dessen obere Bildhälfte die Verkündigung zeigt und im unteren Teil die Madonna mit Kind, zur Seite die Heiligen Gregor und Benedikt.
Auch zwei anderen Künstlern, deren Werke wir in Palermo sahen, begegnen wir in Messina: Michelangelo da Caravaggio und Francesco Laurana. Der Maler Caravaggio schuf in Palermo und Messina einige seiner bedeutenden Werke. Im Caravaggio-Saal des Museums sehen wir die ausdrucksstarken Gemälde «Anbetung der Hirten» und die «Auferstehung des Lazarus». Wie Caravaggio war auch Francesco Laurana nicht sizilischer Herkunft. Antonello war mit dem bedeutenden Bildhauer befreundet, der Sizilien eine Reihe großartiger Skulpturen, Reliefs, Porträtbüsten [Eleonora von Aragón in der Nationalgalerie von Palermo] schenkte, obwohl er nur wenige Jahre auf der Insel weilte. Das Museum von Messina zeigt eine sehr schöne Madonna von Laurana.
Die archäologische Sammlung enthält infolge der häufigen Zerstörungswellen nur wenige außerordentliche Funde, darunter eine fast elegant wirkende hellenistische Statue der Hygieia [ohne Kopf]. Sind auch die geschichtlichen Spuren ausgelöscht, so ist doch Messinas Geschichte interessant und bedeutend. Zur Zeit als die Chalkidier die Ostküste besiedelten, fuhren andere Chalkidier durch die Meerenge und gründeten an der kampanischen Küste Kyme [das römische Cumae]. Kymische Piraten und neue Einwanderer aus Chalkis legten 730 vor Christus auf der sichelförmigen Landzunge die erste Kolonie an. Sie übernahmen den sikulischen Namen Zankle, der Sichel bedeutet. Im fünften Jahrhundert vor Christus kam Zankle unter die Herrschaft des gegen-

387 Die Säule mit der Botschaft der Madonna grüßt die Stadt und schützt die Schiffe auf der Fahrt über der Meerenge von Messina

PSAM CIVITATEM

überliegenden Rhegion [Reggio], einer chalkidischen und messenischen Gründung. Seitdem hieß die Stadt Messana, auch Messene. An der überwachten Meerenge endete das Vordringen räuberischer Etrusker. Jedoch eroberten die Karthager 396 vor Christus Messana und zerstörten die Stadt. Dionysios I. von Syrakus ließ Messana wieder aufbauen und gründete von hier aus Tyndaris. Während der Punischen Kriege verbündete sich Messina mit Rom und erlangte als römische Stadt einige Bedeutung.

Der sarazenischen Herrschaft [seit 843] folgten die Normannen, die 1061 in Messina einzogen und von hier aus die Insel eroberten. Aus der Normannenzeit stammen die ältesten erhaltenen Denkmäler, die schöne Katalanenkirche und der Dom. Nach dem Untergang des Stauferreichs widerstand Messina 1282 erfolgreich der Belagerung durch Karl von Anjou. An die Heldinnen des Widerstands Dina und Clarenza erinnern die Figuren der Kunstuhr im Campanile neben dem Dom. Die neuere Geschichte Messinas wird überschattet von den Naturkatastrophen, die das Schicksal der Stadt bestimmten.

Wer etwas länger in Messina weilt, sollte unbedingt eine Küstenfahrt nach Norden, zur *Punta del Faro* und zum *Capo Peloro*, unternehmen [von Messina zwölf Kilometer]. Capo Peloro mit seinem großen Leuchtturm und dem riesigen stählernen Gerüst, das die Starkstromleitungen vom gegenüberliegenden Festland empfängt, liegt nur drei Kilometer vom kalabrischen Ufer entfernt. Auf dem Weg dorthin kommen wir durch hübsche Dörfer, Sommerorte der Messiner mit verlockenden Namen, wie Paradiso, Pace und Contemplazione. Im idyllisch gelegenen Lago Ganzirri und in den kleineren Lagunenseen Pantano Grande und Pantano Piccolo werden Muscheln, vor allem Austern, gezüchtet. In den Ristoranti an den Seeufern oder am Kap gibt es vorzügliche Frutti di mare. Wer über Granatari die kurze Strecke zur Nordküste fährt, kommt zu den prächtigen modernen Strandbädern des *Lido di Mortelle.* Vor der nordöstlichen Meeresküste sehen wir kleine Fischerboote mit hohen Ausguckmasten und Scheinwerfern am Bug. Nach herkömmlicher Weise jagen und harpunieren die Fischer die Schwertfische, deren Schwärme zur Laichzeit im April bis Juni die Meerenge durchschwimmen und an die Oberfläche kommen. Schwertfisch ist für die an sich schon reiche und schmackhafte Küche Messinas eine besondere Spezialität. Der «Pesce spada a ghiotta» wird in Scheiben geschnitten, in der Pfanne in reichlich Öl geschmort und mit Tomaten, Zwiebeln, Sellerie, Oliven und Kapern serviert. Eine nicht minder wohlschmeckende, jedoch schärfere Spezialität bildet der am Rost zubereitete Schwertfisch «rustutu cu' sammurigghiu». Ihm wird eine gesalzene, gepfefferte und mit Majoran gewürzte Öltunke zugegeben.

Dem Capo Peloro gegenüber, am kalabrischen Ufer, liegt der Ort Scilla. In einer Grotte der Uferfelsen hauste das Meeresungeheuer Skylla, das nach Homers Bericht dem Odysseus sechs Gefährten entriß. In der Meerenge vor der Grotte schlürfte die furchtbare Charybdis das salzige Wasser ein und spie es dreimal am Tag wieder aus, daß es aufbrodelte wie in einem «Kessel auf flammendem Feuer». Für kleinere Boote sind die «reißenden Strudel» noch heute gefährlich. Heftige Strömungen und Strudel entstehen, wenn sich in der schmalen Meerenge die Wasserspiegel des Tyrrhenischen und des Ionischen Meeres ausgleichen. Jedoch mittlere und größere Schiffe passieren den Stretto ungefährdet.

Wir kehren zurück nach Messina. Auf uns wartet das Fährschiff, das in einer halben Stunde Villa San Giovanni am jenseitigen Festlandufer erreichen wird. Messina, das «Tor Siziliens», entläßt uns. Es ist ein guter, hoffnungsvoller Abschied von Sizilien, den uns Messina gewährt, die oft zerstörte und durch den Lebensmut und die Tüchtigkeit ihrer Einwohner wiedererstandene Stadt. Die hellen, stattlichen Häuser und Türme leuchten, und die grünbewachsenen Hänge der Peloritani liegen im Licht, während das Fährschiff im großen Bogen um die Landspitze mit der Mariensäule fährt und die strömenden Wasser der Meerenge teilt.

TRINAKRIA IM LICHT

Zwischen Skylla und Charybdis steuerte Odysseus sein Schiff durch die Meerenge, um zur «herrlichen Insel» des Sonnengottes Helios zu gelangen. Thrinakia nennt Homer das Inseldreieck, wo auf blühenden Triften Göttinnen und Nymphen «die schönen breitstirnigen Rinder und die vielen fetten Schafe des Helios» hüten. Unser letzter Blick, während wir am kalabrischen Ufer auf Scilla und Bagnara zufahren, gilt den charybdischen Gewässern, denen Odysseus nur mühevoll entkam. Lichtüberflutet, die Gunst des Helios genießend, sehen wir zum letztenmal die grün gehügelte Insel.

Die Natur Siziliens umschreiben die Mythen, die am Anfang der Inselgeschichte entstanden, Deutungen eines wunderbaren, das Menschenmaß übergreifenden Geschehens: Fruchtbarkeitsmythen und Homers Erzählungen; die Entführung der Persephone am Pergusasee; die poesiereichen Legenden von den Quellnymphen Arethusa, Kyane und Galatea; die Ätnamythen vom felsenschleudernden einäugigen Zyklopen und der Schmiede des Hephaistos; die Legenden vom Windbeherrscher Aiolos und den Meeresungeheuern Skylla und Charybdis.

Die Mythen und Legenden enthüllen das zwiespältige Wesen der Inselnatur, die schenkt und zerstört in einem Atemzug. Wir sahen paradiesische Fruchtgärten und leuchtende Blumen neben schwarzen erkalteten Lavaströmen und die totenstarre Gipfelregion des Ätna. Wir sahen die erdbebenzerstörten Tempeltrümmer von Selinunt und das lieblich erblühte, von Mandeln und Oleander geschmückte Tempeltal Agrigents. Ein einziges

Erdbeben legte im Südosten an die hundert Städte und Orte in Trümmer. Um das grausam heimgesuchte Messina ranken sich heute die schönsten Gärten. Wir sahen die unvergleichliche Schönheit Taorminas, die Agrumen- und Olivenhaine der anmutigen Conca d'Oro und das verkarstete, ausgemergelte Hügelland im Innern und Westen, faszinierend in seiner Art, aber erbarmungslos der Sonne preisgegeben. Diesem Land schickt Helios kein mildes, belebendes Licht, sondern Feuerbrände. Es ist «Landschaft, die keine Mitte kennt zwischen üppiger Weiche und vermaledeiter Wüste», wie Lampedusa schreibt. Die Gegensätze stoßen aneinander, brechen ungestüm hervor wie der «gesetzlos lebende» Zyklop des Ätna, wie die reißenden Wasser der Bergbäche, die über Nacht die «fiumare» überschwemmen, die wenige Tage zuvor noch ausgetrocknet und verdurstet unter der Sonnenglut lagen.

Sizilien ist nicht mehr das verschwenderische Traumland der Antike, das die Völker des Mittelmeers anlockte. Noch Edrisi, der arabische Geologe des Königs Roger, spricht vom «ersten Land der Welt an Fruchtbarkeit des Bodens, Volkszahl und Alter der Kultur». Heute kann auch die bezaubernde Anmut der Ostküste nicht darüber hinwegtäuschen, daß der Großteil der Insel ausgelaugt und verarmt ist. Ein billiges, ungerechtes Vorurteil sucht den Grund für das sizilische Elend im Charakter der Sizilianer, ohne den Anteil äußerer Schicksalsfügungen zu bedenken. Sizilien trägt die Spuren unzähliger Fremdvölker, fremder Herren bis zu den landfremden Feudalherren der Gegenwart, die das Land und den Boden plünderten. Wer Sizilien mit offenen Augen begegnet und nicht nur ferienseliger Hotelgast sein will, wird auch dieses Gesicht Siziliens sehen müssen. Ein Gesicht, das gezeichnet ist von Apathie und Gewaltausbrüchen. Wir sahen ebenso die Zeichen eines langsam wachsenden Wiederaufbaus, Bodenverbesserungen, Aufforstungen, neue wasser-

spendende Stauseen und Industrieanlagen. Schwerer wiegt die Bemühung um den Menschen, die Weckung des Glaubens an die eigene Kraft und Fähigkeit und den Wert des Handelns.
Was bleibt? so fragen wir am Ende unseres Reiseweges, auf dem wir Hoffnungsvolles und Bitteres, Erschreckendes und Faszinierendes sahen. Was schrieb sich in unser Gedächtnis unverlierbar ein? Der märchenhaft schöne Blick vom Monte Erice auf die Landsichel von Trapani und die Ägadischen Inseln oder der Schauderblick in die schwarze Hölle des Ätnakraters? Der Gang durch die verkommenen Cortili von Palermo oder der in Freiheit singende Mann, der auf seinem Maultier durch das öde graubraune Hochland zum Brunnen reitet? Die bezaubernden Gärten Taorminas oder die fahle Mondlandschaft des Schwefelgebiets um Caltanissetta? Unvergleichlich sind die Denkmäler all der Wandervölker, Eroberer, Kolonisatoren, die aus Nordafrika und dem Orient, aus Griechenland und der Normandie, aus Deutschland, Spanien, Italien kamen und auf sizilischem Boden heimisch wurden. Ihre Rassen und Kulturen mischten sich auf diesem einzigartigen Umschlagplatz der Geschichte. Ihre Künste und Bauwerke standen denen ihrer Ursprungsländer nicht nach und übertrafen sie oft: die Griechentempel von Agrigent und die Metopen von Selinunt, der einsame dorische Tempel von Segesta, das griechische Theater und die Euryalosburg von Syrakus. Aus der Verschmelzung normannischer, arabischer und byzantinischer Kunstvorstellungen gingen die Kirchen Palermos und die herrlichen Dome von Monreale und Cefalù hervor. Wie die Staufer in wuchtigen Kastellen und Wehrtürmen ihre Denkmäler setzten, so lebt spanisches Erbe weiter in den Barockkirchen von Palermo, Noto und Catania.
Wie viele Gesichter, wie viele Kulturen wurden in den Schmelztiegel Siziliens geworfen, gaben der Insel ihre Eigenart und wuchsen mächtig heran, ohne dem Sog der zwiespältigen Inselnatur

zu entrinnen! Wir waren Gäste Siziliens. Wenn uns die Insel faszinierte, wenn sie uns als Königin der Inseln erschien, so nicht wegen eines sanften, harmonischen Regiments, sondern in ihrer bestürzenden Vielgesichtigkeit, die ihrer Natur und Geschichte entwächst, die ungeheure Schönheiten bereithält und noch im Schrecken überwältigend sein kann.

Zeittafel

Früheste Spuren

Jungpaläolithikum [Jüngere Altsteinzeit] etwa 40000–12000 v. Chr.	Höhlenzeichnungen in der *Addáuragrotte* am Monte Pellegrino und auf der Ägadeninsel *Lévanzo*
Neolithikum [Jungsteinzeit] etwa 4000–2500 v. Chr.	Auf *Lipari* Verarbeitung von Obsidian zu Waffen und Werkzeugen; reger Handelsaustausch. Obsidianstücke und früheste Keramikfunde im Museo Eoliano [Lipari]. Keramikfunde aus *Stentinello* und *Megara Hyblaea* im Museum von Syrakus.
Frühbronzezeit etwa 2500–1500 v. Chr.	Keramikfunde aus Lipari und Filicudi im Museo Eoliano
Bronzezeit etwa 1500–750 v. Chr.	*Felsennekropolen* in den Schluchten Südostsiziliens: Pantalica, Cava d'Ispica, Disueri, Cassibile. Grabplatten, Grabbeigaben im Museum von Syrakus. Keramikfunde, Grabplatten aus Castelluccio bei Noto im Museum von Syrakus
14. Jahrhundert v. Chr.	*Rundhütten* auf den Äolischen Inseln Lipari, Panarea, Filicudi, Salina. Ausgrabungsstücke und Keramikfunde im Museo Eoliano

735 v. Chr.	Erste griechische Gründung Naxos
734	Gründung von Syrakus
730	Messina [griech. Zankle, Messana]
729	Catania [Katane], Lentini [Leontinoi]
728	Megara Hyblaea
716	Milazzo [Mylai]
688	Gela
648	Himera
um 650	Selinunte [Selinus]
580	Agrigento [Akragas]
488–471	Theron, Tyrann von Akragas
485–478	Gelon von Gela, Therons Schwiegersohn, macht sich zum Tyrannen von Syrakus
480	Theron und Gelon besiegen die Karthager bei Himera
478–467	Hieron I., Bruder Gelons, Tyrann von Syrakus
474	Hieron besiegt die Etrusker bei Kyme
451	Syrakus besiegt den Sikuler-König Duketius
426	Die Athener erobern Mylai
415	Beginn der athenischen Kriegsexpedition gegen Syrakus
413	Niederlage der Athener vor Syrakus
409	Die Karthager zerstören Selinus und Himera
406	Die Karthager erobern Akragas
405	Gela von den Karthagern zerstört
405–367	Dionysios I., Tyrann von Syrakus. Mächtigster aller sikeliotischen Herrscher. Er verfolgt die Karthager bis zur Westküste, beherrscht bald fünf Sechstel der Insel
400	Gründung von Taormina [Tauromenion]
396	Gründung von Tyndaris
367–344	Dionysios II., Sohn des ersten Dionysios, Tyrann von Syrakus
343–337	Timoleon von Korinth regiert in Syrakus

278–276	König Pyrrhos von Epirus erobert Sizilien
274–215	Hieron II. regiert in Syrakus

Von Römern und Sarazenen erobert

264–241 v. Chr.	Erster Punischer Krieg; Sizilien wird römisch
262	Die Römer erobern Akragas
260	Erster Seesieg der Römer über die Karthager bei Milazzo [Mylae]
254	Die Römer nehmen Palermo ein
247–245	Vergebliche karthagische Belagerung Palermos
241	Seesieg der Römer bei den Ägadischen Inseln; Verzicht der Karthager auf Sizilien; Sizilien wird erste römische Provinz
218–201	Zweiter Punischer Krieg
212	Syrakus, mit den Karthagern verbündet, fällt nach zweijähriger Belagerung an die Römer
135–132	Erster Sklavenaufstand in Sizilien. Der Anführer Eunus verschanzt sich in Enna
104–101	Zweiter Aufstand. Hauptwiderstände bei Agrigento und Caltabellotta
73–71	Verres, Proprätor von Sizilien
44 n. Chr.	Erste Christengemeinde in Syrakus; Marcianus erster Bischof
61	Der Apostel Paulus in Syrakus
440	Die Vandalen unter Geiserich dringen in Sizilien ein
476–493	Sizilien unter der Herrschaft des germanischen Heerführers Odoaker
493	Der Ostgotenkönig Theoderich beherrscht Sizilien
535	Belisar, der Feldherr des byzantinischen Kaisers Justinian I., erobert Sizilien. Die Insel fällt an Ostrom
663–668	Syrakus wird Residenz des byzantinischen Kaisers Constans II.

827	Sarazenen landen bei Mazara und erobern Selinunte und Agrigento
831	Die Sarazenen besetzen Palermo
858	Enna wird arabisch
878	Syrakus wird arabisch
902	Als letzte Stadt wird Taormina arabisch
1038–1040	Der byzantinische Feldherr Giorgios Maniace kann für kurze Zeit Syrakus und Teile Ostsiziliens zurückerobern

Unter Normannen und Staufern

1016	Normannen landen in Salerno und werden um Kampfhilfe gebeten
1038	Die ältesten Söhne des Normannen Tancred von Hauteville kämpfen in Süditalien
1045	Erster normannischer Lehenssitz in Süditalien
1047	Robert Guiscard, Sohn aus zweiter Ehe Tancreds von Hauteville, kommt nach Apulien. Er macht aus der normannischen Grafschaft den ersten süditalienischen Normannenstaat, unterwirft Apulien und Kalabrien und wird vom Papst mit dem sarazenischen Sizilien belehnt. In seinem Auftrag erobert sein jüngerer Bruder Roger die Insel
1061	Die Normannen erobern Messina
1063	Roger erobert Cefalù
1072	Die Normannen in Palermo. Roger I. wird Graf von Sizilien
1079	Die Normannen in Taormina
1085	in Syrakus
1088	in Enna
1090	in Caltabellotta
1091	Sizilien ist normannisch
1101	Tod des Grafen Roger

1101–1154	Roger II. herrscht in Sizilien
1127	Apulien fällt an Roger II.
1130	Roger II. wird in Palermo zum König gekrönt
1154–1166	Wilhelm I., der Schlechte, Rogers Sohn, König von Sizilien
1166–1189	Wilhelm II., der Gute, Wilhelms Sohn, König von Sizilien
1186	Heinrich VI., Sohn Barbarossas, heiratet Konstanze, die Tochter König Rogers. Da Wilhelm II. kinderlos stirbt, fällt das sizilische Erbe an den Hohenstaufen Heinrich VI.
1191	Heinrich VI. empfängt in Rom die Kaiserkrone
1194	Heinrich VI. in Sizilien. Kampf gegen die Anhänger Tancreds von Lecce, des Enkels König Rogers aus nicht legitimer Ehe
	Krönung Heinrichs VI. in Palermo
	Der Sohn Heinrichs VI., Friedrich II., in Jesi geboren
1197	Tod Heinrichs VI. Sein Sohn und Nachfolger steht unter der Vormundschaft des Papstes
1198–1250	Friedrich II. König von Sizilien
1215	Königskrönung Friedrichs II. in Aachen
1220	Kaiserkrönung Friedrichs II. in Rom
1250–1254	Friedrichs Sohn Konrad IV. regiert in Sizilien
1258	Konrads Bruder Manfred wird König von Sizilien
1265	Papst Clemens IV. belehnt Karl von Anjou mit Neapel und Sizilien
1266	König Manfred fällt in der Schlacht von Benevent, von Karl von Anjou besiegt
1268	Konrads Sohn Konradin, der letzte Hohenstaufe, wird besiegt und in Neapel enthauptet

Unter französischen und spanischen Königen

1266	Beginn der französischen Herrschaft mit Karl I. von Anjou

1282	Aufstand der Sizilianischen Vesper gegen die Franzosen Peter III. von Aragón, Schwiegersohn König Manfreds, wird als Peter I. zum König von Sizilien ausgerufen und besetzt die Insel
1302	Friedensschluß zwischen Aragón und Anjou in Caltabellotta Sizilien fällt an die spanischen Aragonesen. Friedrich III. von Aragón wird «König von Trinakria»
1415	Der erste spanische Vizekönig in Sizilien
1435	Alfons I. von Aragón erobert Neapel
1442	Sizilien und Neapel wieder vereint
1458	Neue Trennung von Sizilien und Neapel
1479	Vermählung Ferdinands von Aragón mit Isabella von Kastilien. Sizilien wird Spanien angeschlossen.
1504–1713	Spanische Vizekönige regieren Sizilien [seit 1701 unter spanisch-bourbonischer Herrschaft]
1713–1720	Sizilien fällt an Savoyen-Piémont
1720–1734	Sizilien mit Neapel kommt durch Tausch an die österreichischen Habsburger
1805–1815	Napoleons Bruder Joseph erobert Neapel und wird König von Neapel. Die Bourbonen fliehen nach Sizilien und halten sich unter dem Schutz der englischen Flotte
1816	Der Bourbone Ferdinand I. König Beider Sizilien
1848–1849	Aufstände gegen die Bourbonen. Straßenkämpfe in Palermo. Beschießung Messinas durch die Schiffe Ferdinands II., des «Re bomba»
1860	Garibaldi landet in Marsala und erobert die Insel. Ende der Bourbonenherrschaft
1861	Sizilien wird dem Königreich Italien angeschlossen
1943	Landung der alliierten Streitkräfte bei Gela
15. Mai 1946	Sizilien wird «Regione Autonoma» im italienischen Staatsverband

Literaturhinweise

Antike Dichter und Philosophen

Homer, um 800 v. Chr. [?], berichtet in der *Odyssee*, neunter, zehnter und zwölfter Gesang, von Sizilien. Zitiert in den Abschnitten «An der Küste der Zyklopen» und «Zu den Inseln des Äolus» nach der Übersetzung in Prosa von Wolfgang Schadewaldt [Reinbek bei Hamburg 1958].
Stesichoros aus Himera, um 640 bis 555 v. Chr., gestorben in Katane [Catania]. Begründer der dorischen Chorlyrik. Nur wenige Bruchstücke seiner Dichtungen erhalten. [Gedichte, auch der folgenden Lyriker, in: Anthologia Lyrica Graeca, herausgegeben von Ernst Diehl, 1942.]
Sappho, um 600 v. Chr., lebte in Mytilene auf der Insel Lesbos. Größte griechische Lyrikerin. Für einige Jahre war sie nach Sizilien verbannt.
Simonides aus Keos, um 556 bis 468 v. Chr. Griechischer Chorlyriker. Lebte von 475 bis 468 meist am Hof Hierons I. von Syrakus und starb in Akragas. Ehrte in seinen Hymnen den Tyrannen.
Aischylos aus Eleusis, um 525/4 bis 456/5 v. Chr. Griechischer Tragödiendichter. Drei längere Aufenthalte in Sizilien. Während des dritten Aufenthaltes starb er in Gela. Während der zweiten Reise [472–468] Gast am Hof Hierons I. von Syrakus und Aufführung der «Perser» im Teatro Greco unter eigener Regie. Er schrieb zu Ehren der von Hieron I. 476 v. Chr. gegründeten Stadt Aitne [Catania] die Tragödie «Aitnaiai».
Pindar aus Theben, um 518 bis 445 v. Chr., größter griechischer Chorlyriker. War 476 bis 474 Gast am Hof Hierons I. von Syrakus. Er schrieb einige Hymnen zu Ehren Hierons und des Gastlandes. Zitiert in den Abschnitten «Die mächtige Vergangenheit» [Syrakus] und «Der Ätna – Mongibello» nach der Übertragung von Emil Staiger [Griechische Lyrik, Zürich 1961].
Bakchylides aus Keos, Neffe des Simonides, um 505 bis 450 v. Chr., griechischer Chorlyriker. Lebte um 476 bis 470 meist am Hof Hierons I. und ehrte in seinen Versen den Tyrannen.
Empedokles aus Akragas, um 494 bis 434 v. Chr. Naturphilosoph, Arzt,

Wundermann und Dichter. Er war weise und seltsamer Zaubereien mächtig. Legendär wie sein Leben war sein Tod. Es heißt, er sei in den Ätnakrater gesprungen und der Vulkan habe die bronzene Sandale des Sehers wieder ausgespien. Er starb jedoch in der Fremde.
Gorgias aus Leontinoi, um 483 bis 375 v. Chr., gestorben in Thessalien. Naturphilosoph [Schüler des Empedokles] und Begründer der sophistischen Rhetorik. Gegen Gorgias' allesverneinende Sophistik richtet sich Platons Gorgias-Dialog.
Platon, 427 bis 347 v. Chr. Der Philosoph weilte dreimal am Hof der Tyrannen Dionysios I. und Dionysios II. von Syrakus. Über Platons Reisen und die Versuche, seine Staatstheorie in die politische Wirklichkeit umzusetzen, geben Platons Briefe Auskunft. [Platon: Die echten Briefe; griechisch und deutsch, übertragen von Ernst Howald, Zürich 1951.]
Diodor [Siculus] aus Agyrion [Agira], lebte im 1. Jahrhundert v. Chr.; bedeutender griechischer Geschichtsschreiber.

Dichter und Schriftsteller der neueren Zeit

Kaiser Friedrich II. 1194–1250. Der Verfasser des berühmten Falkenbuches «Über die Kunst, mit Vögeln zu jagen» und selbst Dichter von Liebesversen begründete die «Sizilianische Dichterschule», die erste Italienisch schreibende Dichtergruppe. Am Hof Friedrichs entstand der «dolce stil nuovo», der bei Petrarca und Dante zur Vollendung gelangte. Neben den Söhnen *König Enzio* und *König Manfred* gehörten zu den Hofdichtern:
Petrus de Vinea, Großhofjustitiar und Vertrauter Friedrichs.
Giacomo da Lentini, Notar aus Catania.
Rainald von Aquino, Bruder des hl. Thomas von Aquino.
Giacomino Pugliese, zuletzt Generalvikar der Mark Ancona.
Roger de Amicis, zuletzt Generalvikar von Sizilien. [Carl A. Willemsen: Kaiser Friedrich II. und sein Dichterkreis, Krefeld 1947.]
Giovanni Meli. 1740–1815, Palermo. Arzt und Universitätslehrer.

Dichter in sizilianischer Mundart. Volksnahe Naturpoesie. Gedichtauswahl übersetzt von Ferdinand Gregorovius [Leipzig 1886].
Giovanni *Verga.* 1840–1922, Catania. Roman- und Novellenschrifsteller. Übersetzungen von Auswahlen: Sizilianische Bauerngeschichten, 1908; Sizilianische Geschichten, 1940; Meisternovellen, 1955. Hauptroman: I Malavoglia [1881]. Zitiert im Abschnitt «An der Küste der Zyklopen» nach der Übersetzung von René König [Die Malavoglia, Frankfurt a. Main 1960].
Luigi *Pirandello.* Geboren 1867 in Agrigento, gestorben 1936 in Rom. Dramatiker und Erzähler. Pirandello promovierte 1891 in Bonn mit einer Doktorarbeit in deutscher Sprache über die Dialekte seiner Heimat. Er hat ein umfangreiches Werk hinterlassen. Mehrere Übersetzungen von Auswahlen liegen vor. Weltruhm brachte ihm das Bühnenstück «Sei Personaggi in cerca d'autore» [1921], Sechs Personen suchen einen Autor. Für Sizilien insbesondere interessant ist die Sammlung «Novelle per un anno» [1894 ff.], Geschichten für ein Jahr.
Giuseppe Tomasi di *Lampedusa.* Geboren 1896 in Palermo, gestorben 1957 in Rom. Vollendete kurz vor seinem Tod seinen einzigen Roman «Il Gattopardo», der zu einem Welterfolg wurde. Zitiert in den Abschnitten «Insel der vielen Gesichter» und «Land ohne Erlösung?» nach der Übersetzung von Charlotte Birnbaum [Der Leopard, München 1959]. Aus dem Nachlaß wurde herausgegeben, in deutscher Übersetzung: Die Sirene und andere Erzählungen [München 1963].
Salvatore *Quasimodo.* Geboren 1901 in Modica. Lyriker. Übersetzungen von Gianni Selvani: Das Leben ist kein Traum, Gedichte [München 1960]; Ein offener Bogen, Gedichte [München 1963]. Zitiert im Abschnitt «Von Taormina nach Tindari».
Vitaliano *Brancati.* Geboren 1907 in Pachino, Provinz Syrakus, gestorben 1954 in Turin. Romanschriftsteller. Hauptwerke: Don Giovanni in Sicilia [1942]; Il Bell'Antonio [1949] und Paolo il Caldo [1955]. Deutsche Buchausgabe: Paolo der Heißblütige [Olten 1963].
Leonarda *Sciascia.* Geboren 1921 in Racalmuto, Provinz Agrigent. Deutsche Übersetzungen: Der Tag der Eule [Olten 1964]; Der Abbé als Fälscher [Olten 1967]; Tote auf Bestellung [Olten 1968].
Elio *Vittorini.* Geboren 1908 in Syrakus. Schriftsteller. In deutscher

Übertragung liegen vor: Offenes Tagebuch [Olten 1959]; Die Garibaldina [Olten 1960]; Gespräche in Sizilien [Olten 1961]; Dennoch Menschen [Olten 1963]; Die Frauen von Messina [Olten 1965].
Danilo *Dolci.* Geboren 1924 in Triest, lebt seit 1952 in Westsizilien. Berichte und Protokolle aus den westsizilischen Elendsrevieren. Deutsche Buchausgaben: Umfrage in Palermo [Olten 1959]; Banditen in Partinico [Olten 1962]. Zitiert in den Abschnitten «Land ohne Erlösung?» und «Das Beispiel Danilo Dolcis».

Über Sizilien, Reiseberichte, Reiseführer

Arabische Reisende
Ibn Haukal [nach 943 in Palermo]
Ibn Dschubair [1183 und 1184/85 in Palermo]
Übersetzung ihrer Berichte von Adolf Friedrich von Schack in: Geschichte der Normannen in Sizilien I [Stuttgart 1889]
Johann Hermann *von Riedesel:* Reise durch Sizilien und Groß-Griechenland [Zürich 1771]
Johann Wolfgang *von Goethe:* Italienische Reise, zweiter Teil, 1787 [Neuausgabe München 1962]
Johann Gottfried *Seume:* Spaziergang nach Syrakus im Jahre 1802 [Neuausgabe Berlin 1942]
Ferdinand *Gregorovius:* Siciliana, in: Wanderjahre in Italien, 1856 bis 1877 [Neuausgabe von F. Schillmann, Dresden 1928]
Paul Graf Yorck *von Wartenburg:* Italienisches Tagebuch, 1891 [Neuausgabe Leipzig 1939]
Luigi Bernabò *Brea:* Alt-Sizilien. Kulturelle Entwicklung vor der griechischen Kolonisation [Köln 1958]
Leonard *von Matt:* Das antike Sizilien. Bildband [Zürich und Würzburg 1959]
Kasimir *Edschmid:* Das Südreich [1933, erw. Ausgabe Hamburg 1957]
Ernst *Kantorowicz:* Kaiser Friedrich II. von Hohenstaufen [Berlin 1927]
Hubert Graf *Waldburg-Wolfegg:* Vom Südreich der Hohenstaufen [München 1954]

Vincent *Cronin:* Die goldene Wabe Sizilien [Stuttgart o.J.]
Konrad *Helbig:* Sizilien. Bildband [Frankfurt a. Main 1956]
Paul *Hommel* und Hugo *von Hofmannsthal:* Sizilien. Landschaft und Kunstdenkmäler [München 1926]
Eberhard *Horst:* Friedrich der Staufer, eine Biographie [Düsseldorf 1975]
Franz *Kuypers:* Sizilien. Eine Wanderfahrt durch seine Kulturen [München 1931]
Carlo *Levi:* Le parole sono pietre. Sizilientagebuch [Turin 1955]. Deutsche Buchausgabe: Die Worte sind Steine [1960]
Gavin *Maxwell:* Die zehn Todesqualen. Ein Bericht aus Sizilien [Hamburg 1962]
Merian, Heft 12/1959: Sizilien
Dagmar *Nick:* Sizilien [München 1976]
Eckart *Peterich:* Sizilien, in: Italien, ein Führer. Dritter Band [München 1963]
Guido *Piovene:* Sizilien, in: 18mal Italien [München 1960]
Heinrich M. *Schwarz:* Sizilien. Kunst, Kultur, Landschaft. Bildband [Wien 1945]
Touring Club Italiano: Guida d'Italia, Sicilia [Mailand 1968]
Max *Wegner* [Herausgabe und Nachwort]: Sizilien, von Einheimischen und Fremden erlebt [Berlin 1964]
Eugen Gottlob *Winkler:* Gedenken an Trinakria. Essay. In: Dichtungen [Pfullingen 1956]
Jakob *Job:* Sizilien [Erlenbach-Zürich 1961]

Offizielle touristische Beratungsstellen
[Stand Herbst 1972]

Für die Provinzen
[Enti Provinziali per il Turismo]

Agrigento, Piazza Cavour 19, Tel. 26 926
Caltanissetta, Corso Vittorio Emanuele 109, Tel. 21 731
Catania, Largo Paisiello 5, Tel. 216 482
Enna, Piazza Garibaldi, Tel. 21 184
Messina, Via S. Maria Alemanna 3, Tel. 54 861
Palermo, Piazza Castelnuovo 35, Tel. 245 080
Ragusa, Via Natelelli, Tel. 21 421
Siracusa, Corso Gelone, Tel. 21 259
Trapani, Corso Italia, Tel. 27 237

Für einzelne Städte
Acireale, Corso Umberto 173, Tel. 604 306
Agrigento, Piazza Vittorio Emanuele, Tel. 20 391
Alcamo, Corso VI Aprile 31, Tel. 21 343
Catania, Stazione Centrale, Tel. 216 632
– Aeroporto Fontanarossa, Tel. 216 997
Cefalù, Corso Ruggero 114, Tel. 21 050
Erice, Via G.F. Guarnotti 17, Tel. 29 701
Gela, Corso Vittorio Emanuele 222, Tel. 37 159
Messina, Viale San Martino 227, Tel. 33 541
Palermo, Villa Igiea, Tel. 253 205
– Aeroporto Punta Raisi, Tel. 235 913
Sciacca, Via Vittorio Emanuele 48, Tel. 21 020
Siracusa, Via Maestranza 33, Tel. 21 098
Taormina, Piazza Santa Caterina, Tel. 3952
Trapani, Piazza Saturno, Tel. 24 385
Zentrale: Assessorato Regionale Turismo, Palermo, Via Notarbartolo 13

Namen- und Sachregister

Der Buchstabe f verweist auf ausführliche Angaben, der Buchstabe K auf Karten. Die Kursivzahlen verweisen auf Bildseiten

Geographisches Register

Der Buchstabe f verweist auf ausführliche Angaben, der Buchstabe K auf Karten. Die Kursivzahlen verweisen auf Bildseiten

SIZILIEN

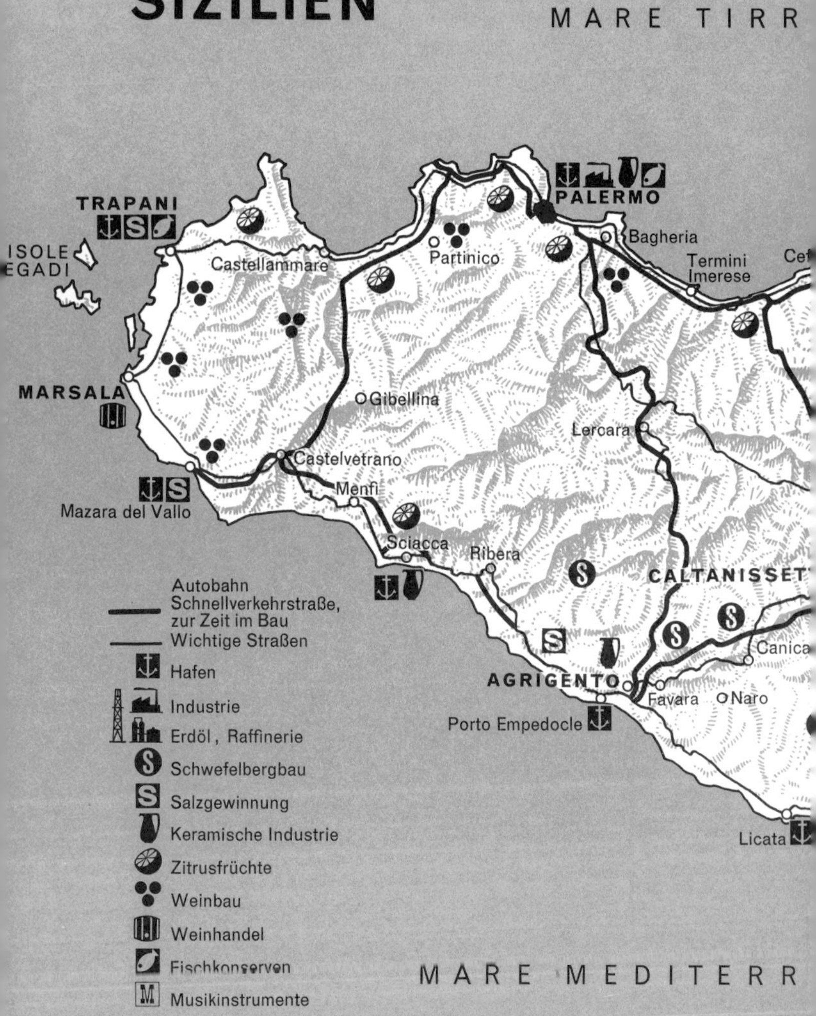
MARE TIRR
TRAPANI
ISOLE EGADI
Castellammare
PALERMO
Partinico
Bagheria
Termini Imerese
Cef
MARSALA
Gibellina
Lercara
Castelvetrano
Menfi
Mazara del Vallo
Sciacca
Ribera
CALTANISSET
Canica
AGRIGENTO
Favara
Naro
Porto Empedocle
Licata
Autobahn
Schnellverkehrstraße, zur Zeit im Bau
Wichtige Straßen
Hafen
Industrie
Erdöl, Raffinerie
Schwefelbergbau
Salzgewinnung
Keramische Industrie
Zitrusfrüchte
Weinbau
Weinhandel
Fischkonserven
Musikinstrumente
MARE MEDITERR